U0721764

玉林师范学院体育学硕士学位点区财政资助建设经费全额资助出版

中国武术文化生态审视及其可持续发展研究

王晓晨　著

中国水利水电出版社
www.waterpub.com.cn
·北京·

内 容 提 要

本书对我国武术文化生态现状进行了研究，从器物技术层、制度习俗层、心理价值层三个方面对武术文化的内涵进行了界定，分析了文化生态视域下武术文化的多元价值，探讨了中国武术文化传承的环境与管理，分析了黄河流域、长江流域、珠江流域等独具特色的地域武术文化生态发展情况，研究了中国武术文化产业化发展的现状，探讨了太极拳、散打和武当武术文化的可持续发展道路，构建了武术文化的可持续发展体系。

图书在版编目 (CIP) 数据

中国武术文化生态审视及其可持续发展研究 / 王晓晨著 . — 北京 : 中国水利水电出版社 , 2019.1 （2024. 1重印）
ISBN 978-7-5170-7339-0

Ⅰ . ①中… Ⅱ . ①王… Ⅲ . ①武术 – 体育文化 – 文化研究 – 中国②武术 – 体育产业 – 产业发展 – 研究 – 中国 Ⅳ . ① G852

中国版本图书馆 CIP 数据核字（2019）第 009750 号

书　　名	中国武术文化生态审视及其可持续发展研究 ZHONGGUO WUSHU WENHUA SHENGTAI SHENSHI JIQI KECHIXU FAZHAN YANJIU
作　　者	王晓晨　著
出版发行	中国水利水电出版社 （北京市海淀区玉渊潭南路 1 号 D 座　100038） 网址：www.waterpub.com.cn E-mail：sales@waterpub.com.cn 电话：（010）68367658（营销中心）
经　　售	北京科水图书销售中心（零售） 电话：（010）88383994、63202643、68545874 全国各地新华书店和相关出版物销售网点
排　　版	北京亚吉飞数码科技有限公司
印　　刷	三河市元兴印务有限公司
规　　格	170mm × 240mm　16 开本　16 印张　207 千字
版　　次	2019 年 4 月第 1 版　2024 年 1 月第 2 次印刷
印　　数	0001—2000 册
定　　价	77.00 元

序

两个月前，晓晨嘱我为他的新书作序，我虽答应，却并没有认真对待，后经催促，才在深夜认真研读了该本新作，一气读完，颇有耳目一新之感；掩卷深思，已是深夜，不由得思绪回到我和晓晨的大学时光。彼时我们是武术专选班的同学，一起挥汗如雨的训练，一起学英语考研究生；前几天和同学聊天说年近不惑，更怀念上学时的生活还是现在的生活，我说当然还是上学时单纯、年轻有活力的生活。或许是晓晨跟我人生经历相似，一起外地读研究生，同样毕业后远离家乡工作，同样工作后经历多次考博失败，最后虽读博士不同学校，却是同时毕业，所以才有更多的话题，有时总是深夜聊天，感叹回不去的是家乡等思乡情绪。大学毕业时，我曾故作深沉的对同学说这辈子可能再也见不到了，同学笑骂我瞎扯。事实就是如此，直至毕业 10 年聚会，我和晓晨才再次相聚，那时我们都刚博士入学，关于读书都有聊不完的话题，不想转眼又是 4 年过去，晓晨已经开始出版专著了。

著书立作，在学界圈出自己的领地，是学者、教授、博士的工作之一，然消费社会人心浮躁，在追逐符号消费的路径上，人们多半不肯坐下来品尝读书写作的苦难和乐趣。晓晨却是能够动起来也能坐下来的人，我知道他每天总会定时锻炼身体，也会深夜读书写作，博士才毕业一年，他就拿出了这本书稿，让我为之震撼，同时也深深自责，以至于一段时间里，我为自己博士毕业一年碌碌无为的懒惰行为内疚不已，幸而晓晨的勤奋让我燃起读博期间的读书写作激情。

身边总会有人问我中国武术的技击、格斗问题，想要耐心解释,却又觉不胜其烦,每每一个解释会链接起一连串的问题,反而招来解释就是掩饰的指责,甚至有的提问题的人先是莫名其妙的生气了。所以当社会上自媒体暴露出来的各种“约架”行为时,武术学界似乎不约而同的保持了集体沉默,在我看来,这种集体失语现象可能是武术文化体系庞大驳杂难以解释的一个反映。但是,在民间,人们往往将武术之“武”与“文”相对应起来,认为一切与“文”对应的皆是武术,另一方面,人们又将武术与格斗等同起来,认为格斗能力的高低决定了武术的优劣品级,所以,人又会简单的问到中国武术与国外武技的优劣关系;问题在于,在问这些问题之前,人们心中已经烙下了“中国武术天下第一”先入为主的民族国家情绪,因此,对该问题的肯定或者否定回答都无法满足人们的期待。因而,普罗大众与武术学者逐渐陷入了一种路径依赖困境,学者的无法回答和民众的义愤填膺。那么,我们如何逃离或者跳出这种二元对立的文化应对困境?我想晓晨博士的这本新作可能带给我们新的启示。

首先,该书从文化生态的视角切入来讨论中国武术的可持续性发展。文化生态学主张从人、自然、社会、文化的各种变量的交互作用中研究文化产生、发展的规律,用以寻求不同民族文化发展的特殊形貌和模式。这一视角的高明之处在于跳出单一的武术研究窠臼,基于中国武术复杂庞大的混沌一体概念集合状态,对武术的讨论必须在统一的概念下才有意义,文化生态的概念告诉我们要摆脱二元对立的观念来看待武术文化。

恩格斯曾富于洞见的指出:“我们不要过分陶醉于我们对自然界的胜利。对于每一次这样的胜利,自然界都报复了我们”。同样,从武术文化生态的视角来看,我们太乐于沉醉在中国武术天下第一的梦中不愿醒来。鸦片战争以来,从天下之学到国学,从乡间把式到国术,在民族国家的意义上,中国人始终希望睡梦中的雄狮醒来,但是人们无法把握雄狮何时醒来,还是在半睡半醒之间。天下之学的退缩和国术的张扬,凸显了武术在雄狮醒来当中的代表性意义,所以,我们经常看到文学影视作品当中类似李小龙在《精武门》中的凌空一脚，国人太需要在冷兵器时代的武术中找寻祖先的昔日荣光。对这一期盼的强烈以至于人们会混淆梦与现实的界限。因此，人们也就忘记了作为文化生态的一部分，武术文化同样和其他域外武技一样，单纯用格斗技术的优劣来区分文化的品级是极其不合理的，它甚至是一个伪命题，至今仍伴随着我们不停的内耗、喋喋不休。

其次，晓晨博士虽然找到了一个好的文化研究切入点，但并没有动辄以“文化”帽子大而空洞，相反，他仍然从武术的基本内容展开，通俗易懂的普及武术文化的理论知识，所以，该书并不是一本单纯面对文化精英的晦涩难懂读本。近年来，社会学研究普遍向下的趋势下，作为学者，不能忘记普罗大众的“艺术民主性”；作为民间的乡间把式、玩意儿，武术根植于民间，学术研究不应只是曲高和寡的阳春白雪，对底层的观照是应有之义。

最后，作为大学练武的好伙伴，读书写作的老朋友，我也期望晓晨博士的学术之路能够走的更坚实、更久远，同时也是对自己的鞭策。常常在想，北京奥运会之后，中国武术的发展到了一个新的历史节点，从体育大国到体育强国的转型中，武术该何去何从，以竞技武术为代表的国家武术同样面临新的选择，在群众体育走进全运会后，武术如何在“健康中国”背景下服务大众健身，民间武术的勃兴面临传承与传播的新问题，等等，作为学者，理应观照武术之于人的全面发展问题。

是为序！

郑州大学体育学院　侯胜川 博士 教授

2018 年 11 月 6 日晚于福州大学城

前　言

文化生态属于文化生态学的中心概念，是一个动态系统，各种文化在其中相互作用、相互影响。中国武术文化的生态观追求具有文化多样性，属于文化多元的价值取向，以社会主义核心价值观为基础，在当代中国民族文化生态系统的不断整合中形成。武术是我国优秀的民族传统体育项目，随着社会的变革与文化思潮的不断丰富，武术由身体活动逐渐演变为一个内涵丰富、形式多样且富有艺术气息和民族情怀的身体文化体系，武术文化的可持续研究成为一个新的课题。

在经济、政治、文化全球化发展的今天，社会处于大发展、大变革、大调整时期，武术作为中国的"国粹"，也是一种独特的文化现象，在传播和发展过程中，具有自身的特点。从文化生态的视角审视武术文化，传承中华民族生存智慧及人们用肢体语言记录下的历史记忆与文化符号，对于实现中国武术文化的可持续发展具有重要的意义。为此，特撰写《中国武术文化生态审视及其可持续发展研究》一书，深刻剖析中国武术文化的生态发展，深入研究中国武术文化的可持续发展，力图开拓武术文化传承与发展的新空间，为今后武术文化的发展提供理论依据和实践参考。

本书共包含八章内容：第一章阐述了武术文化理论与发展体系，包括武术文化的起源、概念、特点及发展趋势；第二章分析了武术文化生态现状与研究综述；第三章探讨了文化生态视域下的武术文化内涵与价值分析，在文化生态视域下，从器物技术层、制度习俗层、心理价值层三个方面对武术文化内涵进行了分析；第四章研究了中国武术文化传承的环境与管理；第五章针对独具特色的地域武术文化生态发展进行研究，包括黄河流域北派武术文化、长江流域南派武术文化、珠江流域岭南派武术文化三个方面的内容；第六章对中国武术文化的产业化发展进行研究；第七章对典型武术文化的可持续发展进行研究，包括太极拳、散打和武当武术文化；第八章探讨了武术文化生态可持续发展体系的构建。

本书力求做到以下几点。

(1)内容全面。本书在文化生态视域下探析武术文化的发展，对武术文化的可持续发展提出了建议，丰富了武术文化传承和发展的研究。

(2)逻辑清晰。本书首先阐述了武术文化理论与发展体系，搭建了武术文化研究的框架，为武术文化的研究奠定了理论基础，然后从文化生态视域逐步深入探析武术文化的发展，为可持续发展指明方向。

(3)题材新颖。文化生态视域是当前社会发展的重要研究领域，将其与武术文化的发展相结合，有利于弘扬民族传统体育文化、推动中国武术文化可持续发展。

本书在撰写过程中，参考了有关专家、学者的书籍和文献，在此表示由衷的感谢。由于水平和时间有限，书中难免出现不妥之处，恳请读者批评指正。

作　者

2018年7月

目 录

第一章　武术文化理论与发展体系

武术文化作为中华民族的优秀文化，具有深厚的文化内涵，在长期的发展过程中，形成了自己独特的发展体系。本章将重点探讨武术文化理论与发展体系，主要包括武术文化相关概念解析，武术的内容、流派与特点，武术文化起源、形成与发展进程以及武术文化的发展趋势。

第一节　武术文化相关概念解析

一、武术概念

Ⅵ狻Ⅶ浡榭噗捧政湄

1. 字面上的理解

“武”字，止戈为武，它具有停止打仗的意思。这一说法见于许慎（东汉）所著的《说文解字》中。而段玉裁（清）所著的《说文解字注》则认为，草木为“止”，然后引申为人足为“止”。因此，有学者认为，“武”的意思即为持戈前进或者荷戈出征打仗的意思。

“术”在甲骨文中指道路，引申为“方法”之义。“武术”从字形上可理解为搏击的方法和手段。

2. 内容上的分析

不管是武术功法套路还是武术对抗搏击，武术的本质是攻防技击。攻防技击是武术的内核，也是武术文化形态有别于其他文化形态的根本所在。在武术发展过程中，正是因为有了武术的攻防技击属性，才促进了武术的全面发展，使武术的多方面功能都得到体现。

武术的攻防技击是以双方格斗为前提的。双方可以使用完全相同的手段和技术，既可以防守，也可以进攻，或防守中实施进攻，或进攻中兼顾防守，循环往复。武术进攻者可以根据武术防守者的姿势调整进攻姿势，可以是直线或曲线出击，也可以是左侧或右侧攻打，还可以使用拳法或腿法攻击。对于防守者来说，同样也要进行多种手段的防守。武术的进攻和防守是相互对应的，进攻可以促进防守，防守同样可以促进进攻，两者相互促进和完善。在武术的技击内容里，包含了很多传统文化的思想和观点，如哲学和辩证法里的太极说、两仪说、三才说、四象说、五行说、八卦说、阴阳说、中医经络说、天人合一说。如果武术动作失去了攻防技击，也就不能再称其为武术。武术的技击美体现在动作的完整性上，整套动作要符合自然界生命现象自由活动的规律。自古以来，武术拳家们对于武术技击动作不断进行精心构思、反复推敲，即武术的攻守、进退、高低起伏、虚实开合的变化及在空间布局上都要符合技击的规律。正是这种结构上攻守兼备的完美布局、各种动作连接既符合力学原理又有很强的逻辑性编排，才充分体现了武术套路动作的完美的结构特征。

随着历史的发展，武术的内涵也不断进行着变迁，武术套路也逐渐纳入武术的范畴之中。其后，武者的道德规范也逐渐被纳入武术之中，武术也包含了对于武者武技以及道德修养方面的培养和训练等内容。

对于武术运动概念的研究要包揽各种相关的历史文献，最终找寻到“武术”一词的最早出现是在南朝《文选》颜延年《皇太子释奠会》诗中的：“偃闭武术，阐扬文令。”不过，那时候出现的“武术”一词也不完全等同于我们今天所知晓的武术，它包含的内容更多，“武术”一词在不同的历史时期所表述的内涵也是有所差别的。今天人们了解的“武术”主要是指人们用来锻炼身体、促进健康与进行自身安全维护防的一种技击技术。而在颜延年的诗中,“武术”一词的基本意思为停止武战,发扬文治。由此可见,武术的发展历史是非常悠久的,且在某个历史时期的涵盖面一度较为广泛。

综合以上研究,可以认为武术是指以技击动作为主要内容,以套路和格斗为运动形式,注重内外兼修的中国传统体育项目。

Ⅵ唉Ⅶ湋榭噗捧叽触傣

武术概念的出现并不是一个固定的稳态,它在我国几千年的中华文明发展史中,不断地随着社会的变迁而发生或大或小的变化。

“武术”一词在早期除包含身体动作形态的运动性质外,还包含很多与政治、军事、哲学、美学有关的内容。它作为专门的体育文化范畴并包含多种价值功能的技艺名称是从晚清时期开始的。具体文献是1908年7月的《东方杂志》第六期上引载了7月12日《神州日报》的一篇文章,其名曰:“论今日国民宜崇旧有之武术。”实际上,在民国时期就已经有人尝试给“武术”进行概念描述,其中比较具有代表性的为1932年发布的《国民体育实施方案》中提出的:武术作为国术,原本是中华民族具有的进行身体活动的锻炼方法,既能够给人们提供相应的自卫技能,同时也能够作为进行锻炼的手段。通过这个《方案》对武术概念进行的描述可以看到,这个时期的武术的军事价值早已大不如前,即便是在军事领域中使用也只是在很少的近距离搏斗时,这对于人们心中了解的武术已经大有不同了,再加上20世纪20年代前后西方体育进入中国,使人们开始更多地从身心锻炼、审美情趣等方面来挖掘武术的体育价值。当然从新的视角对武术进行的审视也并没有完全否定它既有的技击特点和功能,而是将两种功能进行了更合理的平衡,即让武术运动一方面可以满足自卫技击的技能,另一方面又能成为人们日常强身健体的好选择。这也与当时我国正处于民族危机之中，提倡“强国强种”奋进口号的精神倡导相吻合。

在西方体育思想的影响下，武术被定义为“我国民族固有之身体活动力法，一方面可以供给自卫技能，另一方面亦作锻炼体格之工具”。这一概念正是当时的时代环境的深刻反映。一方面民族危机加深，因此，人们主张习武来振兴民族；另一方面，在西方体育思想的影响下，它也主张身心的锻炼。以上的概念不仅注重武术的攻防技击性，同时，也强调其作为一项体育运动的功能。

在20世纪50年代，我国召开了相应的武术讨论会，学者们得出了以下几方面的结论：首先，武术具有攻防技击性，这是其本质特征；其次，它是一项能够锻炼身心的体育运动项目；最后，武术是我国的重要传统文化遗产之一，是我国的传统体育项目。当时，很多学者主张“武术即是技击”，这一观点具有一定的片面性，也遭到了很多学者的批判。1961年，我国出版了《体育学院本科讲义·武术》，书中将我国传统武术的概念表述为：“武术是以拳术、器械套路和有关的锻炼方法所组成的民族形式体育。它具有强筋壮骨、增进健康、锻炼意志等作用；也是我国具有悠久历史的一项民族文化遗产。”

通过对上述概念的分析，不难看出我国对于民族体育形式的重视，其对于武术的民族体育性进行了重点强调。但是，上述概念的缺点在于，其并没有提及武术运动的技击特点，这在一定程度上是对“唯技击论”的修正。

1978年，《体育系通用教材·武术》一书认为：武术是在各种攻防格斗动作（踢、摔、拿、击打等）的基础上，按照各种矛盾变化（如虚实、攻防、动静、刚柔等）规律编制成的各种徒手和器械套路，这种民族体育运动形式不但能够增强体质，还能够锻炼人的意志品质，提高其格斗技巧。这一概念将武术界定为一种套路，具有其狭隘性。1983年出版的《体育系通用教材·武术》对于武术的概念进行了修正，该概念强调“……组成套路，或在一定条件下遵照一定的规则，两人斗智较力，形成搏斗，以此来增强体质、培养意志，训练格斗技能的体育运动”。

1988年，我国召开了武术研讨会，这次研讨会上，将武术的概念表述为：“武术是以技击动作为主要内容，以套路和格斗为运动形式，注重内外兼修的中国传统体育项目。”这一概念对武术进行了较为宏观和全面的概括，是较为官方的说法，一直沿用至今。其缺点在于注重武术的技击性，而忽视了其健身性，甚至对立了两者之间的关系。

二、武术器械

中华武术博大精深，拥有上千种武术器械。武术器械是武术文化的重要组成部分，按照武术器械的性能可以将武术器械分为四类。武术器械包括长器械、短器械、软器械和双器械。长器械包括大刀、枪、棍、戟、铲（镗）；短器械包括刀、锏、匕首、鞭、钩、剑；软器械包括鞭、三节棍、梢子棍、流星锤、绳标；双器械包括双刀、双剑、双钩、双鞭、双头枪以及单刀加鞭。

三、武德

武德是武术文化的核心，是武术文化传承和发展的根本动力。武德的概念可以从以下几个方面去深刻理解。

Ⅵ狻Ⅶ磁昕兵湮

自强不息是中华民族优秀的传统美德，同样也是武德的一个重要内容。自强不息主要是通过自己不懈的奋斗，为自己的生命增光添彩。我们应该把握好自己的生命，不断更新和前进，不断增强自己的实力，让自己的生命绽放出更美的光芒。

Ⅵ唉Ⅶ奈叻疾渭

厚德载物是指人们通过自己厚实的道德来包容他人，承载万物。一个人如果拥有了深厚的道德,才能包容他人的一切缺点和不足,赢得他人的尊敬和喜爱。对于习武者来说,通过养成深厚的道德来不断提高自身修养,才能更进一步地领悟到武术的真谛。

Ⅵ柃Ⅶ锻哼兵桓

《论语》中的“博学笃志”是指人应有渊博的知识,锲而不舍地使自己学有专长,在学问方面应立大志有大成,才能报效社会,这才是人生价值的重要体现。孔子从做学问方面来提倡立志,实际上也是对人生事业的一种激励和要求。荀子在提倡锲而不舍的精神时说:“不积跬步,无以至千里;不积小流,无以成江海。骐骥一跃,不能十步;驽马十驾,功在不舍。锲而舍之,朽木不折,锲而不舍,金石可镂。”做学问,学本领不从半步走起,就无法至千里之外;不下定决心,就不会有光明的前途;不肯做默默无闻的事,就无法取得显赫的成就;荀子以“锲而不舍”的道理育人,在对待学问和事业上,必须要有锲而不舍的韧劲,要相信自己能够战胜生活中的困难,取得事业和学业上成就的关键,首先是要战胜自我,树立信心。

中国武术在长期的发展中,形成了系统的练身、练技、练气等功法。武术的各种拳种都是在实践的基础上对其丰富的技术体系进行极为完整的整理,形成了一整套全面和科学的系统练功方法和“内外兼修”“德艺互补”“形神兼备”等思想内容。在练功育人等方面也都形成了极为周密的师传体系。由于武术技术结构复杂,功夫拳理深奥,内容繁多,故需要习武者先克服种种困难,以及心理上的磨难和身体上的痛苦,树立顽强的意志品质,持之以恒,才能不断取得功夫和思想品质上的长进。武术界在对习武者的教育过程中形成了丰富的实践经验和理论。武术谚语说“冬练三九、夏练三伏”。练武要能经受寒暑的考验,以磨炼其意志。习武者,首先要能够在艰苦的环境中,在痛苦的练功中专心致志,令身心都投入功法练习中。武术的各种拳种流派都要求习武者能够抛弃杂念,要将所思、所学充分凝聚于一点,专心致志,方能有所成就。“三天打渔，两天晒网”“朝三暮四，四面出击”都将导致一知半解，学无收获。习武是个长期艰难的过程，人们正是在这种考验中经受磨炼，即“岁寒，然后知松柏之后凋”。人的行为受思想理念的支配，在行动中如果没有“锲而不舍”的精神、坚韧不拔的毅力和孜孜不倦的努力，事业成功就无从谈起。因此，习武者必须要循序渐进，要有“韧劲”才能取得成功。发展到今天，武术家们都把对习武者的意志培养看作教育的关键问题和品德培养的最重要内容。锲而不舍，是习武者成功的关键，也是武德的重要内容。

Ⅵ欺Ⅶ瑚扬渌涧

武术是以技击为主体的技能搏击之术。习武者非常重视“胆力”的培养。戚继光《拳经》中提出“对敌者无胆向先，空白眼明手便”，并以此启发后学。他在《拳经捷要篇》中提出了训练胆力的方法和胆力在实践中的重要作用，“既得艺，必试敌，切不可胜负为愧为奇。当思何以胜之，何以败之？勉而久试，怯敌还是艺浅，善战必定艺精”。

武术家们提出了通过多练实战以提高武术对抗能力，在实战中来突出胆力的培养和提高。所以“艺高人胆大”，不仅是对武术技艺和胆力关系的明确，重要的是把胆力和勇气看作习武者德行的重要品质，这不仅对习武者人生事业的技艺的成功非常重要，也涉及任何行为活动中有能力才能有自信心，也才能有成功的勇气和胆力。相反，有了战胜困难的胆力和勇气，才能更好地保证人的技能的发挥，有“艺”才能“心熟”，“心熟”才能有信心，信心和胆力是自强的两大精神支柱。明代程宗猷著《少林棍法阐宗》中明确指出了练艺与胆力的关系：“人当临敌之时，每每失其故步，何也？余曰：艺高人胆大，平日识见未广，工夫未纯，若一遇敌，则心态乱，手足忙，不能自主矣。故弓马娴熟，良有心也。”在遇敌时，原已学过的招法步法都不知去处，使用不上，其原因为“工夫未纯”，因而出现心悸混乱、神态失常，说明了练功与艺精、艺精与实践、实践与培养、勇敢和培养胆力的关系。唐豪所著《少林拳法秘诀考证》引程宗猷《耕余剩技》所记述的练胆法讲:“手中整则胆练,而欲骋于敌。意气清则心练,而知忠于上,心练则智出,心胆俱练则兵与时俱无不合。而练心胆,则又在练器艺为要耳。”从而详细说明胆大必定艺高、艺高可壮胆的道理,反映出胆量、意志和武艺三者并重的武术思想。在明代兵书《陈纪》中对官兵的“胆气”提出了很多要求。胆气主要指的就是勇气,勇气对于武术对抗来说,显得非常重要,可以提高习武者的技击能力,培养其武勇精神。武术本身就是训练胆气的一种重要方式,通过武术培养其“威而不屈,不畏艰难”的精神品质,也是武德的重要体现。

Ⅵ渗Ⅶ攒声炎气

平和心态指的是,当自己处在纷争复杂的环境中时,始终保持一种平和的心态,在遭遇一些不公待遇时,可以理性面对,不会被外界的干扰和刺激所迷惑,从而可以更好地处理一些复杂事情。对于习武者来说,平和的心态非常关键。平和的心态有助于习武者在遇到困难和挫折时,可以理性面对,进一步提高自己的武术水平。

习武者在练习武术过程中,在对待他人他物的时候,要妥善处理好自己的心态,不对他人他物有过多的期待,学会平静地接受他人他物。拥有平和心态,是习武者武德高尚的重要体现。

Ⅵ患Ⅶ蘧朱智旃

“浩然之气”是孟子提出来的,主要是指一种无所愧怍、无所畏惧的良好精神状态。孟子认为“浩然之气”是有力量的,是集义所生发出来足以使人威武不屈的一股“正气”,即豪爽、英武之气,是在社会生活中经常要遵守的道德原则所养成的行为和气质。内心保持高尚的道德情操和道德情感,经过长期积累、培养后，方能产生出“浩然之气”。孟子指出，要时时刻刻都把内心的道德追求放在心上，不能忘记，但又不能违背其发展规律去揠苗助长、急于求成，它是要经过长期的磨炼才能养成的一种道德精神和道德行为习惯。孟子的这种类于“浩然之气”的观点，蕴含着对人的道德情操和精神、意志情趣等综合因素的培养，体现在人的具体的、长期的精神和行为培养之中。不是单指个人的、短暂的精神气质，而是指“集义所生”“配义与道”的一种长期培养才能形成的道德精神。这种思想观念的形成对中华民族的民族精神的形成和完善，特别是对中国武术道德行为观念的形成有着巨大的影响。

武术界历来有尊崇民族英雄和品德高尚的侠武之人的习惯。岳飞是其中的代表人物之一，是体现集“浩然正气”于一身的鲜活榜样。岳飞精忠报国，至正至刚，其浩然之气长存于天地之间，受到人们的尊崇和爱戴。

太极拳是武术拳种流派中体系完善、拳系丰满的拳种，太极拳既是健身养生的重要手段，更是修德培义的重要方法。如“以心中浩然之气，运于全体，虽有时形体斜倚，而斜倚之中，自有中正之气宰之”。以“心静身正”来解释“浩然之正气”存在全身，运用太极拳来教育和培养人一种端正和正直的人格精神，以说明太极拳法中注意内在的“中正之气运身”，从而达到“心静身正”，以及修德培义的目的，把拳法与练气、修德紧密地结合起来。人们通过练习太极拳，既可以感受到太极拳理论的精妙，更可以体会到武术深刻的哲学思想和道德内涵。太极拳是主张“内练”的拳术，它运用太极阴阳的变化之道，以虚实、刚柔、轻重、徐缓等变化达到“沉稳”“清静”的效果而要达到“妙趣横生”和“宽厚生然”的境界，则应更注意增强“涵养”，即对“浩然之气”的培养。所以要“以灵虚之心，养刚中之气”，以“浩然之气行之，无往不易”。

“浩然之气”综合了中国武术的技法实践，融合传统文化思想，即道德、礼义思想，来实现“德教”的目标。它体现了中华民族整体的民族精神和审美情趣，保障人“精神美”和“形体美”的全面协调发展，是武德的重要内容。

Ⅵ敷Ⅶ孩堀暄妖

中华民族经历了几千年的历史变迁，具有悠久的历史和优秀文化，凝聚了无数仁人志士前赴后继、英勇奋斗，中国人民勤劳勇敢、酷爱和平、英勇顽强抵抗外来侵略的精神，是中华民族的宝贵精神财富，激励中国人民不断努力奋斗，形成了爱国爱家的家国情怀。

习武的主要目的是“技击”自卫，以“技击”制敌。如社会上出现的扶危救难、惩治恶者、打抱不平的“绿林好汉”和“武侠英雄”。崇尚武术就体现出非常鲜明的是非观和道德观，这种“济世救人”的思想，造就了历史上许多具有正义、勇敢，并为后人所推崇和敬仰的仁人志士，这些人成为习武者学习的榜样。

对祖国山河的无限热爱，是中华民族的优良传统，中华民族对外寇入侵疾恶如仇、誓死抵抗。在国家面临生死存亡的关头，这种光荣传统在古代和近代的中国人民反压迫、反强权、反侵略的斗争中起了巨大的鼓舞作用，造就了一大批民族英雄。习武者大多拥有强烈的爱国意识和爱家情怀，强烈的家国情怀促进了武术在中国的不断发展和进步。因此，可以说，家国情怀是武德的最高追求。

第二节　武术的内容、流派与特点

一、武术的内容

武术的具体内容，可以按照以下两种方式进行分类。

Ⅵ狻Ⅶ圚嵴疬呼炭楱喈徜

1. 套路

套路主要是指以技击动作为素材，遵照攻守进退，刚柔虚实等运动变化规律编成的整套练习形式。根据套路演练形式的不同，可以将套路分为单练、对练和集体演练三种类型。其中单练又包括拳术和器械两类内容。对练包括徒手对练、器械对练、徒手与器械对练三类内容。

（1）拳术。徒手演练的套路又被称为拳术。拳术中包含着很多不同的种类，可以称为拳种。这些拳种包括长拳、太极拳、南拳、形意拳、八卦掌、八极拳、通背拳、劈卦拳、翻子拳、地躺拳、象形拳等。

（2）徒手对练套路。两个人或两个人以上，按照预定的武术动作程序进行的攻防格斗套路形式便是对练。

①徒手进行对练。运用踢、打、摔、拿等技击方法，按照进攻、防守、还击的运动规律编成的拳术对练套路。常见的有别打拳、对擒拿、南拳对练、形意拳对练等。

②徒手与器械对练。一方徒手，另一方持器械，双方进行攻防对练的套路。常见的有空手夺刀、空手夺棍、空手进双枪等。

③器械互相对练。以器械的劈、砍、击、刺、格、挡、架、截等攻防技击方法组成的对练套路。主要有短器械对练、长器械对练、长与短对练、单与双对练、单与软对练、双与软对练等诸多形式。常见的有单刀进枪、三节棍进棍、双匕首进枪、双打棍、对刺剑、对劈刀等。

（3）手持器械套路。手持器械的武术套路分为短器械、长器械、双器械、软器械四类。短器械主要包括刀、剑、匕首等；长器械主要包括棍、枪、大刀等；双器械主要有双刀、双剑、双钩、双枪、双鞭等；软器械主要有三节棍、九节鞭、绳标、流星锤等。具体来说，可以分为以下种类。

①刀术。刀术主要是以缠头、裹脑和劈、砍、斩、撩、扎等基本刀法配合步型、步法、跳跃等动作构成的套路。刀术的特点是：快速勇猛，激烈奔腾，紧密缠身，雄健剽悍。

②剑术。剑术主要是以刺、点、撩、挂、截、穿、崩、挑等剑法，配合步型、步法、平衡、跳跃等动作构成的套路。剑术的特点是：轻灵洒脱，身法矫健，刚柔相济，富有韵律。

③棍术。棍术主要是以劈、扫、抡、戳、撩、挑等棍法配合步型、步法、跳跃等构成的套路。棍术的特点是：勇敢泼辣，横打一片，密集如雨，梢把并用。

④枪术。枪术主要是以拦、拿、扎枪为主，兼有崩、点、劈、穿、挑等枪法，配合步型、步法、身法等构成的套路。其运动特点是：走式开展，力贯枪尖，上下翻飞，变幻莫测。

（4）集体演练套路。集体演练套路主要是指练习集体以徒手形式，或者徒手与器械结合的套路练习。集体演练套路通常要求 6 人以上，包括集体基本功、集体拳、集体刀、集体长穗剑、集体攻防技术等。要求队形整齐，动作一致。可以变换队形图案，还可以配乐。

2. 功法运动

功法运动是以单个动作为主进行练习，以达到健体或增强某方面体能的运动。功法运动主要为武术套路和攻防格斗服务，但也有只练习功法运动以健身为目的的习练者。例如，专习“浑元桩”可以调心、调身、调息，长时间站“马步桩”可以增强腿力，练习“排打功”可增强人体抗击打能力，练习“打千层纸”可以提高击打能力等。传统功法运动的内容丰富多彩，按其形式与功用又可进一步分为以下三种。

（1）外壮功。外壮功又称“外功”，泛指习武者通过专门的训练方法和手段，使身体具有比常人较强的击打、抗击打、摔跌、磕碰的能力，以达到强筋骨、壮体魄之功效的功夫运动。如传统的鹰爪功、金刚指、铁砂掌、打千层纸以及各种排打功等，都属于外壮功。外壮功一般与内壮功结合进行修炼，即所谓的“内练一口气，外练筋骨皮”。

（2）内壮功。内壮功又称“内功”“内养功”或“富力强身功”，泛指习武者通过专门的训练方法和手段，对人体内在的精、气、神及脏腑、经络、血脉等的修炼，以达到精足、气壮、神明、内脏坚实、经络血脉通畅、内壮外强的功效。《太极拳法实践》一书曾有“其专至锻炼脏腑、神经、感觉，所谓精气神者为内功”之说。内壮功有很多具体的练习功法，从锻炼的形式与方法上看，大致有静卧的方法、静坐的方法、站桩的方法和鼎桩的方法四种。

（3）柔功。柔功，泛指通过各种专门的练习方法和手段，以达到提高肢体关节活动幅度和肌肉伸展性能的功法运动。例如武术基本功中的各种压腿、搬腿、撕腿、劈叉腿、下桥、压肩等，都属于柔功。

在传统的功法运动中，前人根据实践经验总结出来的有些功法一直延续至今，如“排打功”“沙包功”“木人桩功”等，仍是提高武术专项技能的有效训练方法与手段。有些功法在一定的历史阶段发挥过作用，但随着科学技术的发展，现今已被新的方法和器械取代，如“石锁功”“石荸荠功”等。有些功法，是否科学合理还有待进一步研究，如“金钟罩”“铁裆功”等。

3. 徒手搏斗

徒手搏斗是两个人在一定条件下按照一定的规则进行斗智、较力、较技的实战攻防格斗。徒手搏斗主要包括散打、推手、短兵、长兵。

（1）散打。散打又称散手，古称手搏、白打等。由于比赛是以徒手相搏相较的运动形式在擂台上进行，又称“打擂台”。现在的散打是两人按照一定的规则使用踢、打、快摔等方法制胜对方的竞技项目。

（2）推手。推手是两人遵照一定的规则，使用掤、捋、挤、按、採、挒、肘、靠等技法，双方粘连黏随，寻机借劲发力将对方推出，以此决定胜负的竞技项目。

（3）长兵。长兵是两人手持一种特制的长器械，遵照一定的规则，以棍法和枪法为主要攻防方法进行比赛的竞技项目。

（4）短兵。短兵是两人手持一种特制的短器械，遵照一定的规则，以剑法和刀法为主要攻防方法进行比赛的竞技项目。

Ⅵ唉Ⅶ圄嵴渖槲叽地挽喈徜

1. 健身武术

健身武术主要是为了使练习者的身心得到一定的锻炼，从而促进其身心健康发展。健身武术主要是由健身者自发参与，自主练习的一种健身方式，随着全民健身的不断推进以及武术的不断发展，越来越多的人们开始通过武术进行健身。

2. 竞技武术

竞技武术起源于20世纪50年代，这些年来，竞技武术发展迅猛，已经成为武术传播和发展的重要形式。竞技武术需要运动者具有高水平的武术竞技能力，并且在运动比赛中尽可能地发挥自身的水平。竞技武术的特点在于其具有职业化、专业化、竞技性、超负荷等特点。目前，重要的武术竞赛有世界武术锦标赛、洲际性武术比赛等，这些武术比赛为国际性比赛，具有一定的影响力。在我国，竞技武术比赛的最高形式是全运会，除此之外还有一些全国性的武术锦标赛，主要的竞技内容分为散打和套路两大类。我国的武术套路包括长拳、太极拳、南拳、剑术、刀术、枪术、棍术和其他拳术、其他器械、对练项目、集体项目等类型；散打则按照运动员的体重将其划分为11个级别，它是一种实战比赛。套路竞赛旨在发展和传习武术技术的发展，而散打项目则是要强化运动者的体能，使其技法全面发展。

3. 实用武术

实用武术主要是指一些特殊群体在进行一些专门的身体活

动或者身体练习时,所进行的功能活动,有时也会被称为军事武术。实用武术的习练者多为士兵、警察、保镖等,多见于保卫部门中。该种武术类型以保护自身和他人为目的,具有很强的实用性。我国特警部队的训练内容包括擒拿格斗技术,该技术将散打竞赛中的一些禁止攻击部位作为重点攻击点,具有很强的杀伤力。

二、武术的流派

Ⅵ狻Ⅶ湴槲悟揲叽炭削堇剮

武术流派是在武术发展过程中逐渐形成的,以拳术为例,当一种武术的风格和技术特点都区别于其他拳技时,就形成了新的武术流派。如戚继光“三十二式长拳”是吸取十六家拳法之长而创立的;太极拳的形成是吸取了各家拳法之长,以戚继光“三十二式长拳”为基础发展而来,后经杨露禅、武禹襄、孙禄堂、吴鉴泉等武学大家的丰富,逐渐形成太极拳派。具体来说,武术流派的形成过程主要包括以下三个方式。

(1)繁衍各个支系,发展拳派。比如各式太极拳的繁衍,就是这种流派产生的方式。

(2)类同合流,壮大拳派。武术拳派在发展过程中,将一些技法特征相同或相关的拳种归为一类,形成较大的拳派。传统的少林拳派就属此类情况。

(3)融合诸家拳派,创立新派。如蔡李佛拳、五祖拳以及形意拳、八卦拳等。

武术流派在中国武术发展中起着积极的作用,各流派经过融合和发展,形成了不同的门类,延续了古老的技艺,使中华武术生生不息,不断向前发展。

Ⅵ唉Ⅶ浦榭砟狞悟揲

1. 黄河流域派与长江流域派

民国初年《中国精武会章程》等书中，提到了黄河流域派与长江流域派，这种分派方式主要是以江河流域分派。

2. 长拳与短打

明代戚继光的《纪效新书》中介绍了当时流行长拳短打之分，记载了宋太祖三十二式长拳，还有“张伯敬之打”“李半天之腿”“千跌张之跌”和“鹰爪王之拿”等不同流派。后来人们将遐举遥击、进退急速、大开大合、松长舒展的拳术称为长拳类；而贴身近战、势险节短、动作幅度小、短促而多变的拳术称为短打类。

3. 内家拳与外家拳

内家拳与外家拳之说见于明末清初黄宗羲撰《王征南墓志铭》中提到的“少林以拳勇名天下，然主于搏人，人亦得以乘之。有所谓内家者，以静制动，犯者应手即仆，故别于少林为外家”。明清之际的内家拳仅是一个拳种，外家拳仅指少林拳，到民国期间发展成“凡主于搏人”“亦足以通利关节”者，概称“外家拳”；凡注重“以静制动”“得于导引者为多”，概称为“内家拳”，后来有把太极、形意、八卦归为内家拳的说法。

4. 南派与北派

按地域划分的派别，见于民国时期陆师通《北拳汇编》等书使用的南派与北派的分法。以流传地域为基础，并受地理环境气候的影响。我国南方流传的武术拳法多，腿法较少，动作紧凑，劲力充沛；而北方流传的武术腿法丰富，架势开展，动作起伏明显，快速有力，故有“南拳北腿”之称。

三、武术的特点

Ⅵ狻Ⅶ浦槲叽呼祜汩听

1. 稳健而准确

武术套路动作是有机联系在一起的，动静结合，并不断交替出现，一招一式都要规范，无论是哪一个武术动作，都要符合标准。武术的基本姿势要求头正、径直、收额、沉肩、挺胸、塌腰、敛臀，上肢动作要挺拔伸展，下肢动作要轮廓清楚。武术动作一定要稳健，例如，武术运动员在腾空过程中用了一个旋风脚，落地后立刻变成了一个马步架打，纹丝不动。武术动作常常讲究刚健有力，通过撑、拔、张、展、勾、扣、翘、掤等要求使身体各部位表现出相应的姿态，犹如书法家的字齐正有力，有入木三分之感。

2. 方法清晰且完整

武术的动作讲究方法和完整性，武术的方法要交代清楚，动作内涵要明晰，如手法中的推、叉、托、按、切、砍、劈、盖等掌法，同时也有冲、劈、弹、挑等掌法，每一个动作都有具体的方法要求，在演练过程中，方法一定要清晰到位，无论是手法、腿法、步法、还是身法，都要做到规范完整。只有动作准确完整，才能在技能的基础上，体会到武术的神韵。

3. 节奏鲜明多变

武术动作不仅具有动与静的变化，同时还有轻与重、快与慢、起与伏、长与短的变化，武术中的动作大致可以分为高、中、低三种动作，叫“上盘”“中盘”“下盘”“三盘”动作错落，跌宕起伏，高的动作要挺拔，有顶天立地的气概，低的动作要低下去，有鱼翔浅底的本领，中盘的动作要稳如磐石。这种高低的变化体现了人们的健身效果，并且在高低上相互衬托和呼应。同时，快与慢也体现着一定的节奏变化，像乐曲一样，时而激昂奔腾，时而云卷云舒。武术的这种节奏变化，充分地展现了武术的文化内涵。

4. 精神充实饱满

习武者在练习武术的过程中，往往是精神充实而饱满的，在练习过程中，精神高度集中，饱满且毫无倦意，往往把自己置身于一个战斗的场合，有一种坚韧不拔的斗志和一往无前的精神。在习武过程中，眼睛一定要全神贯注、神采奕奕。练武者的动作一定要一气呵成，使人产生回味隽永的感觉。要做到“心与意合”“意与气合”“气与力合”，做到精神意志的饱满。

Ⅵ唉Ⅶ溽榭叽淅妊汩听

1. 形神兼备

“内外兼修、德艺统一”是武术文化的内涵之一。“内外兼修”是中国武术所有拳种的宗旨，讲究“精、气、神”，讲究“外练筋骨皮，内练一口气”。讲究“形神兼备”。无论哪种拳术套路，都强调内在的意（意念）和气（呼吸）与表现在外的动作相统一，使手眼相随，步法与身法相应，身体上下协调，而且节奏鲜明，动则如龙腾虎跃，静则如山岳耸峙，整套动作起伏跌宕，出神入化。

“神”指的是习武者的思维活动过程和武术意识。武术讲究“精、气、神”，即讲究武术运动中人的精神、心志、意向等内在的活动。通常，也可以认为是武术所表达的内在性物质和理念性的文化。

“形”指的是在“神”的基础上合理地、完整地、充分地表现出高难度的技术。“形”包括武术动作的姿势、方法、劲力和节奏，即武术运动中人的整体部位的形态和形象，它可以是一个完整动作的静止状态，也可以是动作过程中的整体运动形态，同时还包括腾空瞬间的造型，动作与动作的组合形态和整套动作的结构形态。

武术讲究“行随心动，心与意合”，所有的动作皆要发自内心，表现内心，也即为有“神”，“神”是武术的内蕴和灵魂。习武者具有自身的精神世界，如高尚的情操、美好的道德、完美的个性、审美的人生态度、强烈的攻防意识，这些需要向外界传达，离开了“神”，就失去了中华武术特有的韵味，缺乏“神”的动作，我们将其称为“机械动作”。在武术动作中，神随形转，形随意动，通过动作姿势的表现反映出武术的规格意识、劲力意识、攻守意识，通过手、眼、身法、步的协调配合，反映出武术的技击、意向、运动节奏、劲气势态和风骨神韵。例如，太极拳看似轻灵柔和，缓慢平滑，却连绵不断、虚实分明，练起来有如长江大海滔滔不绝，可以达到四两拨千斤、以柔克刚的效果，给人一种形断而神不断，无极无限的美感。如果一个演练者在练习长拳套路时，心神分离，双目缥缈，形先到而神未至，形神离散，武术将失去内在美与外在美的和谐统一，失去艺术感染力。所以，要用完善的技术将内在的“神”与外在的“形”融为一体，既有耐人寻味的外表美，又有内涵深厚的内在美，使内外兼修的形神统一贯穿在整个武术运动过程中，这是武术文化内涵的重要体现。

2. 和谐统一

武术动作的攻防、进退、动静、刚柔、虚实，都融入了整体和谐规律。在武术中，无论是阴阳五行，还是太极八卦，都强调阳刚与阴柔的和谐，外家拳术的刚，内家功夫的柔，都要追求“阴阳调和”的和谐统一，都讲究一种系统的互补协调，既对称又均衡，既和谐又有对比，既有层次又有节奏，动静疾徐，变化万端。武术讲究形式美的多样化的统一，通过整体的和谐来表现美。武术运动员的形体美，既要展示手、眼、身法、步，也要体现精、气、神、力、功，讲求内外相合，和谐统一。除此之外，武术还追求人与自然的和谐统一，保持大自然一种良性的生态平衡，这是武术所推崇的“天人合一”的思想观念，它注重把人放到自然中去，把人的运动同周围环境密切联系起来。武术的和谐统一是武术文化的重要部分，是其区别于其他西方体育项目的重要特点。

3. 造型独特

武术的造型可以分为动态和静态的造型。运动中的各种手法、眼神、步法、精神、气力、功力的变化与统一都属于动态的造型。在运动过程中通过人体点、线、面的转变与劲力、节奏、精神等的表现组合向人们呈现出动态的画面，给人以美的享受。例如，长拳中的“腾空摆莲”，人在突然腾空而起后，滞留于空中，完成“外摆莲”后，悄然落地，整个动作一气呵成而又飘逸潇洒，表现出极为自然和谐的动态造型美，即动态美。

静态的造型，即定式造型，如“仆步亮掌”“燕式平衡”等往往是动态造型的“起式”或“完成式”。这些动作在规格上都有严格的要求，演练时时刻强调周身的“内外三合”“头正顶平”“含胸拔背”“沉肩坠肘”“收腰敛臀”“虚领顶劲”“手脚同步”等。武术的“静势”之美，不仅体现在肢体的协调、流畅上，还讲求“劲”的顺达和“神”的传达上，如此便会给人以“静中寓动，蓄势待发”的英气勃发、强不可侵、胜不可欺的人格之美，而非简单意义上的雕塑美，以及人们通常所误会的空架子。

4. 节奏优美

古言道：“韵者，美之极。”古代美学家把“韵”这一特殊术语概括为“超然于世俗之外的节操、气概，从而表现出神态、风度”。节奏是物体运动过程中有规律的反复。中华武术具有和谐、整齐的节奏之美。武术运动讲究节奏，合理的节奏标志着武术动作在力量、时间、空间上的分配得当，保障了每一个具有攻防含义的招式协调、顺畅、到位和实效。在力量的运用上讲究节奏，例如，我们常说的“刚柔相济”“刚中带柔”“柔中带刚”“以柔克刚”“以刚制柔”等都在强调武术的刚柔节奏。武术的节奏是在一定的时间内完成的，必须有时间作为保证。武术的每一个动作都是一幅画面，动作在定型时具有很明显的空间造型，这种空间特性对武术的节奏表现产生了很大的影响。而武术动作在定型时我们也可以看作一幅表现演练者动作意图的画面，演练者借助眼神、动作造型、重心倾向等内容表现其内心活动、攻防意识以及对节奏的细节处理。

武术拳家将武术中的节奏形象地描绘为“动如涛、静如岳、起如猿、落如雀、立如鸡、站如松、转如轮、折如弓、轻如叶、重如铁”，并始终讲求“动迅静定、干净脆快”，而且动中有静、静中蕴动、快慢有别。例如，武术长拳套路中的“翻转跳跃”“闪转腾挪”“起伏转折”等动作的组合，分别在上与下、前与后、左与右等多层面上展现出动与静、快与慢、刚与柔的节奏特点。正是在这种连续的变化中，表演者的攻守意识、战术运用及内心情感才得以充分表达，从而令武术习练者沉醉于“忘我”的境界，使观赏者不自觉地达到“忘情”的境界。

5. 意境之美

习武者在演练过程中，需要将自己融入一定的意境当中，武术所追求的“意境”，之美主要表现为主观和客观方面在审美过程中的统一，对客观对象来说是“形”与“神”的统一，对审美主体而言是“情”与“理”的统一。

“意境”的表现凝聚着节奏以及和谐的统一，从而使武术的艺术本质及价值不仅仅体现在技术上的熟练，而且体现在武术演练者的身心不断处于新的体验之中。意境美在武术演练中表现为实用性与艺术性的高度统一。武术之美又重于“写意”，对内在感情的内蓄、抒发，对自我修养的曲折表现，充满着东方古典文化的神奇魅力。演练者的动作并不是以写实的方式再现客观对象，而是抒写自己的主观感情，挥发意兴，例如，八卦掌基本技法中的“十要”，第一要就是“要有意”，意是心志活动的具体化；查拳十字诀的“绵而不断意相随”“巧中生智灵活用”都有心志活动所涵盖的意与智；形意拳的“内三合”首先是“心与意合”；通臂拳也以“心法慧勇”为首务；太极拳则“以心行气”“用意不用力”，讲究“缓以会意”等。

中华武术在长期发展的历程中，逐步形成了形神兼顾、和谐统一、强调节奏和意境之美的文化特点，成为独具风格和民族特色的文化，屹立于世界文化之林，散发着古老而神秘的东方气息。

第三节　武术文化起源、形成与发展进程

一、武术文化的起源

武术文化的产生与人类的生产活动密切相关，在“物竞天择，适者生存”的生存环境中，人类首先面临的就是人与兽之间的争斗。为了猎取食物，人类自然产生了拳打脚踢、指抓掌击、跳跃翻滚一类的初级攻防手段。然而，这些击打的方法多是基于本能的、自发的、随意的身体动作，人们还不能有意识地进行搏杀技能练习，但这些初级攻防技能却为武术的形成奠定了一定的条件。

在生产力十分低下的原始社会中，人类早就学会了制造和使用石制或木制的工具，并学会了使用这些工具击打野兽的方法。我们从考古发现中可以了解到：旧石器时代已出现了尖状石器、石球、石手斧、骨角加工的矛。到了新石器时代末期，出现了大量的石斧、石铲、石刀和骨制的鱼叉、箭镞，甚至还有铜钺、铜斧等。由此我们不难看出：在人与兽的争斗中，人类掌握了基本的搏杀技能，原始人类的生存能力已大大提高。

在人类与野兽、与人的搏斗中，武术逐渐萌芽成长。据《吕氏春秋·荡兵》记载：“未有蚩尤之时，民固剥林木以战矣。争斗之所自来者久矣，不可禁，不可止。”由此可见，早在原始部落发生大规模战争之前，中国就已经出现了人与人之间为抢夺食物、领地等进行的争斗。这些战争非常普遍，而且由来已久，正是这些争斗使大量生产工具逐渐演变为人类互相残杀的武器。在战争中，凡是能用于搏击的生产工具都成了战斗的武器，人们远则使用弓箭、投掷器，近则使用棍棒、刀斧，器械巨大的杀伤力被残忍地展现出来。渐渐地，人们发现光有器械是不够的，由此使用器械的技巧和战争中的格斗技术逐步分离出来，并沿着自身的规律向武术的方向发展。

战争也成为促进武术形成与发展的一个重要因素。原始社会末期出现了大规模的氏族间战争，而这种原始部落之间有组织的战争加速了原始武术的形成。据古籍记载：这一时期进行的大规模战争有黄帝与炎帝的战争、黄帝与蚩尤的战争、夏禹伐九黎、三苗的战争等。原始人群为适应原始战争的需要，要作战斗的演习操练，以熟悉战斗的击刺动作和应有的群体组合，于是在原始人群中萌生了"武舞"，或叫"战舞"。

"武舞"可以说是武术在早期的一种表现形式。所谓"武舞"，就是原始社会战斗技术的展现，它融知识、技能、身体训练和习惯的培养等为一体，将用于实战格杀的经验按一定程式来演练，是古代武术由感性认识向理性认识的升华。人们在狩猎、战事等活动之前或之后，都要跳武舞，幻想以这些击刺杀伐的动作来产生一种超自然的力量，以鼓舞士气，祈神保佑。"武舞"在这一时期受到了很多人的喜爱和使用，几乎成为很多人操练的首选。据史籍记载：大禹时期三苗部族多次反叛，屡次征伐也未能使之降服。后来，禹停止进攻，让士兵持斧和盾进行操练，请三苗部族的人观看"千戚舞"，结果三苗部族被"千戚舞"雄浑的力量所慑服，立即臣服于大禹。这就是原始社会一次盛大的武术自卫演练。"千戚舞"是古代众多"武舞"中的一种，也是人们从战争实践中总结的攻防技能和经验，为后来武术套路的形成奠定了基础。在近代某些带有原始风貌的民族风俗中，我们还可看到原始武舞的影子，如：云南纳西族的祭神武舞"东巴跳"，数十人上百人手持武器而狂舞。在现今我国发现的原始岩画中，也能够看到一些原始武术的图像。

二、武术文化的形成

进入奴隶社会以后，武术开始从生产活动中不断分化出来，成为专为统治阶级服务的军事技能，并逐渐向专门化、复杂化的方向发展。夏朝还出现了"序"和"校"等以武术为主的教育机构，这些教育机构主要是进行各种武艺的传习和演练，据《史记》记载：夏王桀就是徒手生擒猛兽的技术能手。

进入到殷商时期以后，出现了武术训练的重要手段——田猎。当时已处于以农业经济为主的社会，田猎不再是人类赖以生存的谋生手段，而是一项具有军事意义的重要活动。田猎时，将士们驱驰车马、弯弓骑射，进行军事技能训练，殷商甲骨文中就有大量关于田猎的记录。随着青铜冶炼技术的发展，矛、戈、戟、斧、钺、刀、剑等精良兵器开始出现，大大增强了武术的杀伤力。商朝还利用“武舞”来训练士兵、鼓舞士气，形成了四面八方的臣民来殷习武的局面。发展到西周时期，统治者为了维护贵族专政，对贵族子弟进行“六艺”训练。所谓“六艺”，即礼、乐、射、御、书、数，其中“乐”“射”“御”都是与武术有直接关系的训练内容。“射”“御”分别指射箭和驾驶战车。

到了春秋战国时期。由于列国战争的需要，武术文化不断发展。武术主要是为战争服务，对拳技、臂力、筋骨强壮的出众者都很重视。据《管子·小匡》记载：为使齐国强盛，齐国宰相管仲实行兵制改革，责令官兵进行实战性武技训练，凡是民间有拳勇而不报告者按隐匿人才问罪。为了发掘人才，每年春秋两季，齐国都会举行全国性的“角试”，选拔武艺高强的人才充实到军队中。

随着封建社会的发展，军事武艺逐渐进入民间，武术文化也逐渐向多样化发展。为了提高武术技能，习武者之间比试武艺已经非常普遍并很讲究攻防技巧，打法也出现了进攻、防守、反攻、佯攻等。而且，随着武术的发展及技术日趋完善，从实践中发展出来的武术理论也开始形成。

三、武术文化的发展进程

武术是我国的优秀传统文化，在历史的不同时期都得到了不同的发展，并具有不同的特色。在隋唐时期，我国武术快速发展，兵器种类大增、形制复杂，各种兵器、武艺争奇斗艳，武艺也向着多样化发展，武术表演项目也有相当的发展。到了明清时期，武术出现大繁荣，流派林立，不同风格的拳种和器械得到发展，武术作为军事技术、健身手段及表演技艺的多种价值为人们所认识和利用。新中国成立后，我国政府高度重视武术的普及和研究工作，使武术文化得到了一定的长足发展。

Ⅵ狻Ⅶ垙叁６渖嵩瞒÷

“武举制”是武术文化发展史上的一大创举。公元702年，武则天在科举选才的基础上首创武举制，开创了中国历史上1200多年以武选才的先河，极大地促进了武术的发展。据《文献通考》三十四卷记载：唐代武举制的内容有“长垛马射、步射、平射、筒射，又有马枪、翘关、举重、身材之选。翘关者长一丈七尺，径三寸半，凡十举，右手持关，距出处无过一尺；负重者，负米五斛，行二十步，皆为中第”。由此我们可以看出：唐代武举制的内容不仅极其重视武艺和力量，而且连身材、体格也列为一个条件，包括了作为一个军队将官所必须具备的身体素质及军事武艺。

“武举制”在中国沿用了非常长的一段时间，可以说武举制自唐开创以来，直至清光绪二十七年（公元1901）才被废止。武举制内容虽在各个朝代均有所变化，但都以唐朝的武举制为基础。武举制的创立无疑激发了更多人的习武热情，促进了中国武术的发展。

Ⅵ唉Ⅶ岖叁渖槲淅妊

武术，在最初是作为一种与自然和人类抗争的武力而存在的，到后来慢慢地演变为一种作为强身健体功能而存在的健身方法，再到后来，逐渐衍生出来属于自身的文化内涵。纵观我国发展历史，武术是在统治者和被统治者之间的相互矛盾中发展壮大起来的，在人民反抗压迫的过程中，武术运动得到了一定程度的发展。例如，在清朝末年，民间兴起“义和团”（又称为“义和拳”）

运动,人民大众结社演武习拳,反抗外来侵略者,得到了当时清政府的默许。在八国联军侵华之后,清政府签订丧权辱国的《辛丑条约》,并对义和团进行了残酷的围剿。

清末民初,随着西方文化思想及西方体育的传入,社会各界提倡国粹体育的呼声高涨,中国传统的武术被国人重新认识,一些以研究武术和开展武术活动为主旨的新兴社团纷纷建立。内忧外患中,中国武术开始了反思,武术文化在这一时期开始成熟起来。

Ⅵ柃Ⅶ漓叁浐槲浙妊

1999 年,国际武联正式成为国际奥委会的组成成员,成为国际体育单项联合成员,这是武术发展上的又一历史性突破。2001 年北京申奥成功后,国际武联立刻启动了“入奥”工作,2008 年北京奥运会上,武术作为一种特殊项目,进行了武术表演赛。中华武术在奥运赛场上,向世人展现了其独特的魅力。随着人们健康意识的不断增强,越来越多的的人加入习武的队伍之中,使中国武术不断发展。

1. 武术套路发展

(1)1982 年,第一次全国武术工作会议召开,武术发展进入崭新阶段。

(2)1984 年,在武汉举行了国际太极拳邀请赛,为武术走向世界开创了新局面。

(3)1985 年 8 月,在西安举行了第 1 届国际武术邀请赛,加速了武术走向世界的进程。

(4)1987 年第 1 届亚洲武术锦标赛在日本举行,1990 年第 11 届亚运会上,武术被列入亚运会正式比赛项目。

(5)1990 年 10 月,国际武术联合会在北京成立,接着各洲际武术组织纷纷成立,武术正式进入世界竞技体育的比赛行列。

(6)1999 年,国际武术联合会被国际奥委会接纳为正式会员。

（7）至 2017 年，世界武术锦标赛已举办 14 届，其中包括武术套路比赛。

2. 武术散打发展

（1）武术对抗运动自 1979 年开始试点。

（2）1989 年，散打被列为武术正式比赛项目。

（3）1998 年，散打成为 13 届曼谷亚运会正式项目。

（4）现如今，我国每年都会举行各项武术散打赛，如全国武术散打锦标赛、武术散打商业赛等。

3. 武术学科发展

为了促进传统武术的发展，我国体育院校开设了相应的传统武术专业，并对我国繁杂的武术派系进行了梳理，推出了一系列方便普通大众练习的简化武术，方便大众习练。武术已经是走进学校体育课堂中的一门课程了。

（1）1983—1986 年，全国开展规模浩大的武术挖掘整理工作。查明全国武术拳种达 129 个。

（2）1984 年，国务院批准设立武术硕士学位。1997 年，上海体育学院开始招收博士研究生，标志着传统武术已步入现代学科的殿堂，成为能培养高层次研究人才的专门学科。

（3）武术研究院于 1985 年经国家科委和国家人事部批准，1986 年在北京正式成立。

（4）1958 年，我国成立了中国武术协会，目前，我国的各项武术事业在中国武术协会的带领下，不断向前发展。

第四节　武术文化发展趋势

武术文化作为我国优秀的传统文化，应该利用各种策略和方法促进其不断传播和发展。

一、武术文化理论研究力度不断加大

武术文化的发展离不开武术文化理论的支撑，从跆拳道的发展历程可以得出，其逐步形成了独立的技击内涵，在技击中融入了跆拳道的礼仪和规矩，使参与者在锻炼过程中掌握各项礼仪，借助具体内涵来对广大爱好者产生吸引力。

武术是我国的国宝，其具备非常深厚的文化内涵，但武术文化的内涵反映在特定理论讲解中以及武术表演中，武术文化理论是中国武术被世界人民肯定和喜爱的重要保障。在武术表演中，应当适度增加讲解技法、讲解表演项目特征的内容。在教学过程中每一招每一式的用法、作用要讲明白，让武术学习者理解所学技能所包含的技法及用法，在学习中体会武术中包含的“天人合一”、强调“自然”、注重“和谐”、追求“统一”的东方体育特色，如此才能充分调动学习者学习的主动性，对更多武术爱好者产生吸引力，促使武术爱好者全面掌握武术的本质内涵，对武术文化形成更加深刻的认识。因此，应该加大对竞技武术理论的研究。

二、武术文化产业化不断发展

产业化为武术的持续发展提供了稳固的物质基础以及切实有效的物质保障。综合分析世界各国特色项目被纳入奥运会的过程可以发现，走产业化道路是必由之路，韩国跆拳道和日本空手道都是在产业化过程中慢慢发展起来的。

加快武术文化的产业化进程对武术实现科学化、全球化发展都有积极作用，为武术进入奥运会，走向世界打下稳固的基础。为了加快武术文化产业化进程，国家体育总局武术运动管理中心在 20 世纪 90 年代，借鉴篮球、足球等项目的市场化经验，在职业化、市场化改革方面取得了一定的成果，为武术在市场经济新形式的发展中指明了道路。在总结改革体育产业化经验的基础上，以散打为突破口，简化了竞赛的规则，提高了比赛的观赏性，吸引了越来越多人的关注与参与。武术文化的产业化发展,促进武术文化不断向前发展。

三、武术文化的传播力度不断加大

传播能够为武术文化提供强大的生命力。就传播来说,跆拳道可以充当武术文化传播的榜样。跆拳道运动是从20世纪60年代初期着手制订世界推广计划,仅用几十年就成功推广到全世界各个国家。通过举办各项武术表演和武术赛事,可以加深人们对武术的了解,吸引更多人参与武术运动,促进武术文化的发展。

在武术推广的过程中,应当大力推行武术的简单技术,充分结合中国武术段位制。简单易学是跆拳道和空手道能够快速普及世界各国的一项重要原因。由于竞技武术难度大,其更适合专业运动员演练。广大群众学习竞技武术套路的主要目的则是健身,他们掌握完整竞技武术的难度比较大,因而有必要选取那些和大众演练目的相适应的技术,遵循从简单到困难的顺序,促使练习者树立自信心尤为关键,推动练习者深入认识竞技武术,从而有针对性地参与武术锻炼。

四、武术赛事职业化发展步伐逐步加快

发展武术职业赛事不但是在积极顺应体育产业化的发展走向,而且是达到"以武养武"目标的关键环节。武术职业赛事提出,赛事应当把群众当成中心,采取多种方式来增加赛事的观赏性,从而使观众观赏竞技武术套路的心理需求得到满足。当前的武术赛事往往是在追求"高、难、美、新"的竞技武术套路的过程中提升观赏性,但降低了武术赛事的实用性、技击性以及创新性。

现阶段,我国的武术散打比赛开展良好,实用性和实战性较强,武术散打比赛的职业化运作和组织的市场化同样发挥了很大作用。由此可见,把武术散打当成试点,目的明确、条理分明地推进武术散打职业俱乐部的建设工作,由此使得武术散打职业化得

到有效推进。

在武术市场化的发展过程中，武术器械、服装、用品往往是多个厂家竞争的形势，以武术优秀运动员作为商品的交换市场正在悄然形成，结合经济方式操作的武术无形资产和企业有形资产的交换市场也被武术套路作为选择市场的切入点，武术市场化运作为武术职业赛奠定了较为坚实的物质基础，武术市场化运作加快了武术传播速度，使得人们休闲需求和娱乐生活需求得到了满足，达到了“以武养武”的效果。除此之外，还推动了专业武术队向武术职业队转变的进程，加快了武术职业队的形成进程，官办民助的计划经济体制被打破，武术职业赛体制成功构建，武术职业赛被真正推向市场。

武术是社会发展到特定阶段的产物，是人类物质文明与精神文明的结晶，我国社会进步与经济发展对武术的发展进程产生了很大的作用。武术套路进入武术市场一定会对武术套路的发展产生促进作用，给武术套路的发展提供必需的物质支持，积极走市场化道路来完善自身的“造血功能”，真正意义地踏入职业化道路，获得世界各国人民的肯定与欢迎。

五、武术与奥运会的关系日益紧密

首先，我们要明白的是进入奥运会不是武术对外传播和发展的终极目标，进入奥运会只不过是为了利用奥运会的影响更为快捷地推广中国武术，武术对外传播的最终目的是发展中国武术，武术文化发展的终极目标是通过武术文化把中国的优秀文化发扬光大，这是武术文化通过进入奥运会抑或是通过其他途径来对外传播时必须明确的一点。

进军奥运会不是宣传与推广武术文化的唯一途径，尽管相扑和泰拳没有想要进军奥运会的行动，但依旧表现出了良好的发展态势。武术除了进军奥运会的途径外，应该积极探索更多有效的途径，将武术推广到世界各个国家。任何一种“削足适履”的做法都会让中国武术的发展道路变得更加狭窄。

武术文化在世界范围的传播还深受东西方文化差异的影响，不可能迅速得到世界人民的认可，在传播过程中，应该保障武术文化的民族特色不会流失。面对文化差异问题，应持有理性态度来面对，正确对待其中蕴含的文化差异，从而保持武术文化不断发展的良好心态。

六、武术文化休闲价值的开发力度加大

随着我国综合国力的提升以及人民生活水平的提高，休闲成为人民生活的重要组成部分，很多人在工作之余，利用闲暇时间进行休闲体验。人们的休闲生活包含很多方面，包括在家看电视、看书、逛街、逛公园等，还有一些人选择外出旅游。随着我国逐渐进入休闲社会，将会有更多的人拥有休闲时间，那么如何让人们利用休闲时间从事武术产业活动是值得研究的一件事。武术其实包含很好的休闲价值，如通过引导人们在闲暇时间里参加武术锻炼，接受武术培训等，从而形成武术的体验经济，还可以通过引导人们在休闲时间里去观看武术竞赛表演，参观武术学校和武术景点等，都可以充分发挥武术的休闲价值。

七、树立武术文化品牌

现阶段，中国武术在世界上取得了一定的发展，但是却没有形成一个响亮的品牌，无法满足世界范围内对武术文化和相关产品的需求。因此，应高度重视武术品牌的开发和建设。[①] 可以从以下几个方面入手。

在国际上，以武术为表现内容的文艺作品，已经占有重要位置，如《卧虎藏龙》《精武门》《少林寺》等影视作品。武术与电影的结合，提高了武术的知名度，在世界范围内带动了新一轮的

① 张文元.我国武术无形资产的市场化开发路径研究[D].南京：南京体育学院，2012.

功夫热潮，是良好的武术文化品牌建立的典范。此外，可以通过我国孔子学院的国际化发展，来推广中国武术文化品牌的建立。

近年来，我国各项武术赛事频繁开展，“散打王”“昆仑决”等武术赛事已经成为人们心目中的品牌赛事，形成了一定的影响力，仍然需要进一步的运作和发展，应该加大对武术品牌赛事的运作和打造，以此促进武术文化的可持续发展。

八、武术文化的国际化发展步伐加快

近年来，随着中国武术的不断发展，武术已经成为中国文化的一个重要代表，为了促进武术文化的进一步发展，应该努力促进武术文化的国际化发展。在一些著名的旅游城市和景区推广武术，如西安、北京、成都等城市和景点。在各大高校的留学生群体中宣传和推广中国武术，提高他们对武术文化的认识，让他们喜欢上武术，进而练习武术，将他们培养成武术文化的传播者，将武术文化带回他们的祖国。在国外通过一些广告宣传途径，宣传中国武术文化，让更多的外国人了解武术，从各方面促进武术文化的国际化发展。

第二章　武术文化生态现状与研究综述

随着我国工业化、城市化进程的不断加快，包括武术在内的传统文化的生存区域和发展空间也在日渐变化，武术文化发展面临的困惑与困境越来越多。在这一背景下，很多学者开始从文化生态视域对武术文化的生存和发展进行审视和研究，从而为保护与拓展武术文化的生存区域和发展空间提供新的理论依据和现实路径。本章主要分析武术文化生态现状与相关研究现状，梳理这方面的相关研究，并展望未来发展趋势，主要内容包括武术文化生态的概念与内涵、武术文化生态的现状及其研究现状与前景。

第一节　武术文化生态的概念与内涵

一、文化生态的概念

"文化生态"这一概念最早是由"文化生态学"的创立者——美国文化人类学家图斯尔德提出的。文化生态学是对文化的生态背景、变迁、组成结构、群落、多样性及其网络和链条等进行研究的科学。这些研究内容直观地表现为文化的主次、兴衰、消长等。

《国务院办公厅关于加强我国非物质文化遗产保护工作的意见》(下面简称《意见》)是"文化生态"概念在我国首次被提出的由来。《意见》指出："随着全球化趋势的加强和现代化进程的加快，我国的文化生态发生了巨大变化，非物质文化遗产受到越来越大的冲击。”

社会上的任何一种文化都是由人类所创造的，它们的共性在于都是动态系统，都会经历从产生到发展、繁盛最后走向衰亡的系列过程，作为独立的动态有机体，它们都会随着环境和历史的变化与演进而不断发生变化。每一种文化都有自身独特的价值功能，都在与其他文化发生各种各样的关系，不断进行同化和异化，相互作用，并通过遗传、变异等方式不断演化，文化生态系统这一大的文化系统在这些基础上逐渐形成。

文化生态是在生态视域下审视文化，使人们重新认识“文化”。作为文化与社会环境的媒介，人是文化在社会环境中存在和发展的主要表现者。文化的生成、传承、存在的生态状态就是文化生态。文化生态是一个大的文化动态系统，在该系统中，每一种文化的内部各构成要素之间、文化与文化之间、文化与外部环境之间无时无刻不在相互作用、相互影响。文化生态系统平衡要求人类文化朝多元化、多样化的趋势和方向发展。

从历时纵向来看，文化生态系统有“过去—现在—未来”的历时链条。

从共时横向来看，文化生态包括官方文化(居统治地位)、文人文化(居于精神高位和智力前沿)和民众文化(居于最大层面和最低层次)。

二、文化生态视域下的武术文化

文化生态视域下的武术文化是对现时环境中武术文化生成、发展环境状态的描述，是武术文化在一定时期的文化危机的反思和自我警惕，同时也是武术文化对文化一元化与多元化发展的矛盾、强势文化对弱势文化的侵略、功利文化与公益文化对抗的反思，本质上而言是在经济全球化与文化现代化背景下对武术文化面临的生态危机的理性追问与反思，也是文化现代化传承与发展的深刻反思。

从武术文化的结构来看,其包含三个层面的内容,分别是器物技术层、心理价值层、制度习俗层,每个层面又包含具体的内容,见表 2–1。

表 2–1　武术文化的结构内容

三个层面	具体内容
器物技术层	技术动作
	套路体系
	场地器械
	服装
	书籍等
心理价值层(习武者自我价值的社会心理和社会意识形态)	习武者的思维方式
	习武者的价值观
	习武者的文化修养
	习武者的审美情趣等
制度习俗层	习武者意志品质
	传承方式
	武德内容规范
	礼仪规范等

在武术文化的研究中引入文化生态的概念,是为了对目前武术文化存在与发展的状态以及发展的具体措施等进行更好的探讨。武术文化与自然、社会和谐共生,协调发展的文化生存状态可以称得上是良好的武术文化生态。在武术文化生态发展中,需坚持的基本原则有科学性原则、包容性原则、全民性和针对性结合的原则等,在此基础上加强武术文化的宣传和教育。

通过改善和优化文化生态环境,可以从武术文化内部结构上寻求新的发展之路,从而促进武术文化的传承和发展。

三、武术文化生态的概念与内涵分析

"文化生态"与自然生态相对应,这个概念主要是借用生态学方法对文化生态状态进行研究而得来的,从这一角度来看,用“文化在一定环境下存在和发展的状态”来解释文化生态是更为合适的。

早在20世纪末,叶伟、蔡仲林就在《武术生态理论的提出及其对武术学科体系框架的构建》中明确提出了“武术生态理论”学说,这是我国最早的关于武术生态的论述。在这个学说中,“武术生态”作为一个基本概念,具体是指武术所赖以产生和发展的背景和条件,其本身也是其中的一个重要组成部分。“生态”是一个自然科学的概念,在武术研究中融入该概念,是为了对传统武术现在存在、发展的状态进行更好的说明与解释。人类社会中一种文化(如武术文化)的消失如同自然生态环境中某一物种的消失,会断裂文化生态系统中的某些链条,多种相关文化也会因此而逐渐消失,文化生态在这样的环境下会一步步走向恶化。

在武术文化的生态环境研究中,因为创造文化、传承文化及发展文化的都是人,所以作为社会个体的人要受到一系列社会关系和文化模式的制约,要遵守与符合自身所处时代背景的相应行为准则。因此,武术文化生态主要是人们生活的社会环境。而随着社会环境的不断变化,我们必须正视与讨论如何在急剧变化的社会环境中进一步传承与发展武术文化的问题,这是不可回避的,讨论这一问题主要是避免武术文化的变异和流失,争取原汁原味地对其加以保存、保护与传承。

综上可知,学者主要侧重于从文化人类学的视角来理解武术文化生态,即主要对武术文化与其所处环境的互动关系进行探讨。这里所说的环境包括所有对武术文化生存发展造成影响的因素,大概可分为两种类型,一种是不同民族、不同地域的武术文化等内环境,另一种是社会政治制度、经济环境、自然地理环境等内环境。这里需要提醒一点,文化哲学也是我们着手研究武术文化生态的一个重要视角,不可将此忽略或与其他视角混淆。

第二节　武术文化生态的现状

目前，中华武术文化生态的现状主要表现在以下几个方面。

一、武术文化生态主体多样性与统一性的失衡

武术文化存在形态是武术文化生态系统的中心事物，也是这里所说的武术文化生态主体。对武术文化生态发展进行研究，关键是要立足实际与客观事实，从现实出发，做到具体问题具体分析。

现阶段，随着文化生态的急剧变化，中国传统文化受到的冲击越来越强烈，传统武术文化也没有幸免于难，面临着被异化或西化变质的危险与困境，具体体现在以下几方面。

（1）武术进入奥运会的进程受到了种种因素的制约与阻碍，传统武术文化的发展举步维艰。

（2）在“高、难、美、新”的竞赛规则影响下，传承武术中的传统文化内涵逐渐弱化。

（3）蕴含武术形式的文化活动在乡间、村落的节庆、庙会中逐渐消失。

（4）当前的武术套路和散打运动形式各行其是，无情地将传统武术“打练结合”的完整技术训练体系肢解了。

（5）“口传心授”和师徒传承这些传统的武术传承方式日渐被冷落，学校教育、培训、社团、俱乐部等新的传承方式逐渐取代传统传承方式，这导致后辈习武者无法完整地继承传统武术中的很多技术、功法及其理论。

传统武术与现代竞技武术作为两大武术体系在这一背景下逐渐形成，二者既相对独立，又并行发展。不断与时俱进，演化新的内容和形式是竞技武术与民间流传武术的同性。由于竞技武

术通常是政府行为，发展相对比较快，虽然饱受争议，但其带来的社会影响也是非常广泛而深远的。

另外，林小美、杨建营在《武术发展历程的阶段论》中提到：就整体社会价值视角而言，在武术的发展历史中，其作为个人或集团的防卫技术曾长期存在于社会中；竞技体育自近现代以来对武术的影响非常大，所以武术的存在更多地是作为政治工具和经济工具；未来武术的发展必将从“侧重抓提高”，走出服务于政治、经济的旋涡，回归“以人为本”“健康第一”的领域，主要服务于文化层面，切实提高人民生活质量，武术的发展将出现追求自然、和谐、休闲的趋势。

邱丕相、杨建营在《生态文明视域下的武术发展研究》中指出：在生态文明背景下，依据武术的价值功能，可以将其划分为攻防技击武术、健身养生武术、艺术展现武术三种类型。未来武术技术将按照这三个方向发展，但不管是哪一种类型，其追求的核心特色都是“和谐”，旨在追求发展的高层次。

综上所述，武术存在的基础与发展的动力都主要表现为武术生态主体的多样性，武术的生存空间正在被统一性削减，武术的发展因为多样性与统一性的失衡而受到了严重遏制，武术发展必须追求多样性与统一性的平衡。

二、武术文化生态系统中主流文化与边缘文化的失衡

随着全球化发展进程的加快与中国历史的不断演进与发展，由多种文化类型所构成的多要素的有机复合系统——中国的文化生态逐渐形成与发展起来。武术文化是这个系统中非常重要的文化形式之一，但它在这个系统中不是孤立存在的，而是与其他文化形式相互影响，相互作用，各种文化形式之间不可分离。

武术生态各要素之间及武术生态与外界环境之间相互联系、相互作用的统一体就是武术生态系统。作为武术生态的核心内容，武术生态系统有自己独特的功能和结构。从武术的整个发展

历史来看,整个中华传统文化是武术生态系统的主要成分。武术生态的三大要素包括习武者、习武形式和态势、习武理论范式。创生、护生和养生是武术文化系统三个非常重要的生态功能。中国传统文化是在中国特定的地理环境和社会环境的影响下逐渐形成的,其又造就了特定的习武群体,而该群体又从特定时期的价值功能关系出发将武术创造出来并推动其一步步向前发展,所以说社会地理环境、中国文化、习武者是武术生态的三个主要层次。

中华武术形成于中国主流传统文化的孕育中,因此武术蕴含着丰富的文化内涵,在此基础上,武术伦理、武术哲学、武术美学等独特的武术文化理论逐渐形成与完善。而中国传统主流文化是多样共生文化,并以儒家思想为主。多样共生的主要特征是和谐。但在武术文化生态系统中,主流文化与边缘文化的不平衡发展现象越来越严重。具体体现在以下两个方面。

第一,在一定程度上而言,我们所说的中华武术文化的生存危机是与快速发展的西方体育文化相对比而言的。武术文化的生存危机问题也是西方体育抢占武术市场的问题。

第二,传统武术与竞技武术发展不平衡。现代武术从20世纪中期开始就历史性地在中华武术的发展中占据主导地位。因此传统武术逐渐失去了武术主流文化的光彩,在武术发展历史中逐渐沦为不起眼的配角。自此,中国武术文化从传统向现代的过渡体现了武术文化的断裂。

但在边缘文化与主流文化不平衡的现实中,也有学者提出,在生态文明视域下,正潜在着东方文化及中国武术发展的积极因素,这些因素会推动新的平衡出现。随着社会经济实力的增强、物质财富的增加及生活质量的提升,那些功利性强、片面追求比赛成绩而不顾全面健康发展的竞技体育会被越来越多的人疏远,此时崇尚自然、和谐、统一的传统体育又将以崭新的姿态重登历史舞台,再铸辉煌。

三、武术文化生态环境全球性与民族性的失衡

生态环境与中华武术密切相关。中国社会是多元化的社会，特定的地理环境在很大程度上影响了人们的运动形式，各个武术流派或拳种的发展都不同程度地受到了特定地区生态环境的影响，这是典型的自然选择，不以人们的意志为转移。

武术生态环境是指武术生存和发展所依赖的自然、经济、社会、军事、文化和信息等各种条件的总和，可以将其分为直接环境和间接环境、内环境与外环境等不同的类型。中国自然环境相对封闭，地理环境具有多样性，人文环境讲究天人合一，社会环境讲究宗法，经济环境讲究农耕文明，在这些社会外因和社会内因(中国社会发展中形成的文化价值和思想道德体系等)的全面影响下，武术文化形态逐渐形成与完备，可见武术文化的产生和发展与周围环境始终脱离不了关系。

无数现象和事实都表明，我们已经处于全球化的新时代。全球化对人类生活的影响体现在方方面面，民族文化、民族性受全球化的影响更为明显。文化差异缩小、民族文化面临危机，同时民族文化意识增强、文化冲突增加等是我们当前所面临的文化环境。当代武术生态中出现了环境优化的态势，如“宽松的、合作的、积极的、多元的”态势等，在宽松的市场经济条件下，各种商业性的武术赛事促进了中华武术与国外武艺的交流，中华武术在世界文化生态中的影响也进一步扩大。同时，“入侵、污染、压抑”等环境恶化现象也客观存在，如外来武艺(跆拳道、柔道)在中国武术市场中占据很大一部分空间，尤其是在城市的武术市场中，中华武术面临着随时被“端出”的危险困境。

在全球化背景下，中国传统文化的发展趋向必然是本土文化和外来文化相结合、传统文化和现代文化相结合。不管是民间武术，还是竞技武术，都是传统武术在现代社会环境中不断发展的产物，它们还会继续在新环境的影响下不断发展下去。随着社会

的演进，我国政治、经济、文化都将发生相应的重大变化，因此我们要满怀希望，满怀宽容之心来推动与迎接武术的新发展。

第三节　武术文化生态研究现状与前景

一、文化生态研究综述

Ⅵ狻Ⅶ浙妊梦气照爹峻

生态学发展到一定阶段后，与文化建立了密切的关系，二者相结合形成了“文化生态”这个新概念，同时也产生了文化生态学这门学科。这是在人类创造文化的研究过程中，对自然环境与社会环境各因素相互作用的一门学科，主要对文化与生态环境的相互关系进行研究。关于文化生态学的研究对象，邓先瑞在《试论文化生态及其研究意义》中、司马云杰在《文化社会学》中都做了相关论述。

Ⅵ唉Ⅶ浙妊梦气噗捧毙挹塌叽爹峻

我国众多学者全面深刻地探讨了文化生态的概念与内涵，下面阐述几个比较有代表性的观点。

1. 邓先瑞的观点

在《试论文化生态及其研究意义》中，邓先瑞指出：文化生态是人类在自然环境下通过长期的文化活动而形成的一种融合自然、社会、经济等要素的复合生态系统，它涉及的因素除了自然因素外，还有社会、经济等更广泛的因素。①

① 邓先瑞．试论文化生态及其研究意义［J］．华中师范大学学报（人文社会科学版），2003（01）．

2. 司马云杰学者的观点

在《文化社会学》中，司马云杰指出：作为一个系统，文化生态包括对文化产生、发展具有重要影响的自然因素和社会变量体系（如价值观念、社会组织、科学技术等）。①

3. 孙卫卫学者的观点

在《大众文化规约与文化生态培育》中，孙卫卫指出：文化生态是在一定的历史范围内，某种社会文化大系统中各种具体文化样态之间相互影响、相互制约的关系和状态。②

4. 刘春花学者的观点

在《文化生态视野下的大学校园文化建设》中，刘春花指出：文化生态包括两方面内容：一是内部生态秩序；二是外部生态秩序。

（1）内部生态秩序。文化内部各构成要素之间相互制约、相互影响而达到的内部平衡状态就是所谓的内部生态秩序。

（2）外部生态秩序。文化与文化之间、文化与其他外部环境之间相互制约而达到的外部平衡状态就是外部生态秩序。

刘春花学者认为：文化生态的这两方面内容之间相互制约、相互协调发展。

5. 柴毅龙学者的观点

在《生态文化与文化生态》中，柴毅龙从“广义”和“狭义”两个层面解释文化生态的概念。

（1）广义层面的文化生态。广义上，文化生态是一种世界观或文化观，是一种文化的生态学，人类对生态系统的依赖是其建立的基础。

（2）狭义层面的文化生态。狭义上，文化生态主要是指精神文化内部各价值体系之间及其与外部环境的生态关系。

① 司马云杰．文化社会学[M]．太原：山西教育出版社，2007.
② 孙卫卫．大众文化规约与文化生态培育[J]．江西社会科学，2004（04）.

6. 关于文化生态概念研究的总结

综上研究所述，可以将文化生态的概念总结为以下两种不同的观点。

第一，影响文化产生、发展、变化的外部复合生态环境就是文化生态。

第二，各种文化相互作用、相互影响形成的动态系统就是文化生态。

相对而言，上面两种观点中运用较为广泛的是第二种理论观点。

二、武术文化生态研究的历史

20 世纪 80 年代后，我国不断扩大对外开放，外来文化强势入侵我国，文化同质化问题变得更加严重。文化生态状况的逐渐恶化严重威胁着我国各民族的文化多样性和文化生态，在这一背景下，我国学者开始对文化生态学的理论和方法给予一定的关注和重视，并从应用角度对文化生态问题进行研究。与此同时，体育界也开始从生态视域出发展开对民族传统体育文化传承与发展的研究。

例如，龚建林认为“体育文化生态系统是体育文化与体育环境相互联系而构成的有机统一体”，它主要包括体育项目、象征符号、乡土情结、文化认同、历史传承、体育环境以及社会组织等，这些要素之间存在生态关系，体育文化生态系统正是这些关系的总和。吴桥等认为“少数民族体育文化生态指的是少数民族群众在一定时期、一定范围内创造的具有生态适应性特征、各种元素相互影响、相互制约的文化方式和状态”。文章大力倡导对可持续发展的文化生态系统的建立健全。

随着外来文化在中国的一步步渗透，中国传统武术文化受到强烈冲击，原生文化和次生外来文化相融合，传统武术文化早已失去了本来的面目。面对这种情况，有关学者提出中国传统文化

“原生态”问题,这是中国传统文化在特殊历史时期的一种“自我保护”和本能反应。但目前我国学者对文化“原生态”的解释还没有达成统一,严谨且令人信服的解释非常少,随着非物质文化遗产保护的兴起,“文化生态”的概念在我国开始出现。于是学者们纷纷将这一新概念引入中国传统文化面临新机遇和挑战的传承与发展的研究中。

学者最初关注对武术文化生态问题的研究,主要是期望在文化生态中寻找武术的生态平衡,使其获得更好的发展,具有代表性的文献有《不断变化着的中国传统文化的文化生态和武术运动的发展》(温力)、《文化生态视野下传统武术的生存价值研究》(谢业雷,李吉远)、《生态文明视域下的武术发展研究》(杨建营)等。

近年来,学者也注重从地域角度对武术文化的成因和发展进行研究,如《吴越武术文化研究》(丁丽萍)、《齐鲁武术文化研究》(郭守靖)、《荆楚武术文化研究》(王家忠)等。这些研究从不同视角出发对武术文化同环境之间的关系进行了阐述,因此具有生态学特点,但这些研究缺乏对实质性问题的深入论证,只是简单地借用了文化生态这个概念。

三、文化生态视域下武术文化研究综述

Ⅵ狻Ⅶ爹峻淅演

下面主要阐述关于文化生态视域下武术文化发展的研究文献中比较有代表性的一些文献。

在《文化生态嬗变下传统武术的历史走向》中,李吉远从文化生态概念引申到对传统武术的研究中,对传统武术存在、发展的现实状态及其历史走向进行讨论。他提出:发展传统武术,既要适应武术当前的文化生态,在可能范围内维持文化生态内部平衡,又要与时代发展的需要保持一致,在此基础上与竞技武术协调发展。

在《文化生态视野下传统武术的生存价值研究》一文中，谢业雷、李吉远指出：在传统武术存在和发展的文化生态空间的不断嬗变的今天，人们对个体肢体冲突、安全意识、健康、文化交流和技艺传承方面的需求仍然是传统武术文化具有其他文化无法取代的存在价值、生存理由及发展空间。①

在《“文化生态”视域下传统武术的传承与保护》一文中，李元吉、谢业雷指出，“文化生态”的出现是中国传统文化面临当前文化危机而做出的积极反应，也是传统文化“自我保护与创新”的内在诉求。他们提出传承的“本真性”“活态性”“人本性”，强调对武术师徒传承制度和“口传心授”方式的文化空间的保护，指出对传承人的保护至关重要。②

在《不断变化着的中国传统文化的文化生态和武术运动的发展》一文中，温力指出：社会环境是文化存在和发展的文化生态表现，在文化生态视域下，中国传统文化必然向本土文化和外来文化相结合、传统文化和现代文化相结合的方向发展。中华武术在现代，特别是在今天的社会环境中逐渐衍化出竞技武术、民间流传等武术产物，这些产物将在今后的社会环境中继续发展。

在《非物质文化遗产视野下对传统武术传承的思考》一文中，朱清华从保护非物质文化遗产视角出发对传统武术传承的困境进行了分析，如文化生态改变、传承人状况、传承人保护方式等，并提出维系、传承与保护传统武术文化的基本路径是推广传承人的群体化、营造文化空间、加强学校教育等。③

在《原生态价值取向下武术的传承与保护》一文中，杨广波、莫菲在原生态价值取向下对现代社会武术的发展进行审视与分析，提出了原生态武术概念，即武术技击的本质问题，详细分析了

① 谢业雷、李吉远．文化生态视野下传统武术的生存价值研究 [J]. 武汉体育学院学报，2009（01）．

② 李吉远、谢业雷．“文化生态”视域下传统武术的传承与保护 [J]. 西安体育学院学报，2009（02）．

③ 朱清华．非物质文化遗产视野下对传统武术传承的思考 [J]. 体育研究与教育，2011（05）．

武术发展的“次生态”价值取向。

在《非物质文化遗产视域下传统武术“原生态”传承之悖论》一文中，王林、晋会峰等阐释“原生态”，分析非物质文化遗产保护的“本真性”原则，在此基础上探讨“原生态”传承与传统武术的传承实现形式存在悖论，如传统武术的“传统”界定违背原生态、以技击为原点的传统武术与现代人的审美需求不符、文化生态的变迁导致传统武术的原生态传承缺乏土壤、传统武术自身的不断变迁拒接“原生态”。①

邱丕相、杨建营在《生态文明视域下的武术发展研究》中指出：立足于未来生态文明的大背景，武术未来发展有三大技术趋向（攻防技击类、艺术展现类、健身养生类），在每一类武术中，具有全方位和谐理念的太极拳，将成为引领生态文明时代的主体运动。而且在《生态文明视域下武术培育民族精神的理论及实践研究》中指出：为响应“弘扬民族精神”的时代号召，结合人类生态文明的大趋向，要将武术培育民族精神落实到具体实践，首要问题是确立武术必修课的地位，次之进行正确的目标定位；在以上基础上构建适合学校开展的武术教育内容体系。民间武术更要扎根于广大群众之中，学校武术教育可以让学生对民间武术文化产生自知，进而形成充分的文化自信，并逐渐达到文化自觉。

2011年刘小平在《武术的生态存在和发展》中，从文化生态学的视角，研究了武术存在和发展的生态观问题，指出随着生态文明的崛起，关注生态和谐的“生态武术”将成为武术发展的必由之路，以及当前武术面临的各种困境，几乎都可以归结为文化生态问题。

Ⅵ唉Ⅶ爹峻磙屋

综上所述，不同学者都在生态视野下针对传统武术的发展提

① 王林、晋会峰、徐刚．非物质文化遗产视或下传统武术“原生态”传承之悖论[J]．天津体育学院学报，2009（02）．

出了自己的见解和建议，为研究文化生态视域下传统武术文化的发展提供了丰富的理论知识和材料，对后面的研究具有积极的启发作用。综上可知，传统武术的发展不是单靠技术或者文化的发展就能实现的，两者相辅相成，缺一不可，缺乏文化理论的基础支撑，技术无法传承和保存；没有技术的外在表现形式，理论只是一张废纸。因此在文化生态视域下传承与发展传统武术，两者必须都要狠抓，从而推动传统武术的可持续发展。

四、武术文化生态研究现状分析

现在，我国武术学者越来越重视研究武术文化生态，并取得了一定的研究成果。这一景象对拓展武术文化生态研究领域具有重要的意义。但是，我国在武术文化生态研究中取得成就的同时，也存在很多方面的问题，还需进一步解决与处理。下面主要探讨与分析武术文化生态研究中存在的显著问题与不足。

Ⅵ狻Ⅶ婵倔忆慝声密坜俎枯Ⅹ洽幻爹峻哐Ⅹ挹壬爹峻框

国外学者大都从文化人类学的视角出发进行文化生态的研究，而我国学者除了文化人类学视角外，还从文化哲学的视角着手来研究文化生态的相关问题。从上面的论述中，也体现了武术文化生态的研究是多视角的，这是非常值得肯定和鼓励的思路。在研究过程中，我国学者还提出了一些非常有价值的观点与对策，如构建“武术文化空间”和“武术文化生态可持续发展”等。但相对来说，学者对武术文化生态理论的探讨还比较缺乏。现有的理论研究不够深入，理论基础积累的欠缺直接影响了武术文化的深层次创新。

在武术文化生态研究中，关于武术文化与环境之间互动关系的研究比较多，而缺少相关方面的内核研究，如武术文化生态的内在合理性、价值诉求及其与中国传统文化、国民性之间的联系等，在文化哲学层面的探索研究中，量的分析和质的探索都非常不足。接下来应借鉴各学科相关理论知识,对武术文化生态研究的特色理论进行高度总结与归纳。

Ⅵ唉Ⅶ撸矜真沆炸声宀督炸叽汤慝Ⅹ望框棼眯炸爹峻

从现有的武术文化生态研究文献中来看,大多数研究对于文化生态的重要性都有深刻的认识,注重从整体性和全局性来论述武术生态价值和生态发展,但缺乏微观的具体个案和专题性研究。

虽然学者对地域武术发展的相关研究属于专题研究,但研究视角不完全是文化生态视角,在文化生态视域下研究地域武术或单一拳种门派的发展实证等还未引起普遍重视。

Ⅵ柃Ⅶ爹峻啕咆叔狻Ⅹ庸照幺爹峻姚局俎枯

在武术文化生态研究中,大多数学者主要采用文献研究的方法,此外也有一些学者采用社会学调查研究方法和实地研究方法。目前,在地域武术文化的研究中,采用田野调查法的居多,但与现阶段武术文化生态所面临的严重形势相比仍然有很大差距。只停留在理论分析、现象表述层面的研究较多,深入实际所进行的田野调查论著非常少。所以,我们在武术文化生态研究中,可以对“深描”的理论加以借鉴,争取获得对武术文化生态解释体系的“转译”与贯通,力求从文化反思、文化追问、文化考量三个方面来处理田野调查的结果。

在武术文化生态研究中,为了研究的进一步深入,应有意识地避免只进行表面调查统计、描述与分析的表层做法,而应力图做到“深描”,从文化哲学层面进行分析与考量。另外当从文化生态视角对武术进行研究时,不但研究方法要合适、多元,还要对多学科(人类学、社会学、民族学、旅游学、文化学、经济学等)的理论和实践进行交叉综合使用。

总之,面对纷繁复杂的世界文化环境和当今中国社会现实,当代武术文化研究依然没有成功摸索出有效的阐释范式。在这种情况下，有些学者试图从文化生态视角着手对武术文化的价值进行阐释，试图针对中国现代化进程中武术传承和发展面临的新问题从理论上去解决，但依然没有收到可观的成果。相比之下，武术文化生态的应用却走在前面。文化创新要以传统文化为基点，现代体育文化建设也是民族传统体育文化不断创新的过程。因此系统研究当代中国武术文化生态问题非常必要。

五、武术文化生态研究前景展望

中国武术文化在漫长的发展历史中，由最初的自卫本能逐渐形成了武术文化的完备形态。但在当前空前开放的时代背景下，中国武术文化的发展还处于自由探索期。我们必须承认，中国各界早已呈现出因为过度自由和市场功利而造成的利益追求泛滥的态势。人民生活方式的转变也对传统文化的衰落、文化根性的断裂与文化精神的缺失造成了直接的影响，同时也导致了文化伦理、文化审美、文化价值追求的迷茫和偏离。

在特殊的时代背景下，武术进入世俗化、功利化及社会大众化时代也是不可避免的。因此，我们应该从文化生态视角出发对当代中国武术文化的生存状态进行阐析，并用生态思维深刻反思当代武术文化面临的问题。对作为中国文化载体的武术的传统文化经典标志的现时代意义进行探索，寻求与中国人文化心理机制与文化审美结构最契合的"绿色生态形式"和最能将当代社会特征与需求反映出来的人文因素，从而将武术在中国文化软实力建设和体育强国发展中的战略位置确定下来。

武术形成的特殊背景，独特的文化内涵、思维模式、审美价值与实践方式，都体现了"天人合一"的特质，这也是中国主体文化心理结构，在武术发展的探索中，将人与自然的关系作为核心。这样不但可以用自然生态思维对中国武术文化的最佳生存状态进行探索，还能用哲学意义上的文化生态对中国武术文化优势的保障和延续进行深层次的解读，在此基础上力求通过武术文化对人灵魂的提升功效，从而担当载体责任，完成个体、社会和自然之间的一种新的平衡与和谐关系。[①]

随着绿色文明的提出与生态文化研究的不断深入，用文化生态思维，将新兴学科与中国武术文化研究交叉互融，强化中国武术文化生态的统领地位已是必将出现的趋势，该趋势具体体现在以下几方面。

首先，在武术文化生态研究中，不但从文化人类学视角出发对武术文化的生态身份、其与社会环境生态的互动关系进行分析，还在文化哲学视角下对武术文化生态链系列进行解读，即站在哲学高度对武术文化生态的社会本质、特征、作用与发展规律等进行研究，对武术文化形态发生发育的社会历史基础和一般动力条件进行深刻的揭示。

其次，除了对武术文化与社会经济、政治的矛盾互动关系进行研究外，还对武术文化本身各组成要素之间的相互辩证关系展开探讨。

最后，对不同时代、民族、地域的武术文化间相互接触冲突融合创新的一般机制和特点进行深刻总结，对武术文化的发展目标、发展趋势、文化取向等进行多元讨论。

在上述研究趋势的基础上，会逐渐形成当代东方文化视野下中国武术文化新的研究格局与发展态势，从而有效提升当代社会对武术文化生存的认知，并提升武术文化生态在当代社会背景下的发展高度。

① 伍方清．文化生态视域下传统武术文化的研究[D].武汉：武汉体育学院，2012.

第三章 文化生态视域下的武术文化内涵与价值分析

当前，全球正面临着生态危机的威胁，原因并不是生态系统本身，而是文化和生态有着千丝万缕的联系，要想度过这一危机，就要清楚地了解文化对自然的影响。生态文化领域的核心内容是文化批判，重审传统的价值观和文化遗产，人类所创造的每一种文化都是动态有机体，每一种文化都具有自身价值，将文化生态理念引申到对传统武术文化的研究中，是为了更好地探讨传统武术文化的内涵与价值。为此，本章对文化生态视域下的器物技术层面、制度习俗层面、心理价值层面进行了深入研究，分析了文化生态视域下武术文化的多元价值，为中国武术文化生态审视及其可持续发展研究奠定理论基础。

第一节 文化生态视域下的器物技术层

一、器物技术层的概念

器物技术层是传统武术文化的物质文化层面，属于武术文化的一种载体形式。人和动物的本质区别在于人具有意识，而动物只能依靠种族本能适应环境，但是人却可以主动、有意识地改造环境，留下人们活动的印记。

这是最容易观察到的一个层面，我国民族传统体育武术器物程式的共性传承尽管在某些方面与语言、文字、图像等的信息传承和生活劳作的经验传承存在相似之处，都可以作为传承要素中的媒介。但其形式是约定俗成的，在传承时一般具有明确的意义以及特定的结构关系，将语言、音乐、服饰、器具、舞蹈等通过身体活动构成一套程式结构，使该程式完整。

物质文化就是人们根据环境做出能动的、改变的一种物化记载，物质文化就是文化的一种载体形式，包含了人们对环境的改造和创造。一个社会普遍存在的物质形态被称为物质文化，包括机器、书籍、衣服等。一个特定社会所产生的物质文化，实质是技术水平可开发资料和人类需求的结合体。

在物质世界中，经过人类加工，体现了人类思想的东西就是物质文化，也就是器物技术层面，物质文化和非物质文化之间的差异，主要表现在物质文化是因自然规律的作用，使用过程中不断被损耗，而非物质文化可以反复使用，不会被损耗。

武术的器物技术层面，就是在武术漫长的产生和发展过程中，随着人类自身以及周围环境关系的认识加深，将这种认识物化在各种物质制品当中，是传统体育文化中最活跃的部分，也是传统文化的标志。

二、器物技术层的分类

器物技术层是武术文化形态的表层结构，包含了技术体系、套路体系、服装、器械、场地、书籍等内容，也是一种物质文化，展示了人与物之间的关系。以下将重点探讨器物技术层的技术体系、套路系统、器械三个方面。

Ⅵ狻Ⅶ嬲槲沉溴

传统武术技术动作萌芽于原始时期的人与自然和人与人之间的生存竞争，并通过军事战争，不断实践与成熟，发展成军事技术和民间技术两类。民间技术的不断发展和繁盛，为拳种流派的形成奠定了基础。

传统武术的内容首先是武术的技艺和相关的理论，包括至今依然在民间进行流传和一些在历史中曾经存在的，我们虽然未曾见过，但在对武术技艺和武术发展史进行研究时，依然能够作为依据的武术技艺及其相关的理论。

武术技术是指武术习练者按照人体运动原理，充分发挥人体潜在能力，合理有效地完成武术动作的方法，表现出中国武术独特的运动形式和东方文化的神秘色彩。

中国传统文化崇尚体悟，是一种追求过程的文化。在中国传统文化的影响下，传统武术对技术的习练更注重感悟，通过外练达到与内练的和谐。中国传统武术源于对自然精神和生命力的模仿与创造，这种模仿不是单纯地模仿外形，而是通过势的习练最终达到对意的感悟，传统武术的技术动作展现出独特的意境。

例如，在戚继光的《纪效新书》、唐顺之的《武编》和程宗猷的《耕余剩技》中所记载的枪法中的“六合”之法，虽然在有关文献中有非常详细的记载，但当时这些技术已经是“历传之论也”。如今可以根据这些记载将其还原出来，最终重现，但是没有进行这项工作，或进行了一些必要研究，但在被更多的武术爱好者认可之前，在进行枪法和武术史研究时，都是无法绕开的内容。

传统武术的习练最终境界不是达到技艺的最高点，而是通过习练，能够以有限的生命不断体悟武术之法，升华感受自身的生命价值和武术的独特魅力，其他体育项目在传统武术中起到不可替代的重要特征表现。

传统武术技术体系按照不同的形式可以分为不同的技术体系。

（1）按照技术形式可以分为套路、搏斗、功法技术体系。

（2）按人体部位则分为上盘动作、中盘动作、下盘动作技术体系。

（3）按人体击打部位又可分为头、手、足、肘、膝、肩、背、胯八个动作技术体系。

(4)按技术动作组成结构可分为基本功、基本动作、组合动作、套路动作。

(5)按人的肢体动作可分为手型、手法、步型、步法、身型、身法、腿法、跳跃、平衡等。

这些内容都是历代存在过的武术技术,属于传统武术的内容。传统武术中的技艺更多的是在明末到清代以及之后出现的,在后来发展中经过了历代武术家的不断创新、不断丰富而得以流传至今的武术技艺,甚至包括新中国建立之前出现并流传至今的一些在当时看来是新出现的拳种和这些武术技艺在今天发展的成果。

近百年来,中国武术经历了有史以来最深刻的变革和挑战,逐步形成了传统武术和现代武术两大体系,既相对独立,又并行发展,走上了科学化、大众化的道路。

传统武术的“打练结合”的完整技术训练体系,被当前各行其是的套路运动和散打运动所分化,技术体系在现代社会的发展中存在不足:其一,对传统武术技击价值的认识不够,对传统武术的技术动作形成了模式化的练习,缺乏实用意义;其二,传统武术拳种中代表性技术动作流失,各拳种技术没有统一的理论论述,现在常见的传统武术的拳种一般都是以竞技武术套路长拳类的技术为基础;其三,技术体系的发展与文化内涵的发展不同步。

由于中国武术将冷兵器时代或以冷兵器为主要兵器时代的技击技术非常全面地反映出来,所以许多拳种从整个传统武术的角度看,其内容既包含拳术,同时也包含器械,往往还有多种器械。当然,有的拳种只有拳术而没有器械,或只有器械而没有拳术,但从整个传统武术来看,其内容非常之丰富,这也是世界上其他国家和民族的武技所无法与之相提并论的。

从运动形式上看,中国武术可以分为套路运动和对抗性练习两部分,在流传过程中,各个拳种不仅包含套路,而且还因重视“技击实用”形成了自身技击内容以及训练方法,即使是太极拳这种动作相对较为缓慢、柔和的拳种，在整个太极拳技术中，太极推手的技艺也是不可或缺的内容，因其方法、力法独特多变而深受太极拳爱好者的喜爱。

也许有的拳种强调套路和技击实用兼而习之，有的则更偏重于某一方面，或者二者只居其一，但对技击的重视是绝大部分传统武术的共同特点。

传统武术也有很多理论部分的内容。在历史上留下来的武术典籍中有许多武术技击和练习的理论，如明代俞大猷的《剑经》、唐顺之的《武编》和戚继光的《纪效新书》，以及何良臣的《阵记》等一些兵书中，很多内容都是对武术技术和技击相关的理论的直接论述。

程宗猷的《耕余剩技》，吴殳的《手臂录》，黄百家的《内家拳法》，张孔昭述、曹焕斗注的《拳经》，苌乃周的《苌氏武技书》，王宗岳、武禹襄、李亦畬以及后来的太极拳家们对太极拳的论著，这些典籍中更是专门对武术的一些技术和技击理论进行了论述。

还有一些与武术有关的理论散见于许多古代的文献中，如《庄子·说剑》《吴越春秋》中的“越女说剑”，历史均已相当久远，虽然都只有只言片语，并且是其他的文化遗产中的内容，但如果我们单把这些内容抽出来，仍是武术理论中十分珍贵的、研究者们经常引用的内容。

在这些典籍中，不仅记叙了武技的技术，还记叙了许多在实战中，包括战场上拼杀和日常较技时的战术，这些战术在今天武术的对抗性项目的练习中仍然有着很强的实用价值。

武术的技击体系具有一定价值。从武术本身存在和发展的视角来看，技击攻防的实用价值是发展至今甚至将来仍然是最基本的存在价值，有的传统武术具有技击健身性倾向，如全民健身项目中的太极系列、木兰拳系列。武术对于中国人来说最大的魅力在于是集防身自卫术和健身养生于一体的身体活动。

规范武术现有的技术体系，对武术拳种的技术进行要求，加强传统武术的技术体系与文化内涵的同步发展，任何一种文化的复兴和繁荣，以自我确认为前提，但是折射的文化内涵又不足，传统武术文化发展空间变得更加狭小。任何一种文化，技术再完美优越，也缺乏文化内涵，不能发展得长远，文化生态要求文化的发展坚持两条腿走路，实践与理论、技术与内涵协同发展。

Ⅵ唉Ⅶ汨惩溴泞

武术套路是以攻防技击动作为基本素材的，以攻防进退、动静疾徐、刚柔虚实等矛盾运动变化，按照一定的原则与规律编排而成的程序化动作系列。

它以独特的运动形式、丰富多样的拳械内容、多种多样的运动风格，全面地反映了中国传统文化孕育的中国人的人生观、思维方式、价值取向、审美情趣、民族性格等。

以拳术性质为划分依据，能够分成内家拳和外家拳等；以所处地域为划分依据，能够分成南派武术和北派武术等；以名山大川为划分依据，能够分成少林派和峨眉派等；以价值功能为划分依据，能够分成竞技武术、健身武术以及学校武术等。

套路运动是指把技击动作定位成主要内容，借助攻守进退、动静疾徐、刚柔虚实等矛盾运动的变化规律汇编成组合练习和整套练习。以练习人数的多少为依据，可以把套路运动划分为单练、对练以及机体演练。

1. 单练

个体单独完成套路练习的手段就是所谓的单练。以单练过程中能否手持器械为依据，可以将其划分成拳术、器械运动。

（1）拳术。拳术是指徒手练习的套路运动。拳术包括长拳、南拳、太极拳、形意拳、八卦掌、象形拳等很多种类型。

（2）器械运动。器械运动是指手持武术兵器加以练习的套路运动。器械包括长器械、短器械以及软器械三种类型，刀、枪、剑、棍是现阶段武术竞赛中的主要器械。

2. 对练

在单练基础上，两个人或多于两个人在预定条件下完成假设性攻防练习的套路形式，就是所谓的对练。徒手对练、器械对练、徒手与器械的对练是对练的常见类型。

3. 集体演练

集体演练是指多人进行徒手、器械或徒手与器械同时演练的套路形式，绝大多数竞赛都要求六人以上。在集体演练中，允许变化和调整队形，允许用音乐伴奏，此外队形要整齐、动作要协调。

以奥运会为龙头的世界体育全球化是不可抗拒的历史潮流，传统武术中的独特的技击攻防内涵及其演练风格，以及在竞技武术的“高、难、新、美”的竞赛规则的影响下，传统武术套路面临着内容枯燥、学成周期长、不能满足表现欲望（与球类相比）、流派繁杂及技术风格多样和套路类别相对集中等发展难题。

传统武术套路应化繁为简，编排短小易学的套路，丰富技术动作，制订渐进性学习训练计划，加强对传统武术套路的演练要求，正确引导各流派套路的有序发展。

Ⅵ柃Ⅶ旁火

在九百多种体育项目中，有很多项目在完成过程中，需要借助一定的器械完成，如刀、枪、箭等工具。中华民族的祖先们在生产劳动过程中创造了这些器材，经过历代人的改造，形成了今天传统体育中的运动设备。

所谓武术器械，是针对古时的“十八般武艺”和现代的器械种类而言，并按照时间顺序有选择地排序（表 3–1）。

表 3-1　十八般武艺

年代	内容
明	一弓,二弩,三枪,四刀,五剑,六矛,七盾,八斧,九钺,十戟,十一鞭,十二锏,十三槁,十四殳,十五叉,十六把头,十七绵绳套索,十八白打。
清	刀、枪、剑、戟、镗、棍、叉、耙、鞭、锏、锤、斧、钩、镰、扒、拐、箭、藤牌。 "九长"为枪、戟、棍、钺、叉、镗、钩、槊、环;"九短"为刀、剑、拐、斧、鞭、锏、锤、棒、杆。
近代	刀、枪、剑、戟、斧、钺、钩、叉、鞭、锏、锤、抓、镗、棍、槊、棒、拐、流星等。
现代	刀、枪、剑、戟、棍、棒、槊、镗、斧、钺、铲、钯、鞭、锏、槌、叉、戈、矛。

目前,根据器械性能将古代"十八般武艺"中的各种兵器归纳为四类,分别是短器械、长器械、软器械和双器械。

(1)短器械指刀、锏、匕首、鞭、钩、剑。

(2)长器械指大刀、枪、棍、戟、铲、镗。

(3)软器械指鞭、三节棍、梢子棍、流星锤、绳标。

(4)双器械指双刀、双剑、双钩、双鞭、双头枪以及单刀加鞭。

武术运动中,有很多徒手的拳术,这些拳术在古代"十八般武艺"中称为"白打"。在各种说法中,不仅器械的选入有所不同,其排列的顺序也有变化,这反映了对各种器械的重视程度不一。

几种主要器械较为固定,在各种选法中都相同,如刀、枪、剑、棍等,说明武术器械的发展具有一定的稳定性。一些武术器械发展到今天依然是武术比赛和武术表演中的重要器械,涵盖面非常广泛,虽有各种说法,但在排列上都有了长兵器、短兵器、重兵器、轻兵器、硬兵器、软兵器等。这也说明武术器械具有向着实用化方向发展的趋势。这些运动器材作为人类的一种文化创造,集合了无数人的智慧,是活的化石。

第二节 文化生态视域下的制度习俗层

我国民族传统体育文化的传承是以人为载体所进行的传承行为，所以离不开人的社会组织。社会组织是由实际行动的各单一人在特定的目标规范下合作而成的，在组织内，各成员之间进行互动。

无论是社会组织的哪种活动，都受一定的礼仪与规定制度制约。中华民族体育在对异国的健身内容提供资源的过程中，也有效地优化了他们对国民健身的组织形式。

制度习俗层是传统武术文化的制度文化层，是武术文化形态相对隐形的中间层，包含了体育管理体制和一些具体的政策、制度等，是人们的行为规范，具有极强的权威性，强化和扩展与之相适应的思想观念意识，对体育文化整体具有规定性。

我国在改革开放之前就确立了相应的体育制度文化，并制定了运行法则。如今，我国虽然对各方面的体制和规则进行了相应的改革和调整，但是我国的体育制度对民族体育产业发展的制约和限制依然存在。

体育作为一种复杂的社会文化现象具有三个方面表现，第一，是人们的体育行为和运动方式；第二，是支配、指导这些行为的观念和行为规范；第三，人们为实现体育行为而形成的一定组织形式。可以总结为，体育观念形态、体育运动形态和体育组织形态。三者之间和社会环境之间的相互关系，构成了体育史学的研究对象。

文化生态视域下的制度习俗层面包含了传承方式、礼仪规范、武德内容规范以及习武者的意志品质，展现了一种人与人之间的关系。

一、传承方式

我国的传统武术文化之所以能够获得可持续的发展，主要就在于本身获得了良好的传承,这种传承延续了千百年,直到今天成为我们看到的样子。需要明确的是,我国从古至今经历了无数朝代的变更,并不是每个时期都有利于传统武术的传承,它可能会受到政治、经济、人文等多方面的影响而阻碍其或促进其的发展。

参考我国传统文化的传承,可以总结出传统武术的传承途径,具有非常浓厚的中国传统特点,这也是与西方运动教学的最大不同点。传统武术的传统途径通常包含了群体传承、师徒(家庭)传承、学校传承和社会传承。

二、礼仪规范

礼仪是在长期共同生活和交往中逐渐形成,并通过风俗、习惯和传统等方式固定下来,指导、协调人际关系的行为方式和活动方式的总和。

对个人而言,礼仪是反映人的思想道德水平、文化修养、交际能力的外在表现,对一个国家而言,礼仪是社会文明程度、道德风尚和生活习惯的反映。表现为礼节、礼貌、仪表、服饰等,作为维系社会正常生活和要求人们共同遵守的是最起码的道德规范。

中华民族传统文化一直以来都很提倡个人理想的实现与社会道德的弘扬。儒家和道家一致认为人的生命价值在于追求个人的完善。中华民族讲究礼仪,因此在判断社会进步和发展时,会考察社会道德水准。受这一方面的影响,传统武术也形成了独特的道德要求。最明显的表现就是在中国传统武术评价中,强调考察习武者的武德,对这方面的考察甚至比对武技的考察还重要。

礼是维护社会政策运转的重要教育手段,是人们生活中必须遵守的规矩和法则。中国文化的根本特征是礼,是对中国文化人伦的集中体现和概括,作为传统中国社会的主流文化儒家文化,对礼的要求不仅在礼俗上有规定,而且与政治制度、伦理道德、法律、宗教、哲学思想等都结合在一起，形成了以父系血缘关系为基础的社会礼仪和以君臣关系为核心的政治等级礼仪。

“未曾学艺先学礼，未曾习武先习德”是一句著名的武术谚语，这也体现了武术对礼仪的高要求。首先从意识形态上明确规定了习武先习礼的重要性，把礼具体到礼仪、礼节、礼貌、礼让四个层次。礼仪是指拜师学艺的固有伦常仪式，对习武者人品的首次考验，传承武术的关键在于继承人的选择，选择继承人非常重要，对继承人礼仪要求非常严格。礼节是指切磋技艺、教学过程、长幼相见的行礼形态和姿势。目前，传统武术较常用的礼节有抱拳礼、合十礼、握手礼、注目礼、点首礼、鞠躬礼等。礼貌和礼让是指习武者的修养和涵养，虚心求教、助人为乐、扶危济贫等。重视“以理服人”“不以人为先”的处理人际关系的基本原则和方法，讲究个人自觉和个人修养，追求“内省”的习武观念。

武术内外兼修的美是一种独特的美，这是中华民族传统审美特征的高度概括。受中国传统文化的影响，武术的美学特征与西方体育的审美体系有明显的不同。

当代，传统武术的礼仪规范在现代社会发展中存在着一些礼仪缺失的现象。首先个人思维定势的错位，习武者以自我为中心，思维定式与传统武术提倡的礼仪规范的“礼让”的错位。其次就是社会环境中的误导，习武者在成长过程中会受到来自家庭、学校以及社会环境的多重影响，很多不良行为方式会影响到习武者的思维方式，使习武者对这样的行为产生认同，并产生认同效果江湖义气。

礼仪文化教育缺失。现代传统武术的教育强调习武者技能的传习和体质的增强，礼仪文化教育几乎没有贯穿在这个过程中，习武者不能形成以礼为尊的行为习惯，对传统武术的礼仪规范，建立技能传习与礼仪文化教育并重的教育指导思想，加强师徒间的交流和互动，将礼仪规范的要求切实深入其生活文化之中，营造良好的武术文化交流环境。

三、武德教化

武德是指从事武术活动的人,在社会生活中应遵守的道德规范和具有的道德品质,作为调整习武者与其他人之间的关系和社会之间的行为规范,评价习武人的善恶标准,在处理习武者与社会及其他人之间关系发挥着重要作用,武德的实质是社会公正,通过武德来调整人与社会的关系。

传统武术的武德主要包含的内容有以下几个方面。

Ⅵ猨Ⅶ匆楠睇叻

对待他人要宽厚谦逊,诚实,信守承诺,遵守礼仪,团结互助,尊敬师长。处世要薄名轻利,不求闻达。生活要简朴素淡,戒酒避色等。

Ⅵ唉Ⅶ痰泯佶棉睇叻

师父在选择习武者的传承人时。对其道德品行都会提出一定要求,对师父的德行也是一种考验,在师徒传承中,师父言传身教,不断训导与启发徒弟,向其传达武术道德与规范,从而规范徒弟的言行。

Ⅵ柃Ⅶ榇猹溧湳睇叻

通过练拳达到修其身,正其心,慎其行,守其德,并培养刻苦恒勤的意志品质。中国的传统武术,没有具体的动作规定和比赛规则,交手过招中强调礼让在先,点到为止,不战而胜。体育行为恪守“中正平和,敦厚温雅”的理念,以至于在最具竞技实质的武术搏击中,也要“立身中正,随身就屈”,“动急则急应,动缓则缓随”。

Ⅵ欺Ⅶ瑛浲棒浲睇叻

习武者以修养身心为宗旨，以自卫为信条，反对好勇斗狠，恃强凌弱，是习武者规范用武尺度和设计人生理想价值追求，自觉承担维护社会规范的道义重任。

传统武术的武德内容规范包括爱国主义思想，遵纪守法的优良作风，见义勇为、舍己为人的高尚情操，诚实守信的道德素质，和睦友爱的人际关系，不怕吃苦、持之以恒的精神面貌和自强不息的民族精神。

武德受到封建社会的儒释道等各家的影响和封建统治阶级的意识束缚，存在着“忠君”“门户之见”“祖规、祖训”“唯我独尊”“江湖侠义”等保守落后的思想。

传统武德和现代法制理念存在一定的矛盾，习武之人通过内心的自觉来维护社会秩序，存在“三纲五常”的等级尊卑观念，侠义之风气是对现代法制社会的挑衅，影响了传统武术文化的发扬与传播。

因此，在现代社会的武德内容规范应该摒弃封建时期的腐朽内容，传承精华，去除糟粕。将武德内容规范与现代法制社会的道德教育有机地结合起来，正确引导习武者的道德观念，端正学习态度，传播武术文化，发扬武术精神。

文以彰显，武以德显。武术的真正内涵在于德，当今社会的主题是和谐发展，武德作为一种道德观念，具有广泛的社会性和法制以外的社会控制功能。

发扬武德中爱国主义思想，遵纪守法的优良作风，见义勇为、舍己为人的高尚情操，诚实守信的道德素质，和睦友爱的人际关系，持之以恒的精神面貌和自强不息的民族精神的内容在现代社会中都具有积极的意义。

第三节　文化生态视域下的心理价值层

精神文化是文化的核心和灵魂，是不同类型文化的标志，属于文化结构的内层，是最稳定、最保守的层面，称为理念文化。理念文化是处在思想、观念状态的文化，还没有转变为社会规范。制度文化则是已成为多数人遵循的社会规范，反过来对人们的行为具有约束力。

传统武术文化传承的是中国传统哲学思想，蕴含了儒释道的精神要义，体现了人们的升华方式，展示了中国人对生命的理解、个体的修养、思想的训导和人生的价值。

在古代社会，鉴于社会生产力极低，人们难以就各种各样的自然现象做出解释，认为万物有灵气。中华民族在长期的发展过程中，既要与大自然抗争，还必须依赖大自然，所以人们在精神上对大自然有了信仰与崇拜。

体育精神文化是体育人的精神支柱和活动源泉，是人类在长期的体育实践过程中，逐步形成和确立的价值观念和道德准则。通过对传统体育精神文化中价值观念、思维方式、审美情趣、民族心理等部分的分析与研究，促使传统体育真正走向现代化。

我国民族传统体育文化精神层面的心理传承对民族传统体育文化的传承至关重要。随着精神层面情感意念的不断介入，在其传承过程中会逐渐被创造，现实与历史混淆，在传承的过程中赋予劳动人民的想象、智慧以及统治阶级的思想意识。

我国体育精神文化处于现代体育精神文化与传统体育观念、思维方式不相适应的矛盾中，要求主体具有综合的体育价值观念，开放多元的思维方式，强烈的竞争意识，以及独立自主开拓进取的心理品质，深深根植在传统农业型文化土壤中的中国传统体育精神文化缺少的正是这些。

心理价值层面是传统武术文化的精神文化层，是武术文化的核心、灵魂，也是传统武术和其他文化区别的标志，处于传统武术文化形态最内层或最深层的结构层。它主要包含了习武者自我价值的社会心理和社会意识形态，既思维方式、价值观、文化修养、审美情趣，展现了人与天、人与心、人与道的关系。

一、价值观

价值观是指人对周围客观事物的意义、重要性的总评价和总看法，主要包含了两个方面的含义：其一，价值观主要包含了价值追求、价值取向，具有一定的价值目标，表达了处理各种矛盾、冲突、关系时所持有的基本立场。其二，价值观表现为价值尺度和准则，成为判定事物有无价值及价值大小的评价标准，包括信念、信仰、政治理想、道德追求、生活原则等内容。

在武术文化的发展过程中，逐渐形成了兼容并包的价值观。传统武术套路中，有一百多个自成体系的拳种，五千种左右的器械套路。虽然这些拳种和器械套路的运动形式存在明显的不同，但因为武术文化具有“兼容并包”的价值观，所以它们依然能够并存，能够各自发挥自己的优势，代代流传。

中华民族文化形成于“百家争鸣”的氛围中，从“孔孟显学”并行天下，到“儒道佛”三家并立，都能够反映出中华民族传统文化的兼容并蓄和博大胸襟，无所畏惧，无所顾虑。我国有 56 个民族，这些民族的传统体育的总和构成了我国民族传统体育文化，民族传统体育的精神文化极大地增强了各民族的凝聚力，并使其构成一个不可分割的整体。

传统体育价值观念中求和、中庸、等级观念，已成为中国体育走向现代化的心理障碍，体育改革面临着文化深层思想观念的变革，中国传统体育文化具有深厚的文化底蕴，需要我们以高度的历史责任感与使命感，才能将其传承和发展下去。

从宏观角度来看，价值观是社会文化中的内核和灵魂，代表了社会化所提倡和反对的文化精神。从微观的角度看，价值观存在于内心最深层次的信念系统，在人们价值活动中发挥了行为指导、情感激发和评价标准的作用。

价值观构成了人们的人生观，属于人生观中的重要内容，制约了人们活动的方方面面，武术价值观是人们在个人或社会意义的基础上所产生的思想价值体系。日常生活中的说话、行事以及价值准则已从风俗民情受到潜移默化，无所不在地影响着习武者的社会心理和行为方式。

中华传统体育是在长达千余年的封建、农业型文化中发展起来的，中国传统文化会对传统体育产生影响，传统体育又同时折射出人们的传统观念。传统体育是在民族传统文化影响下的一种文化创造，以农业经济、中央集权、宗法家庭等因素为背景，形成与传统文化相一致的体育文化。

从本质上来看，精神层面的传承也就是人们的心理传承过程，体现于沉积于人的文化心理活动中更为深刻的传承。传承不仅体现了整个民族精神与民族使命，还体现了民族传统体育文化的精华。

科学技术的进步展示了人类文明的进步，中国传统文化在漫长的封建社会背景下发展成熟，不断创新，其中包含了优秀的文化内涵，也有落后的价值观念，传承精华，剔除糟粕，并不是一件容易的事情。每个时代都有自己的优秀判断标准，如今人们认为没有意义的事情，也许在过去并不会发挥重要作用。过去有价值的事情，在现代社会中可能会产生阻碍的作用，如宗派思想。

在对传统文化的传承和发展中，民主和科学成为现代文明社会的标准，对传统武术文化精华与糟粕的判断有很大偏差，如果都以现代科学技术为评价标准，那么武术文化的价值就需要重新考量。如何防止以今天的判断标准作为对历史文化取舍的标准，是中国传统文化发展和传承的研究重点。

面对科学技术发展带给传统武术文化发展的冲击，应该用本土文化的标准来看待它，“格物、致知、诚意、正心、修身、齐家、治国、平天下”是中国人的人生价值追求，在传统武术上表现为习武的目的不只是达到技艺的最高端,还是对习武者身心的全面塑造,也是习武者价值观的体现。

武术的价值观就是个体和谐形神并练的功法观,天人和谐物我统一的养练观,人际和谐仁爱主义的人伦观,以和谐为价值取向的思想,渗透在中华武术文化体系当中。培养习武者的价值观更注重气质、品质、精神的修养,将人的渗透看作寓精神、气质之地,展现出道家无为而治,追求独立人格和精神自由,儒家仁爱慎独的理念,追求合乎名礼、积极有为的“君子”人格的内道外儒的人格修养。

二、思维方式

思维方式是一种文化系统中的具有普遍性、持久性和相对稳定性的思维习惯方法,是人们认识、审视事物的主要趋向,是人们看待事物的一种角度。国籍、文化背景不同的人看待事物的角度也不同,会形成不同的思维方式。

这种思维方式主要体现在文化所包含的领域中,物质文化、制度文化、行为文化、精神文化,尤其体现在哲学、科技、语言、文学、医学、美学、宗教、政治、经济、教育、生产和日常生活实际之中。中国传统文化的思维方式包括整体思维、内向性思维、模糊思维、直觉体悟思维、变易和对应思维等。传统武术的思维方式主要包含了整体思维方式、直觉体悟思维方式、内向性思维方式。

Ⅵ狻Ⅶ真沉次涔啕椟

整体思维方式是从整体上、宏观上认识和把握对象,将太极、天理、阴阳、五行、四时、八卦作为这个整体的基本要素,传统武术整体思维表现为天人合一观、形神兼备观、阴阳和谐观,天人合一的思维方式中认为人和自然在本质上是相通的。

作为中华传统体育哲学基础的是“天人合一”的自然哲学,“推天道以明人事”是中国人特有的思维方式。天人关系是中国传统文化的一个基本命题，中国哲人是从天人关系问题的深思中，来领悟人生的意义及理想的生存模式。天是人确立自我，认识自己价值和使命，构建人生理想的参照，人类的一切活动应顺应自然才能获得生存和发展。

在传统武术的习练过程中，人体的运动适应自然的变换，包括四季和方位变换，达到两者的统一与和谐，在传统体育文化的范畴中，天人合一是说人和自然在本质上是统一的，一切人事，均应顺乎自然，不违自然，方能获得生存与发展。

《易经》中反复强调，天地是一个统一的整体，把人看成自然界的组成部分，形神兼备观认为，武术动作不是简单的肌肉收缩运动，而是通过内在的“神”外化，达到意气神与力的结合。传统体育文化的突出特点就是在于重精神，轻物质；重过程，轻结果，在传统体育实践中，重练内，轻练外；重神，轻形；在练习步骤上重整合，轻分解。

“外练手眼身法步，内练精气神力功”，将人作为一个整体，内外兼修，形神共养，传统体育在长期的实践中体会到，作为体育运动对象的客体——人的自身与宇宙自然，二者有着内在的紧密联系，因而在传统体育的实践中必须使前者适应后者，顺乎后者，达到二者的统一与一致，方能实现最终的目的。

Ⅵ唉Ⅶ睚巷沆渴次涔喃椟

直觉体悟思维方式指将认识的主体直接凭自己的本体感觉来认识事物，以自己的情感去体验事物，而不是按照逻辑思维的推理和因果关系的必然结果来认识事物，依靠思维的中断和跳跃，依靠顿悟的突然发生来把握事物。其核心是用主体感觉来代替理性思维，将自己的体验作为思维的核心和出发点，对传统武术的拳术方法、技巧等的体悟强调习练者对拳理和技法发自内心的认识。

对传统武术的拳术意识、意境等的体悟更加强调的是习练者对武术内在精神和意蕴的体验，对传统武术内在的精气神的把握强调习武者对传统武术真谛的直觉体验。

传统武术根植于农耕文明，中国传统哲学思想对其产生了深刻的影响，所以武术文化中表现出了“追求中和”的特征。中和、中庸的“儒道佛思想”对传统武术理论的形成有主宰作用，渗透在武术攻防理论、套路演练中，并体现在外家拳和内家拳中。

人与自然是一个统一体，二者应保持和谐关系。行动上应注重精气神的配合，即“内外合一、形神合一、主客合一、理气合一”。武术技击原理为“动静相随、攻防并存；欲重先轻、欲进先退”等。张扬武术整体，强调身体与意识上的“三合”。器械演练中强调“身械合一”。

外来文化对我国古代传统武术发展的影响较少，所以在武术理论构建中，形成了一个相对封闭的系统，因此传统武术的文化特征体现了民族精神——中华民族崇尚道德、宽人严己、勇于奉献的伦理精神，中华民族勤劳务实、不尚空谈的精神，中华民族自强不息、高度融合的精神。

需要注意的是，因为传统农耕文化对传统武术文化的影响比较深远，所以“师道尊严、宗族中心”等传统观念依然能够从武术文化内涵中反映出来。

Ⅵ柃Ⅶ挹潺炸次涔喲楱

内向性思维方式指以人类自身为对象，探求内心的思维方式，指向人的内心世界，从天人合一的整体模式出发，以人类自身的情感及思维为出发点，主要研究主题精神世界，形成一种自我反思的致思倾向。

传统武术的内心性思维是以习武者自身为主体，将传统武术主体化，希望通过传统武术技术和文化的提升达到人与自然的和谐境界。在武术文化的发展过程中，逐渐形成了兼容并包的文化特征。传统武术套路中，有一百多个自成体系的拳种，五千种左右的器械套路。虽然这些拳种和器械套路的运动形式存在明显的不同，但因为武术文化具有“兼容并包”的文化特征，所以它们依然能够并存，能够发挥自己的优势，代代流传。

中华民族文化形成于“百家争鸣”的氛围中，从“孔孟显学”并行天下，到“儒道佛”三家并立，都能够反映出中华民族传统文化的兼容并蓄气派和博大胸襟，无所畏惧，无所顾虑。

虽然有关武术派别的斗争在历史上也有过，但在大的文化发展背景下，任何一种门派都不能成为武术发展中的唯一。正因为各团体、各宗族、各派别之间相互融合、共同进步，才有了今天发展到如此高度的武术文化。

第四节 文化生态视域下武术文化的多元价值

一、武术文化的健身价值

当下，全民健身在我国如火如荼地展开，国务院最新颁布的《全民健身计划（2016—2020）》更是为我国各族群众的锻炼健身指明了方向。中国武术作为民族传统体育项目，是全民健身中的重要内容，是大众健身的重要手段之一。中国武术源远流长，是中华民族在长期的历史进程中不断发展创新，创造出独具民族特色的运动项目。

全国各族人民在生活和传承中所具有的修身养性的锻炼形式都能够在武术的庞大体系中寻找到。中国武术有着众多的门类和项目，不同地区的人们因地制宜，选择合适的项目进行练习，使各种形式的武术项目都能发挥出各自独特的价值，人在练习过程中使身体更加强健，心理状态和情绪更为积极，促进人体各方面素质均衡发展。

中国武术成为一种常见的锻炼健身形式后，在发展人的身体、心理和外在美与内在美上都有很好的促进作用。下面就通过武术对人体不同系统的影响来解析武术的健身价值。

Ⅵ狻Ⅶ哀楠岵溴泞叽琛潦

中枢神经与周围神经共同组成了神经系统，前者由脑和脊髓组成，后者遍布全身各处。神经系统对人体的各个器官系统具有主导作用，能对人体活动进行调节和控制，促使机体整体有机发展。面对外界变化多端的环境，整体系统正常运转能迅速适应，通过自身的不断调整和变化来与外界保持平衡。

Ⅵ唉Ⅶ哀奎湘溴泞叽琛潦

在人体正常的新陈代谢中，呼吸过程有重大作用。呼吸系统是完成气体交换的所有器官的总称。机体维持生命活动中，呼吸系统要做的事情是反复从外界吸收新鲜氧气，通过循环系统把氧气运输到相关细胞和组织中，经过一系列的氧化过程，产生组织、细胞活动所必需的能量；在氧化过程中会生成二氧化碳气体，二氧化碳被循环系统再度运送给呼吸系统，将其呼出体外，这就是呼吸的全过程。

武术练习中的呼吸吐纳虽然也在进行呼吸运气，但是和自然而然的呼吸相比，更加强调了“深”“长”“细”“缓”“匀”“柔”。在武术动作的习练过程中，势必会促进呼吸系统功能的加强。

Ⅵ柃Ⅶ哀煺妣溴泞叽琛潦

循环系统是人体的细胞外液及其借以循环流动的管道组成的系统，由心血管系统和淋巴系统共同组成，是进行血液循环的动力和管道系统。循环系统在人体的主要价值是将氧气、激素以及营养物质不间断地送往各个器官、组织和细胞，并及时清除代谢产物，保证人体的正常生理活动。

血管与心脏共同组成了心血管系统。血液循环是由心脏和血管形成的，血液循环就是向机体内的系统、器官和细胞中输送氧气和营养物质，向排泄器官输送组织细胞中产生的代谢物质的过程。在体内,循环运动无时无刻不在进行,且具有规律性,正因如此,经常进行武术运动,发挥出武术运动的养身与健身价值,才会加强循环系统的功能。

二、武术文化的防卫价值

Ⅵ狻Ⅶ圾坎伥朋

在我国古代,进行战斗的士兵都身怀武术技能,进行的武术动作和技能是战争中的搏斗手段之一,具有浓厚的军事色彩。在现代,公安、武警、特警、保安等准军事的特种职业中,仍然很重视搏斗、擒拿等格斗技能。

这类职业有两方面的特殊性,一方面,因为职业要求,在很多情况下无法持有或使用武器;另一方面,在和犯罪分子搏斗的过程中,单对单的徒手或持械格斗、擒拿为制服敌人的主要方式。

因此,在这些行业中,一些武术动作,如擒拿、散打、空手夺械等形式就被广泛采用,也就体现出武术的防卫价值。

Ⅵ唉Ⅶ溧沛磁涸

在社会中,群众进行武术练习,在一定程度上还能弥补社会治安力量之不足的情况。公共权力包括武装组织的人、监狱和强制设施,随着阶级对立的加强而需要不断强化。

但是"以群的联合力量和集体行动来弥补个体自卫能力的不足"需要人进行相关锻炼后才会具备这样的能力。所以,大众通过学习武术,能起到防卫的作用,也就彰显出武术的防卫价值。在我国一些偏远地区,社会治安较差,此外还面临着各种形式的恐怖主义的威胁,所以积极练习武术能很好地保护自我和家庭。

三、武术文化的军事价值

Ⅵ狻Ⅶ帆椴烫暴

一方面,军事武艺得到快速发展;另一方面,以自卫防身为目的的武术也沿着自身规律继续发展。中华民族的先祖具有强悍好勇的民族性格,习武之风盛行。在全民习武的氛围中,凡是因害怕战斗而死的人,死后的遗体也要“投诸茔外以罚之”。梁启超曾说:“中国民族之武,其最初之天性也。”认为我国人民的练武习气是与生俱来的。

好剑的侠士阶层形成以武术的私斗为特征的显现具有划时代的意义。此时,不仅出现许多擅长铸剑的能工巧匠和相剑者,更造就了很多武艺高强的民间剑侠。例如,越女因喜好击剑被越国相国范蠡拜为军中武师,越女不但有着高超的剑技,而且还有一套完整的剑道理论。此外,春秋时期还有一些在当时十分著名的剑客,如“迫则能应,感则能动”“变无形象”“如影如响”的老剑客鲁石公、“驰弄七剑,跌而跃之”的宋艺人兰子、“以传剑论显”的司马氏等。

Ⅵ唉Ⅷ嫖泺帆椴溿猹

在冷兵器时代,武术与军事紧密相连的重要原因之一是个人的搏杀能力是影响战争胜败的重要因素。明代民族英雄戚继光曾对这一特点进行精妙的论述:“凡武艺,不是答应官府的公事”“是防身立功,杀贼救命,本身上贴骨的勾当”。“你武艺高,绝杀了贼。你武艺不如他,他绝杀了你。若不学武艺,是不要性命的呆子。”

在漫长的冷兵器时代,武术在军事的广泛影响下得到快速发展,形成了以保护自己生命为主要功能,与军事武艺并行发展的民间习武群体。虽然有些朝代的统治者严禁民间练武,但依旧未能阻挡武术在民间的传播。到明清时期，逐步形成渊流有序、拳理明晰、风格独特、自成体系的庞大体系，拳种数量达到了上百个。

当然，军事中的集团化作战与武术倡导的个人单打独斗完全不同。荀子曾指出，齐国人只看中个人技击技术，忽略了军事阵战要求的做法，如果面对弱小的敌人还勉强可行，如果遇到强大的敌军，就会如鸟兽散，溃不成军。孙子云："夫鼓金旌旗者，所以一人之耳目；人即专一，则勇者不得独进，怯者不得独退，此用众之法也。"戚继光在《纪效新书》中论述道："拳法似无预于大战之技，然能活动手足，惯勤肢体"，指出集团战争是"开大阵，对大敌""勇者不得先，怯者不得后。丛枪戳来，丛枪戳去，乱刀砍来，乱刀砍去"与单打独斗完全不同，并在集团作战的角度上分析，认为拳法为"诸篇之末"。

Ⅵ柃Ⅶ岖叁帆椴甓浡槲唐癌

随着社会发展，生产力水平的提高，集团作战的形式逐渐出现变化，军事武艺与民间武术走上了完全不同的道路。

从19世纪开始，人类已经普遍使用火器，冷兵器时代已经结束，武术所具有的军事价值被极大地削弱了。鸦片战争后，国人虽普遍领教到洋枪洋炮的威力，认识到西方军事的优越性，但出于对军事武艺的难以割舍，对武术的偏爱以及军事制度的落后，清政府在军事训练、武科招考、学校军事教育中依然很重视武术。

洋务派代表曾国藩力主军队要有习武的风气，他认为："练技艺者，刀矛能保身，能刺人""技艺极熟，则一人可敌数十人"。民间人士深知武术是自卫的有力武器，如果不尚武就无法自立，更不能保卫国家；武术既能强健身体，又能除暴安良，震慑地方，确保社会稳定。

然而，统治者面对当时的国内形势，也不得不承认西洋武器"皆远且准，我师之所不及"。随后，在第二次鸦片战争和镇压太平天国运动过程中，西方火器与传统再次显示出无可置疑的优越性。

至此，清政府洋务派改变了观念，认为有必要引进西方先进的军事技术，进而以“自强”“求富”为口号，兴起洋务运动。洋务运动虽然以甲午战争的失败告终为结果，但火药武器取代武术技艺在战争中主导地位成为客观事实。

随着军队中开始广泛使用火药武器，以“弓、马、刀、石”为特征的武术技艺正式退出战争舞台。1895 年，清政府命袁世凯在天津小站新建陆军，完全放弃了旧式兵器，全面开始使用枪炮。西方体育家麦考乐对此进行详细描述，曰：“政治既经革新，凡事争效西法。绿营裁撤，各军队均改外国操法，不复专事武术，保甲亦废，民团亦多用火器，各省镖局虽仍其旧，亦不如往昔之盛。各富商巨绅响之须武士保护者，近亦自置火器，不复专恃武术。”1901 年，清政府宣布废止武举制度。

清王朝灭亡，中华民国成立，抗日战争爆发后，之前被放弃的武术依然得到了运用。冯玉祥创建西北第 29 军大刀队在夜袭日军的喜峰口战役中大获全胜，这也是传统武术用于近代战争中的最后记载。

四、武术文化的教育价值

Ⅵ狻Ⅶ沁梭率睿擻瞥

中国武术对培养顽强的意志品质具有重要的促进作用。在武术操练的过程中，始终从多方面来考验人的意志品质。例如，初入武术之门，首先要做的是基本功练习，这个过程对于初学者来说其实是一种巨大的考验，初步练习时因为身体之前从未接受如此高强度的锻炼，势必会感到疼痛和不适；练习套路的过程中往往是枯燥和煎熬的，这更锻炼习武者顽强的意志品质。经过长期的武术锻炼，武术初学者在顽强、勇敢、积极进取的良好习性与意志品质方面都会得到培养与提高。

Ⅵ唉Ⅶ沁口司叻殃訾

武术运动中蕴含武德，而武德对培养人的心理素质具有重要作用。从武术的发展历程可以看出，传统民族文化对武术运动发展具有深远的影响，武术运动在受到文化的洗礼和影响后，便会进一步形成运动文化，中华民族浓郁的传统文化色彩充分渲染了博大精深的武术运动。只有对武术深厚的文化底蕴和内涵进行深入挖掘与研究，才能客观、全面地去理解和认识武术运动的教育意义。

在中国武术文化中有一句话是“文以评心，武以观德”，这显示出武德的重要地位。习武者要做一个有道德、有修养的人，所以各门派一直非常重视武德的教育。武术家和习武者与社会的交流和联系是通过“崇德扬善”的观念来调节的，因此武德就成为武术家与社会交流的纽带。通过武德的培育和学习，使新一代武术少年成为合格的武术接班人与传承人，将武术文化继续弘扬下去。

Ⅵ柃Ⅶ李昕抻礓泺屋

中华民族在传宗接代、繁衍生息的进程中，不同民族之间的融合性、地域性及文化趋同性随着社会的进步与发展被逐渐弱化。中国武术的价值与功能，能够加强民族凝聚力与认同感。

不同地域及民族的传统武术的挖掘与传承，使全国各族人民具有更高的凝聚力和认同感，激发出强烈的民族自豪感，这在一定程度上对国家和民族的未来发展都有积极意义。起源于不同民族和地域的武术项目，人们在参与过程中除了有其他运动共有的竞争思想，也会出现油然而生的民族自豪感。

Ⅵ欺Ⅶ槿忭婿媄潺根叽率椁

中华民族文化在形成和发展的过程中，传统文化基本精神逐渐发展为多元化的格局，在人的精神领域中，刚健有为作为中华民族的重要心理因素而存在，这一精神气息要求人们胸怀宽广，即“天行健，君子以自强不息”。

刚健有为的中华民族文化精神充分体现在武术的发展历程上，不断激励人们奋发向上。武术不仅是一种以身体活动为主要形式的运动，更重要的是一种技击术，它倡导勇敢、顽强，孜孜不倦地追求武术精神，这就促使习武者不断积极进取。所有武术项目都体现出刚健有为的精神，即使是轻柔舒缓的太极拳也不例外。总之，练习武术的人不论是在外在的动作技术上，还是在内在的心态与精神上，都能够将积极向上的精神风貌展现出来。

五、武术文化的娱乐价值

武术娱乐价值主要在于自娱与他娱。武术的自娱性指的习武者在武术锻炼过程中充分满足精神需求，进而表现出娱乐的心态。他娱性指的是大家在观看武术的表演或竞赛中，随着表演或比赛情况的变化而显示出的各种复杂情绪，表现出人类特有的喜怒哀乐，这些情绪的变化能不断满足自己的娱乐需求。

不管是自我娱乐还是娱乐他人，在观看武术活动或亲身参与中，人们所具有的心理与精神需求以及对武术价值的认可是武术形成娱乐价值的重要基础与条件。武术娱乐性既包括对动作形式的追求，又包括对武术技击性的推崇与向往。

武术练习者或武术家对武术技击性的推崇充分表现在二人间徒手或器械性的对抗中。对抗项目表演或竞赛的表演者或运动员在实际过程中，向全场观众展现出勇猛、顽强等个性，从而唤起观众的内心本能，刺激他们的思想，引起他们积极的情绪。

中国武术在手、眼、身、法、步等动作移动上要求动作具有规范性，并且要求习武者内部的精、神、气要与力、功相统一，并且具备一定的意念和思维能力，通过外部动作的伸展，展现出习武者的风格、节奏与气息，这就体现出武术的形神兼备，显示出了武术运动的审美特征,这也使观看者和练习者的精神需求得到了更加的满足。

武术运动中的一些动作源于大自然的各种景观与现象,显示出武术先辈的智慧。通过对大自然中不同动物的姿态进行模仿,模拟大自然的物候变化,表现出武术运动蕴含的含蓄美及深邃的内在美。

中国武术因为独特的技巧和丰富的内容受到了全世界人民的喜爱,武术的受众群体与年龄、性别、阶层无关,所有群众都能参与进来。而且,武术对于场地设施等环境与条件没有过多要求,练习武术不是一件遥不可及的事情,武术运动的练习有简便与经济的特征。因此武术逐渐成为人们重要的健身手段和娱乐手段。

第四章　中国武术文化传承的环境与管理研究

中国武术文化是我国悠久灿烂文化中的重要组成部分，它属于民族传统体育文化的范畴。中国武术历经千百年的传承与演进，成为今天我们看到的形态。时至今日，众多武术爱好者依旧热衷于习练武术，并将之继续传承给下一代，使中国武术文化得以可持续发展。为此，本章就重点对中国武术文化传承的环境与传承管理方法进行研究。

第一节　武术文化传承环境分析

对于历史文化的传承来讲，它都需要一个良好的传承环境。一个良好的传承环境有利于为传承人和文化提供传承的保障，这对于中国武术文化的传承来说也是如此。我国的传统武术传承环境通常会受到人的社会生活以及自然环境因素的影响，两者之间具有一定的联系，如相互影响、相互制约，并且统一为一个整体。具体细分传承环境，就包括传承单位、传承基地和文化生态保护区三个方面。下面就分析一下这三种类型的环境对中国武术的传承起到至关重要的作用。

一、传承单位

传承单位这个概念来源于非物质文化遗产的保护措施中关于“代表性传承单位”的提法，这两者的关系主要是精英与普通之间的关系。要成为中国武术传承单位需要满足以下四个条件。

（1）该单位宗旨一定是以弘扬和保护中国武术为己任，定期举办有一定规模的武术赛事或表演等活动。

（2）该单位中要拥有在学术研究或技理传播方面具有一定成绩的中国武术传承人，这些传承人必须专心于开展和参加武术传承活动。

（3）该单位中要拥有一定数量的中国武术原始资料和实物，以此作为开展各项研究的基础，并在对这些资料的研究中有一定成果。

（4）在特定范围内得到具有代表性的认可以及具有一定的影响力。

二、传承基地

传承基地是中国武术文化传承环境中的重要一项。简单来说，传承基地可以理解为传授武术知识或技能的场所，就现代来说这个场所基本为学校。2007 年，武术被正式列为中小学体育课程的必修内容，实际上对于中国的中小学来说，在此时才将武术列为必修课程不免显得有些过晚，但总之这种安排还是能够有利于武术在青少年培养方面的发挥。通过十年的教学实践后发现，有一些积极的成果，但如果从以培养武术传承人为目标来看的话，这种培养的方式显然离目标较远。其中最重要的一点不利在于，学校教育并不是终身制的，当学生毕业后，如果不以武术为职业的话，那么传承的任务在他们身上就结束了。

为了弥补学校这种传承基地对武术传承方面的不足，一些省市的非物质文化遗产的保护试点尝试以传承单位为核心，适当外延的方式巩固传承基地的专业性，如某学校的武术活动办得有声有色，被认为是良好的传承单位，然后便可将此学校定为传承基地，使得该校成为武术特长学校，可以吸收一些具有武术特长的学生来校读书，并对这些学生给予适当的专业化培养。这是一种对中国武术文化的弘扬和传承的有效方法。

三、文化生态保护区

中国武术的文化生态保护区是一种将中国武术文化中所涉及的所有的人、物、环境进行整体保护的方式。这一保护区的保护范围包括活动场地、特定从事武术练习和参与武术相关活动的人群、相关的文化以及相关环境等。由此可见这一保护区所涉及的范围较大,内容较多,因此对于此传承环境的探索才刚刚起步不久。

中国武术文化生态保护区与传承单位相比有一些明显的区别。相比之下,前者的“盘面”较大,如此就使得其转变的灵活性差,其过程中会受到诸多因素的束缚。例如,如果将中国武术文化生态保护区比作某个省份的话,那么传承单位就可以比作在其中建立的一个小家,家可以在这个省份之中,也可以在其他省份之中,但是省份必须具有更加原生态的乡土环境,必须符合传统武术的产生、发展的自然环境等条件的约束。

这里需要明确一点,生态保护区与“武术之乡”并不完全等同。“武术之乡”的评选有许多条件,这些条件由武术权威管理部门制定,如乡土性、历史性和技艺性等,但是成立后对具体的保护措施却没有严格的要求。而武术的生态保护区的划分虽不像“武术之乡”那样严格,但是在被认定之后,就必须严格执行相关的保护措施。

实际上,我国对一些“武术之乡”的评选也称得上是一种对武术传承环境进行保护的方式之一。而为了进一步扩大影响力,许多“武术之乡”会举办武术竞赛。如果仅仅是一种扩大影响力的方式固然是可以的,但如果这种形式太多太单一,则必然会导致中国武术的竞技化转变,久而久之可能会给中国武术的文化生态带来破坏作用。因此,评选“武术之乡”固然有利于武术的传承,但为了能更有效、更持久地对传统武术提供保护措施,还是应将更多的注意力放在建立中国武术文化生态保护区之上。

通过上述内容可知，要想建立中国武术的文化生态保护区，首先要确定符合条件的机构作为传承单位，然后以形态保存完成、具有特殊价值、特色鲜明的民族聚居村或者特定区域作为传承基地和文化生态保护区，此后应积极鼓励处于生态文化保护区内的相关机构和单位利用传承基地等多种形式进行中国武术的传承工作。

第二节　武术文化传承者

任何事物的传承都需要有一个传承内容的承载媒介，从古至今，人无疑是最恰当的传承媒介。传统武术是我国悠久历史文化中的重要部分，鉴于过去的技术手段较为匮乏，使得人就成了最佳的武术传承者。而即便是在科技水平日新月异的今天，众多高科技手段都可以为传统武术的传承带来便利，但人的传承仍旧是不可替代的。

一、传承者的概念

武术传承者，是指对中国武术文化直接参与传承，并可使之不断沿袭的个人或群体。

如何判定武术传承者并非易事。在此之前，首先需要对他们进行一系列培养；其次对其用多种方式进行考核或考察，以考量他们是否具备了作为传承者所应有的素质；最后以其对武术文化传承知识的数量与质量的掌握情况为依据来进行最终的确定。

中国武术文化的传承者对于传统武术文化的传承、传播与发展具有不可忽视的作用。保护他们，就是对中国传统武术文化的保护。

二、传承者的作用

传统武术作为我国的一项重要的非物质文化遗产，非常有必要对其进行妥善的保护。在这一过程中，对其的传承行为就应作为重点予以关注。首先必须要明确的是，从历史沿袭的规则来看，传统武术的延续主要是通过言传身教的直接形式得以传承的，这个传承的过程具有动态性特征。传承者是武术文化传承的载体，由此使得保护武术传承者就成了武术文化传承的一个关键环节。

有一些学者认为，民间艺人与艺术宝库基本是等同的性质，认为如果民间艺人消失了就等同于他所掌握的这项技艺也消失了。实际上这种理论的出现在我国是有一定根据的，这主要是因为我国的传统武术传承者本身就是一个武术文化的宝库，众多有关武术的信息和技艺都负载在他个人身上。而传统的武术沿袭主要依靠传承者的言传身教，在得到真传后徒弟也成了师傅，并继续向下一代传承。由此来看，传承者是承载与传递中国武术文化的重要角色，他们要想顺利传承武术文化，除了传授本来已掌握的内容外，还需要不断地努力学习、练习，深入研究，博取众家之长，尝试不断创新。这样才能很好地对中国武术的文化精髓和丰富内容加以贮存与传递。

联合国教科文组织在《保护非物质文化遗产公约》（以下简称《公约》）中对非物质文化遗产的概念进行了阐述，概念中对遗产的“世代相传”进行了重点强调，并且提到非物质文化遗产在社区与群体能够不断得到再创造，民众对其的认同感也是持续的。从这个《公约》中不难看出，上述概念中提到的内容无疑是以“人”为根本的。传承者的传承方式有师徒面对面的亲身相传、学校教育教学、家庭内部传授以及社会传承等，在这些传承方式中，传承者承担了信息或技艺“接力棒”的职责，并将这些内容传给其他人。不过，由于受中国传统文化理念的影响，众多传承者都非常珍视自家的技艺，特别是稀有武术技艺。为了能够保护这种技艺，便会产生一种类似于现代保护知识产权的意识，不愿意将技艺“广而告之”。因此，我国传统武术的传承中能够甘愿完全传承的传承者直到今天仍旧是少数，这显然对传统武术的传承不利。如果传承中断，就可能意味着一门武学将要走向消亡。

对于传统武术文化的传承者来说，将已有的武术理论和技艺传承下去只是传承行为的基本内容。中国武术之所以能够发展为如今所言的流派，是因为其适合发挥个人技艺，人们可以在相关武术理论的基础上进行个性化的创造，尽管环境（学习环境、家庭环境、社会环境等）具有决定性的影响，但当事者的能力与个性也具有十分重要的作用。为此，传承人不应仅仅满足于此，还应在已有内容的基础上加以改进和创新，并且促进其国际化发展，让传统武术文化更加成为世人对中华文化了解的名片。

总而言之，传承中国武术文化，并非一味地对其进行移位或延长，而是删减与增加并存，对其不断进行继承与创新，以达成中国武术文化的积累。

三、传承者的权利与义务

在确定传承者之前，必须要对其所具有的权利和义务予以明确规定。就权利来说，传承者有依靠自己的技能开展相关活动的权利，此类活动包括对武术相关内容的讲学、学术研究、传艺以及创作等。实际上，我国的相关法律也对中国武术传承者的权利予以了确定，这些权利还体现在民事法律和非物质文化遗产保护方面的相关制度中。中国武术方面的非物质文化遗产代表性传承者一旦经过国家认定，法律就要对其收入及生活水平进行保护。作为传承者来说，为了保证他们能够有开展武术传承的条件，在合理的情况下国家也会帮助他们解决一些生活中的困难，如对于生活贫困的会适当给予经济补贴。对传承者实施经济补贴目的主要有两个方面，一方面是使中国武术传承者的基本生活得到保障，使其可以专心于武术传承工作；另一方面则是通过给予他们一定的经济支持和名誉推广以使他们获得国人的尊重,进而使得他们所传播的文化得到更多的关注。

由上述内容可知传承者的合法权利是受到法律保护的。在享有权利的同时,传承者也应该履行相关义务,这种义务体现在两方面:一方面是对传承技艺所必备的物质条件加以保存;另一方面是对技艺的完整性加以保持。具体来看这些义务包括传承者应该对自己所掌握的知识、技艺及有关的原始资料、场所、建筑物以及实物等进行完整保存或指导相关部门共同采取保护措施;依法开展对非物质文化遗产的展示与传播活动;传承者应使用多种方式对接受传授的人,即新传承者进行选拔与培养。中国的武术传承者要自觉履行义务,这是体现他们自身价值的地方,特别是低于那些享有国家经济补贴的传承者更要自觉、自愿、毫无保留地传授技艺。

第三节 武术文化传承方式演变

在21世纪的今天,我国的传统武术在世界范围内都有为数众多的受众群体,传统武术成为世界人民认识中华文化的名片。这些荣耀的获得都是基于中国武术的传承与发展。这种传承并不是简单的,而是需要在每一个时期都有特定的传承方法才能实现。为此,研究武术文化传承方式的演变就显得很有意义。

一、中国武术的传承方法

对于我国的传统武术来说,最常见的三种传承方式为口传心授、身体示范和观念影响。下面将对这三方面的内容进行分类讲解。

Ⅵ狻Ⅶ庚匕炎椋

口传心授是中国武术传承的最主要方式。口传心授的方式可以拆分为两种，一种是口传，另一种是心授。两者的不同点在于，口传主要是传授技艺，而心授则是传授艺法。鉴于两者的侧重点不同，使得口传更注重武术的“形”，也就是习练的方法、表现的手段以及演练的技巧等。而心授则更注重武术的“悟”，这个“悟”就属于“只可意会不可言传”的范畴，要想领会这深层次的法，需要人们之间进行情感、心灵方面的沟通，以及自我对法的思考与体会。

中国武术的本质也是实战攻防技法，为此每一个习练的人都会有自己的习练体会，这种体会没有正误之分，正所谓“道可道，非常道”。而真正最为恰当的道，只有通过老师细致入微的筑基、固本、授技、讲道，才能准确把握其中奥妙。

Ⅵ唉Ⅶ桩沆椠啁

与前面提到的口传心授相比，身体示范更注重对外在技术动作或套路的直接教授。尽管是身体示范，但也需要在示范过程中配合语言的讲解才能完成。身体示范通常包括功力训练、套路演练、实战技击等身体文化内容。通过各种身体外在的动作将武术中各种技巧、方法、哲理、美感等直观地表现出来。其实这种身体示范的传承方法不仅对传统武术的学习起到重要作用，几乎所有现代体育的学练也都采用这种方式。

Ⅵ柃Ⅶ垦捧琛潦

中国武术博大精深，其不仅是一项有益身心健康的传统体育运动项目，还是修身养性，培养良好德行的方式。因此，如果对传统武术的传承只认为是传授一项运动技艺的话那就太有失偏颇了。此外，应该予以传承的还包括武术德行的传承，即武德，以此给予习练武术的人以武术观念的影响。

观念影响的传承方法分为宏观和微观两个层面。宏观层面的观念影响是人们在习练武术时能够体会其内部蕴含的积极情绪，逐渐形成阳光向上的风气，便会带动人往积极的方向上发展。微观层面的影响主要是指师徒之间在教授技艺的过程中，通过师父的启发、训导、以身说法等为下一代传输道德规范。

二、中国武术的传承途径

中国武术的传承需要有传承人和良好的传承环境，当然要想真正完成传承行为还需要依赖于恰当的传承途径。中国传统武术植根于中华文化之中，其传承途径也随之带有浓厚的中国传统特点，这点与西方运动教学有显著不同。

常见的中国传统武术的传承途径有群体传承、师徒（家庭）传承、学校传承和社会传承。对于每种传承途径的分析具体如下。

Ⅵ狻Ⅶ术沆匕剜

群体传承是中国武术传承的基本形式之一。它是指一个群体的社会成员共同来传承某种形式的中国武术，使得中国武术得以传承、发展和创新。集体性是其基本的特点，在这一社会群体中，要有着共同的文化背景，在此基础上以中国武术为桥梁之一，促进彼此之间的文化认同感。

在中国武术的发展过程中，群体传承做出了很大的贡献。比如说太极拳的发展，在其演变过程中，很多对太极拳发展做出重大贡献的人都是从群体中涌现的，杨式太极拳的杨露禅、孙氏太极拳的孙禄堂、武氏太极拳的武禹襄、吴氏太极拳的吴鉴泉等，这对太极拳的发展都发挥了重大的作用。因此，集体参与是太极拳的技术和理论体系日益完善的基础。

群体传承除了是中国武术技艺的重要传承途径之外，也是中华传统文化传承和发展的途径，如民间的一些禁忌、风俗、礼仪等是由民众从生活生产中总结而得，但是又会对这一社会群体的日常生活起到一定的规范和约束作用。中国武术文化中的行为制度也同样受到一定地区的社会风俗习惯的影响，从而形成了特定的中国武术礼仪制度、行为规范、规章戒律、道德规范，即武德。“习武先修德”，武德的传承便是群体传承的体现。自古人们就认为道德是为人之根本，道德追求是人生的最高理想和最终的归宿。这种道德至上的观点对中国武术影响至深，因此武德在中国武术中占据着重要的位置。例如，少林有“练功十忌”等。

在中国武术传承发展过程中，由原生态的中国武术衍生了很多门类，这些门类大都是由群体创造的，是群体智慧的结晶。这些创新的武术又通过群体传承的途径世代流传至今，维持了我国武术的传统性和完整性。群体传承有多种形式，有的是在一定的文化圈之内，还有的是在一定的族群范围内，但不管是哪一群体，其都有某种相同的文化特点，由这一族群内的人共同参与。在这一群体中，会显示出相同的文化心理和共同的信仰。

Ⅵ唉Ⅶ棉泯Ⅵ孩沾Ⅶ匕剜

师徒传承与家庭传承在某种意义上是相同的，通常是指在某个家族或群体的范围内进行的中国武术的传授和习练活动，这一传承形式实现了技艺和文化的传播和发展。很多时候武术的传承是在家庭范围内进行的，如陈式太极拳，由陈王廷创始，一直有陈氏家族世袭传承人，但也有四面八方的人闻名而来拜师学艺，因此家庭传承也不仅限于血缘关系。

在我国武术的传承中，师徒传承途径占据非常重要的位置。我们自古就有拜师收徒的故事，尤其是中国武术，很多故事成为脍炙人口的经典。师徒（家庭）传承途径成为主要的传承途径与我国的传统思想有很大的关系。中国人自古对家庭观念较重，重视血缘关系和家族凝聚力，张岱年先生曾说：“中国文化以家族为本位，注意个人的职责与义务，西方文化以个人为本位，注重个人的自由和权利。这是东西方文化之间很重要的一个差异。”因此，在中国人心中，家庭要远高于个人利益，按照中国的伦理关系，父慈子孝、夫唱妇随等都是对家庭每个成员的责任的规范。对于没有血缘关系的人之间，我国也有相应的伦理规范，如“师徒如父子”“一日为师，终身为父”等观念。在这一观念的影响下，人与人之间的关系得到了更好的维系。中国武术从本质上来说是属于家庭传承。我国武术在传承过程中也有类似于家谱之类的传承图谱，上面记录着师徒之间的传承关系，这也在一定程度上反映了武术传承的“家庭化”表现。

虽然说师徒传承跟家庭传承有很多共同之处，但也有很多家庭传承的中国武术具有封闭性的特点，这是跟师徒传承有所区别的地方。

在古代中国以农耕生活为主的社会中，家庭无疑是中国传统社会的最基本单位，在当时社会的影响下，一个由血缘关系组成的习武群体，以家族长辈的经验认知为主导，在家族内部闪烁着温情脉脉的人伦色彩。但是这种家庭传承具有很强的文化排他性。这种排他性对本门拳种的技术和理论的发展有积极作用，保持了拳种的正宗和传统，但也阻碍了与其他拳种的相互交流。

师徒（家庭）传承具有凝聚性的特点。在这种传承途径中，以“师父”为核心，在徒弟拜师以后，师徒之间就形成了一种类似于“父与子”的契约关系，同样，师兄弟之间也产生了类似于“手足兄弟”的关系。如此，虽然传人来自四面八方，但各门各派在这种关系下形成了一个“大家庭”。大家严格按照伦理关系中尊卑长幼之序，形成了一个富有凝聚力的团队。

群体传承和师徒（家庭）传承有着一定的关系，具体来说，群体传承包含着师徒（家庭）传承。师徒（家庭）传承构成和丰富了群体传承的内容，群体传承又促进了师徒（家庭）传承的发展。师徒（家庭）传承是群体传承的基础，支撑着群体传承的发展。

Ⅵ柃Ⅶ照濂匕剜

总的来看，学校传承的方式与师徒传承有一些共同点。学校传承中，教师是传承人，这个角色与师徒传承中的“师父”几乎一样，并且更加突出教学的专一性。学校传承是中国武术传承中的一个新途径，它是在武术运动被列为学校体育教学内容之后开始形成的。现如今，我国的武术传承显然遇到了环境危机，在这种状况下，学校的武术传承成为最佳的选择。可以确定的是，学校传承的优势在于能够在一定程度上扩大传承面，类似于“广撒网”的模式，从而有机会发现并培养致力于武术发展的传承人。正因这些优势，使得国家教育和体育部门也开始逐渐重视学校传承的途径和方法，不断完善学校中国武术教学的内容，并在政策、资源、设施等方面都给予了一定的支持。相信在未来很长一段时间内，中国武术的传承更多还会依赖于学校传承的途径。

Ⅵ欺Ⅶ档娑匕剜

上面说的三种途径是较为常见的传统武术传承途径。通过上述三种途径的传播，中国武术及其文化延续了千百年。然而，随着现代科技和社会化的趋势的演进，科学技术的发展和信息传播媒介（书籍、报刊、影视等媒介）的广泛增加，传播途径也获得了一定程度的拓宽，出现了社会传承。

与上述三种传播途径不同的是，社会传承不是自然产生的，它的产生需要社会文化环境达到一定的程度。在良好的武术文化氛围中，可通过发行相应的出版物，举办相应的中国武术等形式来对中国武术进行传播。另外，多种形式的媒体等在社会传承中起着重要作用，特别是现代的互联网媒体的快速发展，为社会传承提供了非常好的媒介渠道，如一些电视台和网络组织的武林比赛、武术在线教学等，便是中国武术社会传承很好的体现。

第四节　武术文化传承管理

在经历了长期的历史传承演进过程后,我国的武术文化在现代已经形成了一个较为完整的文化体系。至此,传统的那种只凭借经验和言传身教等方式就能实现的传承目标已经不再可行,或者说已经不能满足传承的严谨性了。为了能够使传承更具有专业性和良好实效,就需要对传承行为进行科学且系统的管理,成立相应的管理机构,明确对中国武术文化的保护重要性。

一、武术传承管理的机构

Ⅵ狻Ⅶ堀冾匕剜垧忆婶坜

对于中国武术传承管理机构的建立可以首先了解国外有很多国家对于非物质文化遗产传承管理机构设置的经验,如日本和韩国在这方面的探索相对较早,经验也更加丰富。日本的很多保护非物质文化遗产的机构也是经过一步一步完善起来的,1950年在文部省内组建了"文化财保护委员会",由五名文化专家组成,设置了专门的文化遗产保护的专业指导、技术咨询和调查审议等各种工作机构,这是当时日本保护物质和非物质文化遗产的最高机关。随后,日本政府为了让文化遗产的管理更加细致和具体化,组建了"地方公共团体及教育委员会",负责各个地方的文化遗产保护工作。1968年,日本把原有的"文化财保护委员会"改为"文化财保护审议会",设置在国家文化厅内,相当于我国的国家文物局,由文化厅长、文部大臣、审议会组成,国宝的指定和解除工作由文部大臣来决定,文化厅长负责一些事务性工作,审议会则负责为文部大臣和文化厅长提供咨询的工作。而在地方也都设有"文化财保护审议会",保护当地的文化遗产。另外,日本在无形文化遗产的研究方面还专门成立了“国立文化财研究所”和“奈良国立文化研究所”,其主要负责无形文化遗产的资料调查和分析工作。在民间,也分布着很多的研究机构,如早稻田大学演剧博物馆就是保存和推广日本传统戏曲的民间机构之一。这些博物馆除了保存一些有形的文化遗产和无形文化遗产的文献资料以外,还是日本文化遗产的研究、教育基地,对日本的历史文化遗产的保护起到了举足轻重的地位。

韩国为了对文化遗产进行保护,在1962年成立了文化财委员会。委员会隶属国家文化财厅,根据文化遗产的分类进行了分课,主要有八个分课,每个分课都由文化遗产保护团体、研究机构、大学的专家组成,除了这些专家学者以外还聘请了上百名各界文化遗产的委员,负责定期对文化遗产进行审议,确立国家重点保护项目。

Ⅵ唉Ⅶ淦堀匕剜垧忆婶坜

对于我国非物质文化遗产的保护工作出现的种种问题在第一节中都做了详细的分析。究其原因,是因为长时间以来对中国武术的认识不清,管理机制不完善。中国武术不是竞技项目也不全是体育项目,它是一种文化,任何狭隘的归类都会阻碍中国武术的传承和发展。因此,要把中国武术放在文化部门下进行管理,不仅凸显了中国武术是一种民族文化精神,是中华文化的代表;而且也更有利于传承工作的顺利进行。

我国的非物质文化遗产保护机构主要分为四个等级,从低级到高级形成了金字塔的形状,每个级别都可以公布项目名称。高等级的往往包含着很多经济优惠政策,因此很多非物质文化遗产项目为了争得高等级,利用种种手段申遗。例如淄博市申报的第一批国家级非物质文化遗产代表作“蹴鞠”,这个项目消失了数百年,在今天却申遗成功,这与非物质文化遗产申报项目“濒危”“传承有序”等要求明显不符。因此,为了保护好所有的中国武术项目,克服这些弊端,一些学者研究认为,传承管理的机构应该设为三级机制，国家、省、市。由市级研究认定入选项目，省级研究认定传承入选，各个项目之间没有高低贵贱，一律平等对待。

为了广纳民意，我国应借鉴日本和韩国的文化遗产保护的措施，在对中国武术进行保护时，设立中国武术传承工作委员会，吸收各流派的中国武术代表人物参与其中。中国武术传承工作委员会也设为三个等级，即国家、省、市。国家委员会负责全国范围内中国武术文化生态保护区的评定；省级委员会负责本省所在范围内的中国武术项目传承人、传承单位的评定；市级委员会则负责当地中国武术项目的搜集，并且还要对其入选资格进行认定，并开展相应的保护工作。虽然具有级别之分，但是各级之间是业务关系，并没有行政隶属关系。这样对中国武术文化遗产的搜集、挖掘、整理和评选武术之乡，以及对一些非物质文化遗产的大规模普查都显得非常灵活，各市级、县级对本地的中国武术项目的留存情况也都会非常清楚。另外，委员会只负责认定、监督等权利，管理机构设置更为简洁，灵活性更高。

综上所述，不管是日本、韩国的文化财保护审议会还是中国的传承工作委员会，人员的构成都是地域化、多元化的，而且都是以文化遗产的相关专家为中心，综合历史、地理、民俗信息，进行科学的认定。在机构管理的机制上，应依据联合国关于非物质文化遗产保护的相关文件的规定，“国家在保护非物质文化遗产的活动中，要努力确保创造、保养这些非物质文化的社区、群众以及有时是个人的最大限度的参与，并积极地吸收他们参与管理”。杜绝政府参与非物质文化遗产保护“官俗化”问题的出现。

二、中国武术文化的保护性管理

Ⅵ狻Ⅶ瞳堀浀槲淅妊俐奶叽岁攻炸

中国武术文化的保护工作已经拥有的现实条件越来越趋于成熟，但是，也不能忽视其紧迫性。具体来说，中国武术文化保护的紧迫性主要体现在以下几个方面。

1. 与西方体育进行交流的迫切形势

在全球化背景下，中国武术的必然发展趋势为走出国门、走向世界。而在全球化发展的过程中，西方体育文化不断在我国传播发展，尤其是改革开放以来，西方体育文化对我国的影响更加明显。在西方体育的影响下，为了促进我国武术的发展，我国的中国武术工作者在武术的竞技化方面进行了多方面的探索，并且取得了一定的成绩。

在中国武术的发展过程中，虽然进行了多方面的改革，但是其发展的道路并不是一帆风顺的，还有很多困难需要去克服。武术的竞技化发展使得其与中国武术之间形成了较大的差异性，具体而言，随着其竞技化发展，中国武术的运动属性逐渐增强，而蕴含其中的文化属性却逐渐减弱。这就造成人们对中国武术的认同感逐渐降低，不利于中国武术的发展。在效仿西方竞技体育发展过程中，我国的中国武术不能发挥其自身的优势，并且无法代替真正意义上的中国武术——根植于我国传统文化上的一种文化精华。作为现代武术的基础与母体，中国武术逐渐被现在所忽视。武术长时间丧失与西方体育进行交流、对话的平台，这主要是由时代因素造成的。因此，要想使真正意义上的现代武术得到发展，面对西方强势体育的冲击而保持自己的位置，就必须重建这个平台，使武术的基础和母体得到进一步的充实，同时，还要全面保护中国武术文化。

2. 武术传承的断层

在世界近代历史中，由于受到殖民化的影响，西方体育文化由此对东方的传统体育文化进行了排挤。现代社会，虽然世界朝着多元化的方向发展，但是西方国家依然处于强势地位，西方体育文化又试图推翻世界各民族体育文化的多样性。近代以来，随着西方殖民者的入侵，西方体育文化也逐渐在我国传播开来，从而使得中国武术面临着严重的危机。从客观环境来说，工业化对小农经济的破坏、市场经济大潮下功利主义的驱使与影响等，都在很大程度上对中国武术文化的生存和发展产生了一定的制约和阻碍。从主体意识方面来讲，在之前的100多年的时间里，我国对西方体育文化的技术方法开始承认、接受、消化、吸收，通过50多年的时间，我国与西方体育类似的体系化建设已经基本完成，甚至在更短的20年的时间里，我国完全按照奥林匹克的面貌对中国体育进行了改造。

中国武术有着漫长的发展历史，其萌芽并发展于冷兵器时代，在形成与发展过程中其攻防技击性是其重要的特征。但是现代社会中，中国武术的攻防技击性逐渐被弱化，其技击的实用价值被进一步降低。在西方体育思想的影响下，中国武术文化处于弱势的地位，其传播和发展举步维艰。因此，有必要对中国武术的传承与发展进行研究，以更好地传承和保护中国武术。

在社会发展过程中，重建往往比破坏困因难很多。在经济社会发展变革过程中，中国武术的传统价值受到冲击，而其新的价值体系还没有建立，这就造成了我国传统文化的发展与社会经济的发展出现了撕裂，使得中国武术的传承与发展遇到了一定的危机。其中，最具代表性的是20世纪90年代以来出现的唯竞技化发展模式，这种发展模式不仅丢弃了中国武术，同时也面临着现代武术不能成功发展的境况。然而，从当前社会发展的形势来看，这种唯竞技化发展模式已经对武术文化传承的连续性造成了非常大的损害，因此，也使得武术文化保护工作的艰巨性和紧迫性进一步增加。

3. 多样性的消失对武术文化底蕴的冲击

西方体育思想更加注重竞技，在体育活动中，其更加注重公平、规范等，注重外在表现和最终的结果。在西方体育思想的影响下，我国武术在竞技化发展过程中，其必然会向西方体育靠拢，只有与西方体育的精神、思想靠拢，才能够进一步融入竞技体育的体系之中。这就使得我国的中国武术向着规范、统一的方向进行改革，影响了我国武术的多样化发展。另外，在竞技化发展过程中，中国武术的本质内涵也面临着巨大的挑战。在这一状况下，中国武术的保护工作显得尤为重要。

Ⅵ唉Ⅶ瞳堀湳槲淅妊俐奶叽厕棒

1. 明确定位中国武术文化遗产

不可否认，中国武术有着非常重要的价值和意义，它的健身方式和理念也是无可替代的。然而，近百年来，武术的传承与发展却面临前所未有的危机，很多的有识之士不断呼吁重视武术、重建武术，但是，取得的效果却非常小，并没有从根本上扭转武术被边缘化的颓势。尤其需要强调的是，当前关于武术遗产性质的定位还不够明确，也缺乏科学的解决方案。要想解决这一问题，需要从以下几个方面着手。

第一，在中国武术的发掘与发展过程中，应与时代的发展和人们的需求相适应。具体而言，就是要将中国武术的健身、修身价值进行彰显，突出其在我国全面健身以及促进人民体质增强方面的巨大作用。

第二，中国武术文化是优秀中国武术的重要组成部分，应将这一点确定下来，在此基础上进行积极改革与创新，促进中国武术文化的传承与保护。

第三，为了更好地促进中国武术的传承与保护，应深化发展中国武术的文化内涵，促进作为非物质文化遗产的中国武术与《保护非物质文化遗产公约》的相关条约、精神相符。

需要强调的是，武术文化遗产的定位和武术文化的保护有着较为紧密的联系，主要表现为二者之间相辅相成、共同发展。具体来讲，就是将武术文化遗产定位为武术文化的保护提供动力，而武术文化保护的成果则对武术文化遗产的定位起到直接的决定性作用，因此，把这两项工作都做好是非常重要且必要的。

2. 制定合理的武术发展模式

近年来，随着不断高涨的使武术进入奥运会的呼声，我国一直在以西方体育的标准为依据制定中国武术的发展模式，武术的发展与传统轨道之间的偏离越来越严重，从而造成了唯竞技化的偏向。因此，我们应该及时纠正并扭转武术的这种发展模式。具体来讲，可以从以下几个方面来进行理解。

首先，现代竞技武术的发展与中国武术的保护都非常重要，要同时进行。进一步来说，就是要求必须在中国武术基础上的扬弃与创新，才能促进现代竞技武术的发展。当前，对我国的中国武术进行认真梳理，从而为中国武术的扬弃和现代武术的发展做出更加明智的判断与选择，这是十分重要而且必要的。

其次，要不断借鉴国外的成功模式，并与国内民族特色的保持进行有机结合。

近年来，竞技武术在自身的发展过程中出现了对西方竞技体育发展模式全盘照搬的现象，针对这种情况，中国武术要在对国外体育发展的成功经验进行借鉴和吸收的同时，还要注意在自己的历史渊源中发掘和保持自身的项目特色，将自己的独特优势充分发挥出来。

最后，要把市场开发与文化保护进行有机结合。具体来讲，不仅要注重优势项目的市场开发，把武术的经济价值表现出来，而且武术作为一种文化存在，要努力避免急功近利主义。此外，还要具备远大的发展眼光，不断加大对于武术文化保护工作的资金投入与人力投入，把中国武术文化的长期效益充分表现出来。

综上所述，当前武术面临的首要问题就是要在全面反思固有的武术发展模式的基础上，制定更加科学合理的武术发展模式。

3. 建立中国武术文化保护的完整体系

中国武术的振兴并不是一蹴而就的，需要进行长期的发展，在这一过程中，应进行深入的分析、总结和探讨，逐步建立起完善的保护体系。在中国武术的保护过程中，应坚持进行改革创新，在借鉴前人经验的基础上进行新的体系的发展。在中国武术的重建与保护过程中,其理念、方法与队伍是工作的重点。

(1)重建理念。在中国武术文化的传承与保护过程中,应坚持科学的现代化理念的指导,这样才能保证方向的正确性。具体而言,有以下三个方面的注意事项。

第一,在中国武术传承与保护过程中,应明确历史与现实之间的差异,增强保护的意识,树立武术文化自我价值认同的保护理念。

第二,中国武术的发展要具备世界意识,不断开拓视野,与西方体育进行比较并引起重视。

第三,要使武术研究的范围进一步扩大,尤其是对保护工作,要注重武术发展过程中整体环境的分析研究,而不能单纯地停留于武术本身的挖掘、整理、分析上。

(2)重建方法。当前武术保护面临的重要问题之一,就是保护方法与手段上的创新。传统的方法与手段并不是完全不可取的,要适当地进行借鉴、运用,但是需要注意的是,借鉴和运用远远不够,需要在此基础上,做到以下几个方面的要求。

首先,应对中国武术的健身价值进行科学、合理的分析,增加武术练习的科学性。应从生理学、医学、生物化学等方面入手。

其次,应对中国武术的一些资料、文献进行发掘与传承,实现其现代化的技术管理。

再次,应促进中国武术套路的优化发展,并通过多种形式优化其传播的渠道。

为了实现中国武术的创新发展,应积极加强国际之间的交流,吸收他国的先进的研究成果,促进中国武术保护工作的积极开展。

(3)重建队伍。对于中国武术来说,重建的重中之重是人才队伍的建设。当前,要想真正地保护好中国武术,培养一批能够掌握武术运动技术的继承者是必不可少的。在武术人才的培养过程中,高等学校发挥着重要的作用,其担负着武术人才培养的重任。

高等学校武术人才培养的模式以及培养工作的重心，会对武术的发展方向以及武术文化的传承与发展起到关键的决定性作用，因此，一定要重视人才的培养。

三、中国武术文化传承过程中存在的问题

我国的中国武术历史悠久，在长期的发展传承过程中，它经历过大发展、大繁荣的时期，也经历过被政府打压、遏制的悲凉。但不管怎样，它依然迈着铿锵的步伐来到今天。不过从历史到现在乃至到未来，中国武术传承中始终存在着一些问题，这些问题在一定程度上影响着中国武术文化的传承。下面就具体分析一下中国武术传承中存在的各种问题。

Ⅵ狻Ⅶ曈堀渖槲淅妊匕剜曈历痃叽淖沂

1. 中国武术文化自身发展的弊端

自新中国成立来，对武术的研究和弘扬发展主要集中在竞技武术方面，对中国武术的研究相对较少。中国武术的传习主要是在民间，民间传承中国武术的拳师，很多人的知识水平并不是很高，其传承教学方法也是由前辈言信身教传下来的。对中国武术的创新研究上不可能有很大的突破，再加上没有理论指导，在训练及练习上难免出现很多偏差。总而言之，武术传承上的重技术轻理论，重师传轻创新的状况在很大程度上制约了中国武术的发展。另外，我国的中国武术文化历史悠久，各种门派、拳法、套路五花八门，非常繁杂。而且，中国语言和行为文化由于地域的不同会有很大的差异，因此在传承过程中，对于部分套路、拳种的理解会有一定的偏差，久而久之就会偏离其本质意义。更有甚者，有些武坛新秀为了适应时代发展把中国武术改得面目全非，完全与其本质相违背。

2. 中国武术申报非物质文化遗产内容不严谨

对于所申报的中国武术项目一定要具有相关地域的文化传统和鲜明的特色，也就是“本真性”。“本真性”是定义、评估、保护和监控非物质文化遗产的一项基本原则。但是在具体的申报非物质文化遗产的过程中，所申报的中国武术的内容并不是很严谨。

在中国武术中，武当武术是非常具有代表性的项目之一。武当武术作为第一批国家级非物质文化遗产项目，由湖北省十堰市武当山特区申报，在申报时的理由是：武当武术发源于湖北武当山，创始人是元末明初的武当道人张三丰，张三丰把《易经》《道德经》的精髓与武术巧妙地融为一体，创造了具有健身价值的武当武术。其是以太极拳、形意拳、八卦掌为主体的武当武术。

问题一是传承的源头张三丰所属朝代不清，因为还有北宋张三丰的说法，而这两个朝代的史料中对于张三丰的描述都扑朔迷离，张三丰创造武当武术还有待考证。

问题二是作为申报项目中的太极拳是武当武术的主体并不准确。因为太极拳分为杨氏太极拳、吴氏太极拳、武氏太极拳、孙氏太极拳等。其各个拳种对于其源头的描述分歧较大。因此把太极拳归于武当武术并不能让大众信服。

从以上两点便可看出，申报内容并不严谨。武当武术是非物质文化遗产代表，这一点是毋庸置疑的，但在申报内容上的不符实际，将不利于非物质文化遗产的保护，不利于武当武术的传承。

3. 中国武术申报非物质文化遗产归属不符合实际

在国家批准非物质文化遗产名录时对其进行了分门别类，主要划分为 10 类，即民间文学、民间音乐、民间舞蹈、民间美术、民俗、传统戏剧、曲艺、杂技与竞技、传统手工技艺和传统医药。其中“杂技和竞技”的 17 个项目中就包含少林功夫、武当武术、回族重刀武术、沧州武术、太极拳、邢台梅花拳。这六项很明显是中国武术，虽然中国武术具有一定的竞技性，但是本身最主要的功能是修身养性和强身健体。这种归类是对中国武术丰富的内涵和其历史真实性认识不清。比如,少林功夫是结合佛教禅宗智慧,以僧人的演练为主的武术形式,把其归类于竞技项目其性质和标准都会偏离其本质意义。而且作为竞技项目必须可以量化,但是由于少林武术与禅宗的结合,其中含有很多禅的成分,不是以量化能够表述的。因此对中国武术的类别归属不清的问题,将不利于中国武术的传承和发展。

4. 中国武术在申报非物质文化遗产中传承人备受争议

首批国家级非物质文化遗产传承人在2007年6月公布,少林寺方丈释永信被选为少林武术的传承人。但是由于很多公开资料显示,释永信作为少林寺方丈,大部分时间都是处理寺务和商业开发,对少林武术的传承和深造力不能及。而且有调查显示,释永信少林功夫的造诣并没有得到武坛的公认。因此,释永信作为少林武术的传承人存有争议。

所以在中国武术的传承人方面一定要认真考察认证,切忌不可把"民俗"变成"官俗",一些中国武术项目本就是民间的事情一定要由民间去做,包括传承人的选举和认定等。在评定中国武术项目传承人的工作中,如何建立一整套科学合理、严格细致的机制,杜绝徇私舞弊、弄虚作假等,需要有关部门严谨审核。

5. 中国武术申报非物质文化遗产中评价机构不完善

保护中国武术的传承是一项非常繁杂的工作,国家有关部门为了加强统一协调的保护工作,组成了相应的评价机构,主要有行政评价机构和专业评价机构两种。行政机构中制定的"非物质文化遗产保护工作部际联席会议制度"由当时的文化部、教育部、财政部、建设部、发展改革委、国家民委、旅游局、宗教局和文物局组成,但是这其中缺少了国家体育总局和各地区体育部门的参与,没有这两者的参与就会直接影响对一些非物质文化遗产的分类归属,而且增大了中国武术进入非物质文化遗产名录的难度。这就是行政评价机构的完善度还有待提高的体现。

除此之外，专业评价机构一般是由一些在某方面造诣较深的专家和学者组成，但是这些专家和学者大都长期从事艺术、民俗和文艺研究工作，对于非物质文化遗产中中国武术项目的研究很少，对其进行归类和划分也会有一定的难度。如对武术的划分，有人提出“武术属于体育，但又高于体育”，但是非物质文化遗产的种类划分中，主要分为民间文学与语言、音乐、舞蹈、戏剧、曲艺、美术、手工技艺、传统医药和民俗九个种类，其中并无体育项目这一类，而且也没有体育专家的参与，因此这也是中国武术归类不明的问题原因所在。因此，专业评价机构也并不完善。

Ⅵ唉Ⅶ瞳堀渖榭淅妊匕剜瞳历痃淖沂叽屎巽哀冷

1. 保护中国武术传承人

中国武术作为一种非物质文化遗产，属于抽象的事物，必须用技艺进行表达才能让人们感受到中国武术的存在。因此，要想人们了解和认识中国武术，弘扬中国武术的精神，就必须以传承人为媒介，展示中国武术的精髓。所以说传承人在中国武术的传承方面发挥着重要作用，因此中国武术传承的重点是保护中国武术的传承人。

保护传承人首先要保护传承人的地位，所谓“名不正则令不行”。因此提高对传承人的培养也是保护的措施之一。培养工作要做到几个方面，首先是按照技艺水平社会贡献划分等级制度，进行分层培养，设立考核机制。其次是制定各个等级的标准，由专业的机构进行认定，并接受外界的监督。最后是对传承工作程序进行详细的规定，资助传承人员工作。

另外，对于一些经济条件困难的传承人，要给予他们生活补贴，保证其不为衣食住行发愁，才能更好地服务和传承中国武术。在给予经济补助的同时，对一些重要的代表性传承人也要给予一定的荣誉，褒奖其贡献，肯定所传承的中国武术项目的重要价值，增强传承技艺的责任感。

2. 尊重中国武术自主化传承

在传承中国武术的过程中,要认清中国武术的传承主体。中国武术诞生于农耕文明,在民间环境中成长,传承主体是传承人,并非一些新闻媒体、商界、学界和政府,虽然这些机构对中国武术的弘扬和传承有一定的帮助,但是不顾及武术传承和发展的规律,利用武术带动经济,让民俗变成官俗,对武术传承却是弊大于利。因此要坚决抵制、禁止这些行为和倾向。

3. 保障中国武术传承的整体性

任意一个非物质文化遗产都有丰富的内容,如果对其中的一部分进行保护,就失去了文化本身的完整性,其价值也会大打折扣。中国武术本身由完整的技能体系和生存环境组成。除了包括练习方法、套路种类、技法运用等,它还建立在中国传统文化的基础上,包含了中国多种文化思想、价值观念和人生哲理。另外,加上武林逸事、礼节仪式、门派典故、练习口诀、传承制度等构成了整体的中国武术文化。

任何文化遗产都是以一种特殊的环境为背景而产生的,环境是文化产生的土壤,中国武术文化的土壤就是民间的农耕文明,因此,如果中国武术离开了民间环境也就等于失去了灵魂,要传承中国武术,就必须连同它的环境进行整体的保护,才能够保证其价值。

4. 对濒危中国武术项目要优先保护

2005 年,国务院办公厅《关于加强我国非物质文化遗产保护工作意见》中明确指出,非物质文化遗产必须出现某种程度的生存濒危性才可入选保护名录。但是就入选的项目来看,其中陈式太极拳,习练人数达到百万,研究资料也非常丰富,相比一些其他项目其濒危的可能性很小。而很多中国武术项目因为其传承人的病危和环境变化已经成了濒危遗产,却没有被选入名录。因此,要求相关部门认真研究中国武术的发展现状,了解中国武术各流派的传承情况,对濒危流派重点保护。

5. 传承"物质化"

物质文化遗产与非物质文化遗产是一个事物的两个方面,并非完全对立。例如中国武术中器械、服饰、道具、拳谱、剑谱等属于物质文化遗产,那么武术的技艺、使用方法就是非物质文化遗产。另外,非物质文化遗产也是通过物质进行传导的,所以说,在中国武术传承的过程中,对于物质的充分利用是非常有效的手段。如通过多媒体、网络进行中国武术的技艺再现等,让中国武术的传承更加方便快捷。

6. 积极传承"原生态"武术

每种文化的传承和发展一般会产生两种结果,一种是一直保持其原本的文化特性,并没有因为历史的变迁和社会的发展而改变,称为"原生态"文化。另一种是随着时代的发展,出现了异化,在原来的基础上衍生或创造了新兴的文化,称为"次生态"文化。中国武术随着时代的变迁就发生了一定的变化,有很多的"次生态"武术文化出现,也就是人们所说的"新兴武术"。这些新兴武术动作改变了中国武术那种古朴自然、实用的特点,越来越趋向于高、难、美、新的竞技化方向发展。因此,对"原生态"武术文化的保护显得尤为重要。

第五章　独具特色的地域武术文化生态发展研究

由于我国地域辽阔，各个地区形成了独具特色的地域武术文化，本章将重点研究我国地域武术文化的生态发展，主要包括特色地域武术文化形成的原因、黄河流域北派武术文化研究、长江流域南派武术文化研究和珠江流域岭南武术文化研究。

第一节　特色地域武术文化形成的原因分析

一、地理环境因素

我国地域跨度较大，具有多样化的气候特点和地理环境，对地域武术文化的形成产生了一些影响。

Ⅵ狻Ⅶ客忆炭气

地理形态对于武术流派的形成具有很大的影响，我国北方多平原，冬季气候寒冷，武术技法以腿法见长；南方多山水，生活区域狭小，则武术以拳法见长，且技法细腻。“南拳北腿”从一定程度上概括了我国南北地域性的差异。具体影响如下。

1. 北派武术

我国北方多平原，人的活动范围较大，在搏斗时，双方具有很大的回旋余地，攻击距离较远的腿法运用较多，如扫、摆、弹、蹬、踹等。这些动作舒展大方，幅度较大，擅长力量和腾空跳跃。

2. 南派武术

南方多河流湖泊，山区、丘陵较多，在搏斗时首要考虑自身的稳固性，大幅度的腿法较难施展。功法以近身靠打为主，身法敏捷，步法快速多变，拳法精湛。

Ⅵ唉Ⅶ旃奉沧宸

气候条件对武术文化具有重要的影响。我国北方气候寒冷，受草原游牧文化影响，人们粗犷豪放，自然就产生了摔跤、散打这种独具民族特色和地域特色的武术形式。南方的气候条件相对较好，从而形成了情感丰富、心思缜密的性格。其武术功法也表现为手法灵活、拳势劲悍的特点，如南拳的形成。

二、地域文化因素

地域文化是一个特定区域内，人们在特定历史阶段创造的具有鲜明的地域特色文化。由于不同的资源环境特点，形成了不同的民族文化特性。武术来源于人们的生活，传统武术也是地域文化的重要一方面。

我国长期以来主要是以男耕女织的自给自足的复合型经济为主，人们从事农业生产，追求稳定与安宁，从而对于人与自然的关系有着较深的理解。“天人合一”的思想也是在这一环境下产生的。我国的武术文化追求人与自然的和谐，道天法地，充分显示了我国传统体育的个性特征。在我国不同的地域中，由于各地，特别是在一些少数民族集中的区域，语言、民风民俗等文化大不相同，在其民族长期的发展过程中，形成了独特的民族传统体育活动，其中就包含各具特色的武术文化。

当然，武术文化不仅仅是受到地理环境、区域文化等因素的影响，还受到地域政治、经济等方面的影响。正是因为这些因素的综合影响，才形成了不同的地域武术文化，使中国武术呈现出多种多样的表现形式和风格特点。

第二节　黄河流域北派武术文化研究

黄河流域北派武术文化在中国武术文化体系中扮演着重要的角色，本节将重点探讨黄河流域北派武术文化，在黄河流域北派武术文化中，具有代表性的武术主要包括以下几项。

一、少林武术文化

Ⅵ狻Ⅷ框恝浉槲叽斫畴

少林寺建立于北魏时期，当时天竺僧人跋陀来到我国，孝文帝在嵩山建寺供养跋陀，即少林寺。少林武术的创立来源有如下两种说法。

（1）少林武术是由著名的佛学大师达摩所创。公元477—499年，禅宗鼻祖达摩事到少林寺。相传达摩为了改变弟子长时间禅坐时昏昏欲睡、精神不振的情况，也为了锻炼身体、保护寺院，而将古人锻炼身体的动作进行了改编，以引导僧人进行健身锻炼。达摩通过观察鸟兽的动作而将其融入身体锻炼的功法之中，这被认为是少林拳的起源。其后经过僧人的不断补充、吸收，从而使得其健身功法内容逐渐丰富。学者们认为这一说法不可信。

（2）少林武术由少林寺第一代祖师跋陀的弟子慧光和僧稠创建。僧人跋陀来到我国得到了北魏政府的优待，孝文帝更是为其修建了少林寺。其后，很多人仰慕跋陀，齐聚少林，跋陀向他们传授佛教经义。跋陀对中国武术非常热衷，他的门徒中也有一些习武之人，而少林武术的创始人就是跋陀的弟子慧光、僧稠等人。据史料记载，跋陀在旅行时遇到慧光，他正在踢毽子，连续踢了

500次都没有落地，跋陀认为其为人专注，未来可期，便将其带回少林寺，取法名慧光。僧稠也是跋陀的弟子，他记忆力惊人，经文读一遍就能记住，并且理解其意思。另外，他体魄强壮，精通武术，速度敏捷。少林武术是否由他们所创还有待进一步考证。

学者们认为，少林寺僧人在修禅、健身和自卫的过程中逐渐创立了少林武术，经过僧人的不断习练和完善，而逐渐发展成了独立的武术流派。

Ⅵ唉Ⅶ框惄渖槲叽唐癌

在北魏时期，少林寺是皇家寺院，得到了朝廷丰厚的赏赐，田产丰厚。为了保护这些财产，僧人开始习武。在隋唐时期，少林寺方丈组建了僧人队伍，成员为身强力壮、善用兵器的僧人，主要职责是保护寺院的安全。其后，僧人开始不断参与政治活动，少林寺就开始养一些僧兵，发展到后来就是武僧。在这之后，有组织、有纪律的僧兵训练开始出现，并在历史上有显赫的武功。相关的史料记载着“十三棍僧助唐王”，少林寺和少林武术声名远播。

明朝时，习武在民间开始盛行，武术在这一时期得到了快速的发展。僧人多次参加战争，并且立下战功。少林武术在武术领域占有着重要的地位。清朝初年，民间禁止习武，少林寺僧众则多在夜间秘密习武。辛亥革命前后，少林武功得到了进一步发展，很多爱国人士学习少林武术，希望抵抗清政府统治。

新中国成立之后，我国尤为注重武术的发展。一些省市创办了武术学会和武术训练班，有效地促进了武术的发展。我国对各种武术项目进行了挖掘和整理，少林武术开始走向世界。2006年，少林武术被国务院认定为中国首批“非物质文化遗产”。2010年包括少林寺在内的登封“天地之中”历史建筑群被列为世界文化遗产项目。为了促进和发展少林武术，河南省政府创办了中国郑州国际少林武术节，自1991年创办以来，遵循“以武会友，共同进步”的宗旨已成功举办了十一届，在国内外产生了深远的影响，为世界武术运动的发展做出了突出贡献。进入新时代以后，国际少林武术节的不断举办将大大提高少林武术的影响力，促进少林武术文化的发展和完善。

二、太极拳文化

Ⅵ狻Ⅶ氓嫉朐叽斫畴

关于太极拳的起源，主要包括以下几种说法。

1. 唐代许宝平或明初陈卜起源说

很长一段时间以来，这一起源说受到很多人的认可。认为太极拳传于唐代许宝平或明初陈卜。在宋氏手抄拳谱与陈氏家谱中均有关于太极拳起源的记载，这成为关于太极拳起源的重要的史料或证据，但真实性却存疑。

2. 宋代张三丰起源说

这一说法认为太极拳是由宋代武当山道士张三丰所创立的。据传，某一日张三丰受皇帝召见，在途中遇到一伙强盗，受到一定的阻拦。而晚上张三丰在梦里梦见武当山神授以拳法，张三丰用此拳法杀退百余贼人。这种说法颇具神秘色彩，真实性也不高。

3. 元末明初张三丰起源说

该说法认为，张三丰为元末明初人，其通过在武当山修道炼丹过程中，观察蛇雀之争，探索龟鹤长寿之秘，经过长期的钻研，张三丰创立了太极拳。但据调查，在现有的史料中，并没有发现张三丰与太极拳有着明确的关系，因此该说法也欠缺一定的史料支持。

Ⅵ唉Ⅶ氓嫉朐叽悟揲

太极拳在长期的发展过程中逐渐建立和形成了多种风格，由此而形成了众多的流派，产生了广泛的影响力。

1. 陈式太极拳

陈式太极拳在社会上有着广泛的影响力，主要有老架和新架之分，主要有一路（老架）、二路（炮捶）两种。第一路拳动作柔多刚少，以棚、捋、挤、按手法为主；第二路拳动作刚多柔少，用劲以采、洌、肘、靠为主。总体而言，陈式太极拳的特点为：刚柔相济，手法螺旋缠绕且富有变化，比较重视发劲和跳跃动作，动作比较优雅，具有极强的观赏性。

2. 杨式太极拳

河北永年人杨露禅幼年就于陈家沟学习太极拳，后来返京传习太极拳，经过一定的修改和发展后，终于形成了杨氏太极拳，成为重要的太极拳流派。杨氏太极拳的主要特点是：动作舒展，速度均匀，架势中正圆满，套路美观，气势大。

3. 吴式太极拳

北京大兴人全佑，初从杨露禅习练太极拳，后拜杨露禅子杨班侯学习杨式小架太极拳，经过一段时间的发展与演变，其子吴鉴泉在传承杨式太极拳的基础上完善了太极拳法，逐渐形成了吴式太极拳这一流派。该流派的主要特点是：拳架紧凑，斜中寓直，动作轻柔。

4. 武式太极拳

河北永年人武禹襄，最初从师杨露禅习陈式老架太极拳，后又随陈青萍学陈式新架太极拳，经过多年的演变，形成了独特的太极拳风格，即武式太极拳。该流派的基本特点为：动作紧凑小巧，步法虚实分明。

5. 孙式太极拳

河北定州人孙禄堂自幼开始习武，主要是形意拳和八卦掌，具有了一定的武术基础，后来向郝为真学习武式太极拳，并且将形意拳和八卦掌的精华融入太极拳之中，逐渐形成了孙式太极拳这一流派。该流派的特点是：动作敏捷自如，舒展圆活，转变方向时以开合动作相接，故又被称为开合活步太极拳。

Ⅵ柃Ⅶ氓婖胸叽地挽

1. 提神醒脑

当今社会信息化快速发展，知识爆炸性增长，人们需要掌握的知识技能也呈几何级增长，生活节奏快，压力大，人们脑力劳动过多，负担过重，脑细胞过度活跃，长此以往，精神紧张，神经得不到放松和调节，以致神经衰弱，反应迟钝，头昏脑胀，影响生活质量和工作效率。

太极拳在习练时要求以放松的状态来运动"其根在脚，发于腿，主宰于腰，行于手指，由脚而腿而腰，完整一气"，还要求眼部、手部、腰部、足部，上下照顾毫不散乱，前后连贯，某些动作比较复杂，这一切，都需要在大脑的指挥下完成。因此，太极拳训练了中枢神经系统和身体的感官功能。太极拳养生讲究心静神松，让大脑皮质处于充分休息的状态，紧张的神经得到放松和调节，通过意念、呼吸、动作配合来消除压力和紧张，释放压抑的情绪，恢复旺盛的精力和敏锐的头脑，促进大脑神经细胞恢复，增加神经系统的灵敏性，推动中枢神经系统完善，协调全身内外器官的和谐运转。

2. 活血通气

太极拳的养生动作缓慢柔和，可以使全身肌肉放松，习练时要求气沉丹田，运气于行，长期练习有利于促进心脏血液循环，增加心血管的血流量和供氧量，有效改善细胞营养，预防心脏病。太极拳每个动作都包含阴阳变化，如虚实、动静、刚柔、开合、进退。强调周身一家的整体观念，要求神形合一、松静无为，内外上下完整一气，气随意行，意到气到。太极拳不同于其他运动，习练时间不能太短，久练能平衡阴阳，增加身体的供氧量，使身体内分泌系统和脏腑功能有效运转，促进体内有害物质的分解、释放和淋巴系统的新陈代谢，提高人的记忆力、反应力和思维能力，提高心肺功能。

在练习太极拳过程中，骨骼肌肉进行周期性收缩与舒张，能够使静脉的血液循环得到加强，肌肉的活动能够使静脉血液回流及向右心室充盈必要的静脉压力得到有力的保证。另外，太极拳的呼吸运动能够加强静脉回流，主要采用深长均匀的自然呼吸法，呼吸效果得到提高，能够使血液与淋巴循环的速度进一步加快，使心肌营养得到加强，心脏的营养过程得到改善，预防心脏疾病和动脉硬化。同时，太极拳要求“气沉丹田”，即气向下沉，与动作自然配合，使呼吸逐渐做到“深、长、细、缓、匀、柔”，保持“腹实胸宽”的状态，不仅能够提高肺脏的通气和换气功能，还提升了肺活量。

3. 强健骨骼和肌肉

太极拳是大量的有氧运动，可以柔化和按摩久不运动的筋骨，练习太极拳要求虚实分明，常常需要重心交换，单脚支撑体重，在习练中还有许多搂、转动作，可以增加身体各部位，特别是下肢和腰部肌肉力量。老年人由于骨质疏松，经常会失去平衡而跌倒，导致骨折等病症，太极拳养生中有单腿撑体的动作，可以适当加强习练，提高腿部的承重能力，有利于增加骨质的坚固性。太极要求凝神敛气，气敛入骨，可以深层次地修复筋骨和萎缩的肌肉，激活僵化的骨骼和肌肉，使之恢复活跃的运动机能。太极拳经常是左右手向不同方向做不同的动作，而且是做螺旋式的弧圈运动，增强人体对复杂动作的敏感和领悟，改善身体的柔韧性和灵敏性，经过反复的缠绕运转，能够有效拉伸肌肉，通过肌肉的一张一弛，能够达到肌肉匀称丰满，柔韧而富有弹性，达到修复和提高肌肉收缩能力的目的。

4. 养心修性

习练太极拳可以不断修炼自己的个性，太极拳讲究刚柔相济，在此风格中急躁的性格能在拳功的约束下逐渐去除躁性，性情软弱的人，能够培养阳刚之气，懦弱的个性通过练拳而变的自强自信，逐渐改造自我，成为生活的强者。太极拳的一招一式松紧有度，缓慢沉稳，使人增强耐力，培养毅力，是磨炼意志的最好途径，从而更好地领悟历代先贤们的道德情操、文化情趣、人格魅力。太极拳圆转走化，柔顺安舒，使人为人处世能遵循太极之道，无畏、果断，解决问题借力化解，巧妙地应付自如。

Ⅵ欺Ⅶ岷嫉朐叽唐癌

为了促进太极拳的持续发展，可以采取以下策略。

1. 推进太极拳的学科体系建设

太极拳文化中融合了儒家、道家、佛家等诸多思想体系，同时在其理论上与军事、医学、民俗等方面都有着千丝万缕的联系，然而太极拳在我国高校中的学科建设并不完善，完整的太极拳学科体系对于太极拳文化的弘扬发展是至关重要的，建立相关专业，使其学科体系更加完善。

2. 促进太极拳的国际化发展

（1）提高太极拳传播人员的外语能力。当前，我国在太极拳的国际推广力度上进一步加大，在传播方面通过多种语言进行教学和普及，这能够将世界范围内的受众的兴趣有效激发出来。同时，还要对他国语言及中国文化进行灵活运用，必要时可将两者融合起来，例如有些动作名称若用英语翻译出来，太极拳的动作则只能给人留下外在机械的动作运动的感觉，而其中的文化含义并不能体现出来。由于文化背景的差异，一些词汇很难用英文表达。鉴于此，就要求在太极拳的传播的过程中，不需要刻意地翻译成英文，但是可以用汉语拼音来表示，传播者在介绍动作的时候，就自然地联系到了文化内容，这样，太极拳的传播不仅是动作层面，还达到一定的文化深度。

（2）出版太极拳外文翻译书籍。我国太极拳向国外传播的一个重要路径，就是出版权威的官方的太极拳书籍，因此，加快对太极拳相关术语和书籍的翻译工作，对于我国太极拳全球化发展是有重要意义的。具体来说，国家可以翻译国内一些知名度高，影响力大的太极拳书籍，并且将其输送到国外。针对国外不同性别、年龄、学历、职业的受众，有针对性地出版相应的外文读物，让国外受众对太极拳有更好的了解和认识。

（3）加大太极拳在国外的传播力度。太极拳在国内外的不断传播和拓展，离不开媒体的宣传，因此，传播渠道就显得尤为重要，具体来说，可以从以下几个方面着手。

①建立太极拳项目的国际化传播网络。当前，世界范围内的太极拳传播机构有很多，但是它们都是以分散、没有统一组织的形态存在，因此，将类似国际太极拳联盟的组织、国际性的传播网络建立起来就成为一种必然，这样能够使我国太极拳的科学化、理论化、规范化和系统化程度进一步提高，横向连接和纵向指导也会进一步加大，用点面结合的方式，使我国太极拳的推广网络布满世界各地。同时，还要将华人华侨的太极拳传播体系建立起来，华人华侨是我国太极拳向国外传播我国文化的一个载体，在全球经济不断的发展，社会不断的进步过程中，这些定居海外的中国人往往就扮演着太极拳的传播者，也是固定的传播者的角色。因此，可以加强华人、华侨的联系，特别是太极拳的联络体系，向他们教授太极拳的技理知识，借助我们的华人、华侨加快太极拳的推广脚步，借助我国在外国的组织和机构，借助相关的组织机构，对我国文化加以推广，从而使对我国文化感兴趣的外国人都成为太极拳项目的传播者和受众。

②加强国外大众媒体对太极拳的信息传播。太极拳国际化推广系统中，主要的传播渠道有面授、印刷品、音像制品和互联网四个方面。国家的驻外使馆，孔子学院和太极拳协会组织要加强和媒体的沟通合作，多在一些报纸杂志上发表太极拳的信息，加大信息的传播量，可制作相关视频或组织活动，通过大众媒体传播出去，这就使太极拳的传播面和出现频率有所提升。

③大力使用新媒体。在加大大众传播媒介用程度的同时，还要积极主动地建立新媒体微博、微信公众账号，选拔专业人才进

行维护和管理，借助新媒体的力量将太极拳推广出去。同时也可以在各大机场、车站常年设立太极拳接待和联络站点，为吸引国外国内外太极拳爱好者来中国或者温县陈家沟寻根祭祖、切磋拳艺、加深友谊提供一定的便利。

三、八卦掌文化

Ⅵ狻Ⅶ余稃皂叽斫畴

八卦掌的起源有以下两种说法。

（1）八卦掌是清代河北文安县人董海川（约1813—1882）在九华山毕澄霞处学来的。据光绪三十年（1904）其门人尹福等敬立的“文安董公墓志碑铭”所述：“公讳海川，文安人……访友于江皖，迷失道人乱山中，终日不得出，度无生理，忽有人于山巅招之以乎，乃攀藤附葛而上，至则其人谓之曰：‘师候汝久矣。’因导之行，见庙宇奇幻，遥谓之曰：‘汝来何迟乎？’遂授以击刺进退之法，练神导气之功。凡其所传，皆平日所未闻未观者，居久之，又谓曰：‘汝行矣，可以问世矣……’公神力得自天授，而技击又获自仙传……”这段碑文的大意是说，董海川的八卦掌得于仙授。碑文描述董海川的学艺带有很强的迷信色彩，这有其复杂的历史原因：由于当时的社会正是国内阶级矛盾十分突出，帝国主义列强大肆侵略中国，使阶级矛盾和民族矛盾日益激化之时，使得董海川的学艺过程及师承关系不能公开化而杜撰上述情节，并以碑文形式流传下来，这才产生了九华山学艺的传说，并且受中国传统文化的影响，往往对有成就的武术名家冠以仙授，以增其神秘性。

（2）八卦掌是由董海川所创。据考证，清代中叶，董海川曾在清朝肃王府做拳师，因此，八卦掌首先在北京盛传，后遍及京、津、河北一带。由于师承沿袭发展日益广泛，技艺理论日臻成熟，逐步成为我国主要拳种之一，并形成较多分支流派。这种说法得到了国内大多数八卦掌练习者的认同。

Ⅵ唉Ⅶ余释皂叽汩听

1. 三形三式

所谓“三形”，即“行走如龙，动转若猴，换式似鹰”；所谓“三式”，即“步如趟泥，手如拧绳，转如磨磨”。

八卦掌的练习要求下盘腿稳固沉实，行步似趟泥，连绵不断犹如龙游；中盘身腰矛韧，收放自如，拧身走转，行如推磨，回身转换敏捷如猴，灵活多变；上盘掌臂劲道，滚钻挣裹，螺旋力连绵不断，抽身换式似鹰翻，手眼相随矫分健。而三盘又必须是：身随步动，掌随身变，步随掌转，上下相随，形成一个整体。

2. 三圆三顶

所谓“三圆”，即脊背须团圆，臀部须敛圆，虎口须张圆。背圆则脊背团圆胸自涵，身躯含劲，其力催身，内力外送。臀部敛圆则立腰坐胯，实腹敛臀，可防止提腹撅臀，有助于上体节松沉下坠，内气传承流导。虎口圆则虎口圆撑，气贯指掌，手掌含劲。

所谓“三顶”，即“舌顶腭，头顶天，掌顶前”，“舌顶腭，头顶天”是颈项自然竖直，下颏自然里收，头部正直，使百会穴处有向上直顶的感觉，即所谓的“顺项提顶”；“掌顶前”是指两掌即使在屈肘竖掌时也须使掌心含有一股向前顶推的内劲，气贯周身，力达臂膀，掌力雄厚。

3. 三空三扣

“三空”，即手心涵空，脚心涵空，胸迟涵空。八卦掌的出掌，必须使掌心内凹涵空，掌背绷紧，掌根有力；八卦掌的趾步，在行步走转中五趾抓地，使脚心在感觉上有向内凹涵之意；八卦掌的身法，必须紧背、裹臂、涵胸，使胸部也微凹涵空，同时呼吸下行。“三扣”，即两肩要扣，手心脚心要扣，牙齿要叩。肩扣胸空，内气到时；手扣掌空，内气到手；脚扣底空，桩步劲厚。叩齿则筋强骨坚。“三扣”与“三空”有密切关系，两肩扣拢，有助于胸部的涵空；手心脚心扣拢，有助于胸部的涵空；手心脚心扣拢，有助于掌心和脚心的涵空。“三空”和“三扣”的目的，主要在于使上下肢和身躯的肌群处于张力状况下，使八卦掌在运动的轻灵之中含蓄着沉重有力，外若优柔而中实刚劲。这样，八卦掌才能飘而不浮，柔而有骨。

4. 四坠四敏

“四坠”，即肩坠腰，腰坠胯，跨坠腰，膝附脚。八卦掌讲究两肩要有沉劲，腰部要有塌劲，胯部要有坐劲，膝下要有剪劲，脚下要有踩劲。两肩向下沉，使肩的沉劲下坠到腰，与塌劲相衔接。腰向下塌，臀向下塌，臀向下垂，敛臀提肛，腹部充实，使腰的塌劲下坠到胯，与坐劲相衔接。胯向下卸并向里裹，使胯的坐劲下坠到膝，与剪劲相衔接；使膝的剪劲下坠到脚，与脚的踩劲衔接。即肩催腰，腰催胯，胯催膝，膝催足。这样，身躯与四肢的周向劲力便通过“坠”的衔接而上下贯通一气，达到劲力完整的地步。

“四敏”，即眼敏，手敏，身敏，步敏。八卦掌拳谱说：“心是帅，眼为锋”，“眼有检查之明”，因此，眼睛必须敏锐，始终注视着手掌。“身似弓弦”，“有转运之神”，因此，身法的翻转也必须敏快活泼。“脚似战马”，有“快速之力”，因此，步法的走转也必须敏快迅速。

5. 十要三病

所谓“十要”，即一要有意，二要有气，三要有拧，四要有塌，五要有提，六要有裹，七要有垂，八要有绷，九要有松，十要有顺。

“意”是用意识来引导动作，用心志活动去指导形体活动，把意识贯注到动作的攻守、劲力、意向中。“气”是呼吸，八卦掌运动时必须运用腹式呼吸，气沉丹田。又须像空中行云那样，徐徐地调息，不可猛吸猛呼。“拧”即“拧旋走转”，要求腰要拧，臂要拧，手要拧，使头、手、腰、臂拧转朝圆心。“塌”是腰和腕都须有向下塌坐的内含之劲。“提”是提肛，将尾闾向前微微提起。“裹”是肘臂抱圆向里含有裹劲,将两臂绷紧。“垂”是肩垂、肘垂,肩垂则臂长而灵活,肘垂则肱自圆,能护两肘。“绷”是绷撑劲,身躯和四肢在“四坠”的基础上具有绷撑之劲。“松”是周身关节要松开,关节不松,动作就僵硬不活,因此即要有含蓄的绷撑劲,又要关节松开,使动作灵活自如。“顺”是身顺首,脚顺膝,膝顺胯,胯顺腰,指顺手,手顺肘,肘顺肩,上下顺随,不逆不亢。

所谓“三病”,即努气、拙力、腆胸,八卦掌最忌这三病。努气就是憋气,容易使气血不活;拙力即是僵硬劲,容易使动作滞涩;腆胸突肚,则易促成身法不活。

Ⅵ柃Ⅶ余稃皂叽唐瘟

为了促进八卦掌的发展,可以采取以下策略。

1. 改变人们对八卦掌的认识

加强对八卦掌的宣传,改变人们对八卦掌的认识,加强对青年人八卦掌健身养生意识的培养,八卦掌作为我国武术的一种流派,长期以来被一些影视剧所“妖魔化”,因此,首先必须改变人们对八卦掌的观念和认识。

2. 加大对八卦掌传人的培养力度

对于八卦掌的传人,鼓励他们继续传承本家功夫,把自己的功夫发扬光大。建立一些八卦掌协会和组织,把民间八卦掌传人都聚集到一起,定期进行一些比赛和学习活动,让八卦掌的传人获得进修的机会,去学习管理学、中医学等可以和八卦掌相联系的学科,然后融会贯通,从各方面对八卦掌进行完善和补充。

3. 扩大对八卦掌的宣传力度

八卦掌应通过主流媒体与其他各种传播渠道,将中国道家文化的民族传统技艺良好地展现给世界,让更多的人认识、喜爱八卦掌,通过电视、网络、广播、新媒体等手段,不断加大八卦掌的宣传力度,提高八卦掌的影响力。同时,可以制作一些影像资料。

可把各派的经典套路、技击性较强的动作、功力功法，通过拳师演练示范讲解，制作成影像，并作为教学教辅资料。影像可提高八卦掌习练者的视觉效果，有助于八卦掌习练者技术的学习和获得。

4. 开发八卦掌健身市场

随着全民健身时代的到来，八卦掌应该积极开发全民健身市场，八卦掌要与娱乐、休闲及全民健身结合起来。开展养生课堂，与传统医药养生的联系，并定期举办一些八卦掌赛事，促进八卦掌的快速发展。

5. 培养八卦掌经营管理人才

通过大力培养八卦掌专业型和管理型人才，在各体育院校应加强体育经济工作和体育经营人才的培养，增加八卦掌选修课，让大家了解八卦掌不仅是武术运动同样也有健身养生的功能，通过专业人才运作和管理，提高八卦掌的知名度，促进其发展。[①]

四、形意拳文化

Ⅵ狻Ⅶ炭率朐叽斫畴甓漓硝

形意拳亦称“行意拳”“心意拳”“心意六合拳”。根据资料记载“心意拳”一词原出于《庄子·让王》篇，善卷曰：“余立于宇宙之中逍遥于天地之间而心意自得。”那么《心意古拳谱》阐道“心者，谓心如眼，洞察领悟，遥见沧桑，不闻其言，乃神聚也。意者，谓意如耳，意融神洽，迹象缥缈，不尽其意，乃形阻也。申聚谓心宜与锁，形阻谓意善于拴。以心为本坐灵台，以意为本下瑶池”。创拳者是按“意由心生，心之发动自意，意之所向皆为拳”“以一本心意而散万殊拳术之妙”，故将之命名为心意拳。之所以有六合拳之称谓，一缘于心意拳本来就是以六合（心与意合、意与气

① 张伯先．八卦掌运动项目的市场开发[J]．吉首大学学报（自然科学版），2013（9）．

和、气于力合、肩于胯合、肘与膝合、手于足合，合即心动而浑身上下配合严谨）为法的。二缘于心意拳中许多功、技、法原本就是由姬际可之“六合大枪”脱胎而来，故此拳有六合心意拳或六合拳称谓。

形意拳称谓，是源于戴文熊向外姓人传艺时多以意拳中的象形拳传艺，而戴本人又好把象形拳称作形意拳的缘故，还有人认为，之所以叫形意拳是因为由于山西中部口音“心”“形”同音不分，然而拳谱中又有“象其形而取其意”的说法，而外地人在学习此拳时候又误听“形”意拳在先，误判象“形”取意在后所以会有除山西之外河北首先出现了形意拳之说。还有一种说法是河北李洛能和车毅斋师徒二人认为“心”“意”同义故将“心”改为“形”的说法。但无论那个更加贴近真实说法，形意拳的称谓是在河北一代由此而生，名震四方。

根据学者的考证研究，形意拳为明末清初山西蒲州诸冯里北义平村（今永济市尊村）姬际可（字龙峰，1602—1680）所创。姬际可曾经南游河南少林寺、洛阳等地习武学艺，有成后又传艺给曹继武；曹传山西戴龙邦、河南马学礼；戴龙邦再传河北李洛能，逐渐发展形成山西、河南、河北三个流派，三种风格。其中，山西派拳势紧凑，劲力精巧，以三体式为基本桩法，以五行拳（劈、崩、钻、炮、横）和“十二形拳”（龙、虎、马、猴、鼍、鸡、鹞、燕、蛇、鹰、骀、熊）五拳八式为基本拳法；河南派讲求拳势勇猛，气势雄厚，多称“心意拳”，以十大形（龙、虎、鸡、鹰、蛇、马、猫、猴、鹞、燕）为基本拳法；河北派则拳势舒展，稳健扎实。从内容上来看，山西与河北相近。套路有五行连环、四把、八式拳、十二横捶、出入洞、五行相生、龙虎斗、八字功、杂式捶等；对练套路有五行炮（五行相尅），三手炮，五花炮，安身炮（挨身炮），九套环等；器械套路有行步六剑、五行剑、连环剑、十二形剑、三合刀、连环刀、连环棍、五行枪、连环枪、六合枪、风翅锐等。目前，形意拳主要流传于北方等地，在南方各省亦多有习练者。

Ⅵ唉Ⅶ炭率胸叽容桩地濞

1. 生理功效

（1）提高运动系统水平。在形意桩功、套路、对练和搭手的练习中，要求周身上下内外整体协调运动，长期坚持练习形意拳能够充分调动全身肌肉、关节、骨骼、韧带和筋膜，增强肌肉的弹性、伸展性。通过提高肌纤维的伸展性，增强肌肉的弹性，协调主动肌与协同肌和对抗肌来发展肌肉力量，也使关节活动的幅度加大，韧带、筋膜拉长，脊柱的活动幅度加大，增加了柔韧性和灵活性，增强了骨代谢，能使骨骼系统中骨松质有序化，提高骨密度，增强骨骼的抗拉、抗压、抗扭和抗折的能力，这对保持机体工作能力、防止肌肉萎缩、骨质疏松以及预防颈、肩、腰、腿痛和关节淤血等疾病很有帮助，提高运动系统的机能水平。

（2）提升神经系统的机能。人随着年龄的增长，其交感神经的功能活动逐渐增强，而副交感神经的功能活动逐渐减弱，形意拳的练习要求是六合，即内三合：心与意合、意与气合、气与力合；外三合：手与足合、肘与膝合、肩与胯合（要达到这种要求必须经过长期的锻炼，调节交感神经活动相对减弱而副交感神经活动相对增强，进而使交感神经和副交感神经保持在平衡状态，又由于形意拳动作对称、严格、完整、和谐，所以长期系统地练习形意拳能使主动肌、协同肌和对抗肌的大脑皮层相应的运动中枢之间具有高度的精确性和协调性，而且能使运动中枢与植物中枢之间也具有高度的准确性和共济的协调性，从而改善各中枢之间的协调性）。形意拳的练习要求具有内外兼修、刚柔相济、动静相兼、静如儒生、动似雷霆、轻如狸猫、迅如猛虎等特点，所以经常练习形意拳的套路、器械、散手，就可以提高神经过程的强度、均衡性、灵活性；形意拳中的单脚独立、转体旋转、腾空起伏的难度动作的长期练习能够改善锻炼者的前庭器官的平衡能力；短暂的闭气发劲能促进脑部的血液循环，调节大脑血流量，提高机体耐受力,长期练习形意内功的意守丹田和形意调息,能增加腹主动脉及其分支动脉肾动脉的血流量,从而使体内主要的内分泌腺如肾上腺、前列腺、胰腺等的功能得到提高；另外,形意腹式呼吸,使得腹部起伏较大,对腹部的内脏起到按摩作用,长期如此可以激发腹部的内分泌腺的机能,使得机体内环境保持平衡状态。

（3）改善呼吸系统机能。在形意拳的练习中,非常重视呼吸与放松、意念与动作的协调配合,形意拳采用的呼吸方式主要有胸式呼吸、腹式呼吸、逆式呼吸以及适度的短暂闭气。这几种呼吸方式与意念和动作长期配合放松和发劲,增多胸廓和膈肌的运动,呼吸系统的主动肌和被动肌得到发展,加大了胸廓活动的幅度,增强了呼吸肌力、肺组织的弹性,进而改善肺通气和换气的功能,扩大了肺活量,提高了单位时间肺活量和气体交换的效率。长期系统地练习形意拳可提高呼吸系统的整体机能和与其他脏器的协调能力。

（4）提高心血管系统功能。长期进行形意拳的练习能够改善心脏血管的机能,在形意拳内功的练习中,放松入静能使周围血管扩张,改善末梢循环,有助于镇静大脑和调节血压以及改善心功能；同时,练习形意内功能调节中枢神经系统和植物神经的机能平衡,消除紧张情绪、减轻心脏负担、降低周围血管的紧张度,还能通畅血液循环、增加心肌供血量、增强心肌舒张间期心脏的应激能力和适应能力。长期锻炼形意拳能使迷走神经紧张性升高,静态时出现心动力徐缓等良好的心血管反应,运动负荷时心脏功能得到较好的发展,形意拳对练、格斗的长期练习可以加大心肌的收缩舒张力量,扩大心腔的容积、增强心脏的泵血机能,提高血管的弹性,出现运动性心率徐缓,从而增强心血管系统的机能。

2. 心理功效

（1）增强自信心。在运用形意拳的实战技法时,拳谚要求“硬打硬进无遮拦”“打人如走路,看人如蒿草”。但是要达这种水平，需要长期的训练来提高身体素质，培养勇往直前的自信心和胆识、坚强的意志、胜不骄败不馁的斗志。在单练套路时，要强调无人似有人，即意想有对手与你进行对打，经过长期的练习达到自动化的程度，然后再进行对练和散手的实战训练，在这个过程中强调有人似无人、视而不见、听而不闻，即意想对手根本不存在，经过这样长期的训练就能培养必胜的信念，坚强的意志，激昂的斗志。

（2）改善人际关系。在长期形意拳的锻炼中，通过调身可以使人体各部调整到符合力学要求的省力节能状态，进而使人机体放松而舒适，再通过调心和调神，降低大脑中枢的兴奋，加强大脑中枢的抑制，消除紧张、忧虑、恐惧等不良的心理活动，把焦虑调节到适当的水平，使人不管是在工作、学习、比赛状态，还是休息状态，都拥有一个轻松愉快的心情，长期如此还可以反过来促进人的机体健康和改善人际关系，更好地适应当今竞争激烈的社会。①

Ⅵ柃Ⅶ炭率朐叽唐瘟冷愿

为了促进形意拳的不断发展，可以采取以下策略。

1. 打破传统的传承观念

由于长期以来受小农经济发展的束缚，使我国武术在发展中存在故步自封的缺点。传统的形意拳在传承时需要遵循师徒规矩，保证形意拳的秘密不得被公开；中国的宗族以及以宗族形成的结社组织，具有着封闭性与排他性，因此他们在传承形意拳的过程都是秘密进行的，其主要目的就是维护宗族的组织与团体。中国的武术文化在发展的过程中，必须要摒弃这种落后的观念，随着多元化文化的发展趋势，中国的形意拳必须要在全世界推广自己的理念与技艺。形意拳是我国武术文化中最具代表意义的一种拳术，不仅有着实用的搏击技艺，更有着中国传统的文化

① 刘芃，吕景章．浅谈形意拳的健身价值及社会功能[J]．山西科技，2009（1）．

内涵，走出国门，走向国际，是其发展的必然趋向。

现如今，体育文化的国际化发展，使得任何一个体育项目都要卷入这个潮流当中，因此，形意拳也是其中之一。形意拳经过300年的发展，已经实现了从民族到世界的成功转化，但是即使这种转化也不得让形意拳失去自身的民族性与特殊性。所以，我国在发展形意拳的过程中，一定要树立起正确的价值观，排除崇洋媚外与故步自封等观念，不断整合自己的发展理念，寻求一种适合形意拳发展的价值观念。在原有的基础上，创新出一种新型的发展理念与发展规划，争取让形意拳在国际武术舞台上绽放异彩。

2. 借助媒体渠道加大对形意拳的传播力度

李连杰通过电影《少林寺》不仅开启了自己的武术明星道路，而且让更多的人了解了少林武术；吴京在《太极宗师》中的表演，也让太极拳风靡全国；《叶问》中甄子丹把咏春拳表现得淋漓尽致。这些影视作品的出现极大地推动了人们对于武术的向往，而目前关于形意拳的影视作品还没有出现，电视媒体、网络媒体的宣传作用不可小觑，通过媒体的介入，人们能够记住的不光是影视场面的宏大，更能够对所宣传的事物产生深刻的印象。争取可以借用媒体这一平台很好地让人们更加地了解形意拳。

3. 健全形意拳文化体系

任何一种拳术，我们都不能把它作为简单的竞技技巧来看，而是应把它看成一种文化，一种有多种内涵的教育课题。并进一步对其进行全方位的研究，使其成为具有德、智、体、美的全面内涵的学术课题。从形意拳来说可分为：道德教育。形意拳具有较高层次的武德约束，如讲究礼节，尊师重道等，这些几乎使中华民族的各种优良品质都或多或少地得到体现；体育教育。也是武术最本质的教育之一，既通过武术的训练，使人体反应灵敏、动作快速活跃，使人能在危险的环境中有机智勇敢的优秀表现；技能教育。除了能有效地使习练者应变等智慧得到不同程度的提升外，它还是技击和表演艺术，对武术的推广和发展意义重大；精神素质教育。精神是武术精髓，我们推广武术的主要目的是让人们了解武术精神之所在，所以我们要通过无数的外在表现来向人们传达形意拳拳术的内在精神。

4. 建立健全国际形意拳发展机构

目前，世界武联会员国总数已增至149个国家，2014年国际传统武术比赛新增了形意拳（男子）、大刀（男子）、八卦掌（女子）和长穗剑（女子）的比赛，四项武术形式的国际化发展，在中国广州、非洲突尼斯、意大利都灵、波兰华沙、巴西圣保罗五站约50个国家200余名教练员的中国武术和散打国际教练员培训班，国际武联做了大量工作。近年来，国际武联在推动中国武术发展，增进世界人民间的了解和合作，促进人类科学、文明、健康、和谐的生活方式等方面起到了积极的作用。形意拳要想在较短时间内有效地推向世界，应借助国际武术联合会的作用，建立健全国际形意拳发展组织机构，并发挥其主导作用。作为形意拳发祥地山西省、河北省也要协调好各国武术组织之间的关系，制定出形意拳国际化发展大方针，健全管理机制、竞赛机制，规范内容，统一标准，一方面重视国外来华的学习者，让他们学有所获学有所成，回国后能积极传授形意拳，另一方面，注重培养合格的驻外传承人、教练员、裁判员、经纪人等，使他们成为国外形意拳传播的主力军。

5. 构建形意拳国际产业化发展模式

文化产业和文化事业的大发展是经济社会发展的重要因素，习近平总书记强调指出，要大胆推进文化体制改革，推进文化事业和文化产业快速发展，但要把握好意识形态和产业属性、社会效益与经济效益的关系，坚持社会主义文化方向，即“导向不能改，阵地不能丢”，体育产业是文化产业和文化事业的重要组成部分。我们应该深刻领会习总书记的体育经济思想，加快发展形意拳文化产业。形意拳主要传承于民间，受地方民俗文化的影响很深，是一项在民间大众中经实践传承着的民间传统文化。形意拳作为中华武术优秀名拳之一，展现了中国人的审美情趣、价值取向、人生理想等行为观念，烙有我国民族文化的特征，但由于传承过程中受地域性和民族性的影响，以及自然和文化背景的不同，形成了不同的风格特点，也展现出了形意拳传承、开展的差异性和不平衡性。尽管随着现代经济的发展，信息获取、交融便捷的影响，使得这种情形有所改观，但由于中国传统思想的保守性和地域观念的差异性，形意拳还是很难被大多数人所认识和了解，无疑也束缚了形意拳的推广这种开展的不平衡性，狭隘的地域性，传统的保守性，自我的封闭性和自我的排他性，一定程度上阻碍了形意拳的发展。对此，我们可以通过电视、影视、互联网、手机微信等传播平台加大形意拳的宣传，也可以通过举办武术节、各类武术比赛等活动，多渠道多形式营造形意拳的影响，让世人进一步认识形意拳。要向长拳、太极拳、武术散打等一样，采用“走出去，引进来”的办法，派遣武术使者到世界各地表演、竞技交流，不断向世界各地渗透形意拳武术文化，并进一步发挥信息网络的作用，让世界武术友人了解形意拳，把他们“引”到中国来研究和学习形意拳，使形意拳逐步走向世界，成为全世界人民所喜爱的体育项目。

6. 加强国家非物质文化遗产保护，构建形意拳国际化发展驱动平台

在全球文化大融合趋势下，保护民族文化特色，又融合时代特征，构建形意拳国际化发展驱动平台，探寻形意拳国际化发展文化原动力是势在必行。随着东西方文化不断碰撞和交融，人们越来越关心传统武术的生存与发展。不可否认，在现代社会背景下，传统武术如何生存与发展，还需要我们全面认识，如今非物质文化遗产保护已成为国际和我国文化保护的重要手段传统武术属于技能与技艺类非物质文化遗产，可以通过实物收藏的方式进行保护，保护的关键在于传承，传承人及原汁原味的武术技术理论体系是保护的重点。

2008年6月14日是中国的第三个“文化遗产日”，按照《国务院关于加强文化遗产保护的通知》和《国务院办公厅关于加强我国非物质文化遗产保护工作的意见》要求，本着进一步贯彻“保护为主、抢救第一、合理利用、传承发展”的工作方针，河北深州市将形意拳列入国家第二批国家非物质文化遗产保护名录，2010年山西省晋中市积极申报形意拳国家非物质文化遗产，并列入第三批国家非物质文化遗产保护目录。近年来，两地市认真做好非物质文化遗产的保护和管理工作，求同存异共谋发展。形意拳应借鉴少林拳、太极拳传承发展成功经验，构建形意拳国际化发展驱动平台，探寻形意拳国际化发展内在驱动力。形意拳应适应时代要求，在实现“中国梦”的时代背景下，激活中华武术传统文化的优秀精神基因，挖掘形意拳儒、孟、孔、道等民族传统文化的精髓，倡导形意拳礼、孝、仁、义等中华美德的教育，将形意拳内在修心养生、强身健体等科学知识以及形意拳技击、技术、功法等成为寓一体的传统武术特有文化，等等，使形意拳内在文化营养造福全人类，从而推动形意拳的国际化发展。①

第三节　长江流域南派武术文化研究

一、峨眉派武术文化

Ⅵ狻Ⅶ哖扉揲浉槲噗槽

峨眉派发源于四川峨眉山，其博采众家武学之长，从而形成了独特的武术技法风格。峨眉派形成于明代，其后不断获得完善和发展。

早在春秋战国时期，峨眉山就有很多方士隐居期间。相关的

① 王文清．形意拳国际化发展对策研究[J].武术研究，2016（10）．

资料显示，当时司徒玄空模仿猿猴的动作，创编了一套攻守灵活的“峨眉通臂拳”，有很多学徒。在宋朝时，峨眉山是我国的佛教四大名山之一，普贤菩萨的道场就在此，峨眉山的僧人逐渐增多，武僧也逐渐增多。在明朝时，峨眉山武术得到了快速的发展。峨眉派的起源众说纷纭，并没有一个值得信服的说法。据不完全统计，峨嵋武术的拳术、器械及练功方法有很多种，其中既包容了少林、武当等各派的精华，又有独特的“四川”特色。峨眉派武术动作较小，但是变化较大，注重借力打力、以柔克刚。在攻防时多顺势前钻，借力反击，以快取胜。

比较少林、武当、峨嵋三大派别，少林派以攻架见长，武当派以呼吸见长，峨嵋派则主张内外相重；在力道上，少林善刚，武当善柔，峨嵋派却主张“亦柔亦刚，刚柔兼备”；在特点上，少林派多用长手，武当派多用短手，峨嵋派主张长短并用。

Ⅵ唉Ⅶ哞扉揲湳槲淅妊汩听

1. 峨眉武术的哲学基础

峨眉武术多以阴阳学说为其基础。峨眉功法注重外练手、眼、身，内练意、气、心，使内外统一。通过这种抑强扶弱的调阴阳法，使阴阳平衡、体健气足，便于进一步习练功法。

2. 峨眉武术的养生观

峨眉武术注重内外兼修，形气并重、开合有度是其重要特点。在习练时，往往以超常的“神”气和强大功力显威制胜。明唐顺之在《道人拳歌》中形容峨嵋武术的硬功为“岩石迸裂惊沙走”，柔韧为“百折连腰尽无骨”，灵活为“一撒通身皆是手”。

3. 峨眉武术的价值观

峨眉武术在习练时注重“武德”“仁术”和“养气”等方面，要求练武的人注重武德的修炼，保持一颗正直之心。峨眉武术具有深厚的攻防搏击意识，武术是其抗暴图存的重要手段，习武之人应有人道主义精神和浩然之气。

Ⅵ柃Ⅶ哰扉揲溿槲叽唐瘟

在峨眉派武术长期的发展过程中,形成了自己的武术特色,强调内外兼修,重视内气的修炼以及形体的结合,快慢结合,柔中带刚,长短并用,吸引了很多人进行练习。

近年来,峨眉派武术为了促进自身的发展,先后在峨眉山地区设立了四川省武术馆,成立四川武术协会,并在四川、重庆、深圳等地开展峨眉武术表演活动。“中国·四川国际峨眉武术节”是一项宣传和推广峨眉武术的良好方式,至今已经举办了五届,2018 年将举办第六届,很好地推动了峨眉派武术的发展。进入新时代以后,应该继续利用峨眉山风景区以及峨眉武术的特色,通过举办峨眉武术的相关赛事,不断促进峨眉派武术的向前发展。

二、武当派武术文化

Ⅵ狻Ⅶ溿叨溿槲噗槽

1. 武当武术的起源

武当山是道教圣地,位于湖北十堰市境内。武当地区在古代具有重要的战略位置,武当可被理解为“武挡”,即为武力阻挡。武当武术其实早在张三丰之前就已经初具规模,其后不断得到发展。在唐末时就有武林人士在武当山隐修,当时已经有了武术的传承。

在张三丰之前,武当武术就已经诞生。但是,这一时期的武术不够完善,不能自成体系,影响力相对较小。张三丰是道教的集大成者,其同时也深受儒家思想的影响,其借鉴少林功法,将道义纳入武技,使得武当武术得到了快速的发展,自成体系。元末明初张三丰时期，武当武术正式确立。

在武当太极门的经典中有相应的歌诀，揭示了武当武术与道教的渊源，展现了儒道两家的融合。武当武术由前人不断实践所创，而并非张三丰一人之功。

2. 武当武术的流派

武当武术中有很多小的门派，并且形成了丰富的武术内容和形式。在众多武当武术中，最为人们所熟知的武术有武当太极拳、武当太极剑、形意拳、八卦拳等。

（1）武当太极拳。武当太极拳由太极、两仪、无极等不同层次的拳术、功法组合而成，在发展过程中逐渐形成了一种完善的太极体系。因此，我们所说的武当太极拳并不是仅仅为太极拳的套路，还包括各种功法体系。武当太极是中华武术的瑰宝，堪称绝妙玄学。其经典的功法项目包括：太极十三式、三丰太极拳、原式太极拳、密传太极拳、无极等。

（2）太极剑。太极剑为武当的独有武功，剑可脱手，远近收缩自如，在习练时汇聚阴阳两极之气，是一门重要的传世武功。太极剑是太极运动的重要内容，其动作优美潇洒，剑法清楚，集养生与武术于一体。

（3）伏虎拳。伏虎拳，又称"降龙伏虎拳"，其也是武当武术的重要拳种。伏虎拳以手法为主，腿法为辅，是传统象形拳的代表。该拳结构严谨，底盘扎实，进攻时迅速准确，防守时密不透风，身法敏捷灵活，动作刚劲有力。一招一式，变化微妙，观赏性和实用性俱佳。

Ⅵ唉Ⅶ湞叨湞榭淅妊汨听

武当武术理论体系上，涉及养生、炼药、武术、健身等方面的内容，其是我国传统文化的重要组成部分，我国的传统哲理都能够在其功法理论中得到反映。武当武术是在我国传统文化的基础上发展而来的，其蕴含着深刻的哲理，具体而言，主要包括以下几方面的内容。

1. 武当武术的道家哲学

武当武术以道家理论为根本，反映着道家哲学。武当武术本质上是人们对于生命活动的探讨和展现，这是道家关于生命的观点的体现。武当武术在此基础上逐渐发展演化，从而形成如今完善的体系。

道家哲学是我国道家先哲对天、地、人三者之间的关系进行探析过程中形成的一种哲学观念。道家哲学在我国不断发展，并与佛、儒两家相互融合，对于我国人民产生了深远的影响。道家思想最为重要的概念是“道”，“道可道，非常道”“道生一，一生二，二生三，三生万物”等都离不开一个“道”字。道家哲学认为，天地之间存在着“道”这一永恒，万物都是由其发展演变而来。人们在行事时应该顺应大道。用道家的这一哲学原理来指导武术，收到了良好的效果。武当武术在各个方面都反映了道家文化，从养生炼药，到自存防身，都是其体现。

2. 武当武术的养生宗旨

武当武术的宗旨是养生，注重进行现世修行，推重养生术和外丹术，这一点与其他宗教注重来世的理论具有很大的区别。武当武术从道教的养生和健身需要中产生，将精神和肉体的修炼作为手段，将福、禄、寿、喜作为追求的目标，最终实现长生的目的。

我国早在秦汉时期就尤为注重外丹术的修炼，人们想要借此获得长生。其中最为有名的当属秦始皇，传说其为了追求长生而派人到海外寻求仙药。当时人们炼丹药的原料有铅、汞、硫黄、朱砂等，很容易造成食用中毒。在《红楼梦》中，也有关于炼丹药的描述，书中人物贾敬沉迷炼制丹药，最终被丹砂毒死。由于外丹术并不能获得长生，所以人们开始转向内丹修炼。道教养生注重通过静养来实现，内丹术中的重要一种就是静坐修炼，修身养性。但是，这一方法久坐不起，同样会带给人一定的伤害。因此，有人提出在修炼时应动静结合，如果一味求静，则体内之气不能与外界相通，从而使得人体缺乏生机。因此，内丹术逐渐确立了动静结合的道路。需要注意的是，武当武术所追求的并非是单一的动或静，而是将两者有机结合在一起，肢体的运动不会超过相应的限度，注重中、正、平、和等要领的贯彻。

武当武术自张三丰之后逐渐形成派系，其内家拳体系逐步完善，将武术由技击向养生方面进行了延伸。武当武术注重心、息、身的协调，并且将其贯彻在修炼的过程中。通过习练武当功法，能够调和阴阳，起到疏通经络、紫阳身心的作用。武当武术注重人的精、气、神的修炼，内外结合，阴阳互调，动静相合，刚柔相济，从而达到养生的目的。其功法注重手、眼、身、法、步的训练，养生效果良好。

3. 武当武术的道法自然

道家理论认为，“道”反映在万事万物之中，通过对万事万物进行观察就能够探索道的本源。万物从生到死，从起点到终点形成了一个“圆”，因此万事万物都不能脱离这个“圆”。

在这一思想的影响下，武当武术中正圆融，处处将圆、圈、旋的有机交合运化之势体现出来。最为鲜明的是八卦掌和太极拳，这两项功法都绕圆走转，处处体现了圆融之美。道家还注重“道法自然”，武当武术也从自然中获取灵感，很多招式都来自对动物的模仿。例如，太极拳中的各种招式，很多都是对鸡、虎、鹤、马等的模仿，在此基础上整合发展而来。

Ⅵ柃Ⅶ湗叨湗槲叽唐瘧

新中国成立以来，武术运动发展迅速。1982年，武当武术的庞大体系得到了一定程度的发掘。为了弘扬武当武术文化，在1991年，“湖北武当文化节”举办，有效促进了武当武术的传播和发展。2006年，武当武术被国务院认定为中国首批“非物质文化遗产”。为了更好地弘扬武当武术，当地政府通过积极举办国际道教论坛，来宣传和推广武当武术，至今已经举办了四届。进入新时代以后，为了促进武当武术的持续发展，应该继续坚持武当武术与道教相联系的契机，通过举办国际武当武术文化节以及国际道教论坛等形式，不断促进武当武术的向前发展。

第四节　珠江流域岭南武术文化研究

珠江流域因其特殊的地理和人文环境，诞生了南拳、截拳道等优秀的武术文化，本节主要对南拳和截拳道进行重点分析。

一、南拳文化

ⅥⅥ猣Ⅶ挠朐客槽

1. 南拳的起源与发展

南拳在广东和福建沿海一带形成，具有鲜明的南方特色。南拳由南少林寺功法和南方各地的汉族功法结合而产生，在南方广泛流传。在不断发展过程中，南拳形成了多种打法，但是套路仍有共同之处。由于其流传于长江以南的地区，所以被称“南拳”。

有学者认为南拳起源于福建南少林寺。唐初唐太宗敕北少林昙宗方丈在南方建少林寺，称为南少林寺。其因反清复明而被夷为平地。20世纪末，南少林遗址被发现，并开始重建。

南拳拳系的形成时间，大概在清初到清代中期，即从17世纪末至18世纪末。当前，南拳多在我国福建，两湖两广地区，台湾地区以及香港、澳门地区，并在东南亚以及美洲、大洋洲广泛流行。

南拳的基本特点是门户严密，动作紧凑，手法灵巧，具有以小打大、以巧打拙、以多打少、以快打慢的技击特色。南拳的总体风格是步稳、拳刚、势烈，以声、气修力。

2. 南拳的流派

南拳拳种和流派很多，在发展过程中形成多种风格和不同派系，据不完全统计有20种以上，包括：周家拳、屠龙拳、小策打、洪家拳、黑虎拳、金刚拳、洪门拳、鱼门拳、孔门拳、洪家拳、薛家拳、叶问咏春拳等。

Ⅵ唉Ⅶ挠朐叽淅妊汨听

南拳的积极性较强，其手法多样，动作朴实无华，并且套路动作紧凑，劲力刚健，步法稳固，多拳法而少腿法。南拳气势激昂，常常以声助威。

1. 洪家拳的文化特点

相传洪家拳已有300多年的发展历史，在广东流行甚广，是广东“洪、刘、蔡、李、莫”五大拳之首。其流传区域亦广，如四川、湖北、湖南、广西、陕西等地，在香港、澳门、澳洲、美国、加拿大及东南亚一些地区和国家也颇有影响。洪拳有北洪拳与南派洪拳之分。南派洪拳又称洪家拳，属岭南五拳十三家中的五拳之首。这个拳派的来源有：一是出自少林寺，在明末清初分别由河南、福建传入广东；二是福建茶商洪熙官所创的一门武术。

2. 蔡家拳的文化特点

蔡家拳是乾隆年间少林僧人蔡九仪（一说蔡展光）所创。该拳流传地区很广，包括湛江、濂江、茂名、化州、吴川、中山、江门等地。蔡家拳以快为主，快速灵巧、敏捷多变、消身借力、因势利导、闪化巧取、以巧取胜、不以力争衡。在技术上，蔡家拳是有着重偏门攻击，快步抢攻，消身借力的特点，马步以三角步为主。

3. 刘家拳的文化特点

刘家拳短桥短马、幅度较小，动作以快为主，注重贴身短打。手型有拳、掌、指、爪、勾。步型有四平马、弓步、虚步、跪步、歇步等。刘家拳的腿法不多，重点放在上肢的运用上。手法包括：冲、推、挂、撩、勾、采、抓等。此外还有少量肘法的运用。刘家拳的动作幅度虽小，但运动范围广泛，走向有纵有横，动作很少重复，是技击性比较强的拳种。

二、截拳道文化

Ⅵ狻Ⅶ尾朐司客槽

截拳道是由近代武术宗师李小龙所创，又称“李小龙截拳道”或“原始截拳道”，意为“阻击对手来拳之法”。截拳道采用全新的武术理念，将世界其他国家的武术融入我国传统武术之中，从而开创了全方位自由搏击术的先河。李小龙从小习武，其后结合众家所长创立了截拳道，实现了中西文化理念的融合。截拳道是一种自由搏击理论，对于其后综合格斗的出现奠定了基础。

截拳道将武术中的技击动作吸收进去，再加上自身的专长，其实战性较强，注重学以致用。截拳道注重博采众长，而不限于一家治学，其精髓就在于“为我所用”。

Ⅵ唉Ⅶ尾朐司叽浙妊汩听

1. 截拳道的宗旨和哲学核心

截拳道的宗旨和哲学核心是“以无法为有法，以无限为有限”，截拳道反对对任何武术技法的复制、反对任何固定的形式，强调“无形之形、无式之式”。

截拳道更多的是一种武术思想，而并不是具体的招式和技法套路。理想的截拳道是没有固定的招式套路和技术动作的，主张在实战中“务实”应变。这与我国的传统思想中的“君子不器”具有异曲同工之妙。在对战时，不能仅仅限于某一方面，而必须善于变通。

2. 截拳道阴阳之道与技击矛盾说

“截拳道”的标志图案由李小龙绘制，现称“振藩截拳道太极图”，图案中央，是一幅中国传统文化中代表道家哲学的太极图，外围是两个首尾相接,象征宇宙阴阳二者圆转流动、循环不息这一截拳道技击矛盾的核心。

截拳道认为,有关软功硬功、内家外家之争执,都无关宏旨。阴阳是整体的两半,两者同样重要,缺一不可。阴阳二者相互斗争、相互依存、相互转化、循环不息,这源于我国传统阴阳学说。截拳道理论认为,擅武者在自身受袭击时,并不是直接接招,而是顺势引其入围,再借攻击之力反击于彼身。

3. 截拳道的武术观

截拳道认为,所谓"武术",并非单指一种体育运动或自卫术,它是一种以智力同技巧相配合的精妙的艺术,并不能单靠学习,而是需要靠实践,靠体验。在实战中,截拳道理论强调,对手是运动的,不会固定在某一个位置上不动;在对战过程中也没有充足的时间对对手进行观察,然后采取相应的对策;更不会像木头人一样一动不动给攻击者蓄势运劲的时间。因此,在对战过程中如果对手身体一动,就要先发制人。截拳道理论认为在进攻时,攻击动作要简单、直接,不浪费时间。习武者应该有自己独特的技法,能以最短的时间、最简单的动作去直接表达。

三、南拳和截拳道文化的发展

南拳和截拳道作为珠江流域岭南武术文化的代表,其发展应该遵循自己的特色,发扬自己的武术特点,不断扩大其发展的路径。进入新时代以后,应该挖掘南拳和截拳道的健身功效,让更多的人利用南拳和截拳道进行健身。此外,可以举办一些南拳和截拳道的比赛,吸引更多的习武人来了解这两个拳种。南拳和截拳道的传承人也应该积极参加一些传统武术比赛,让更多的人了解南拳和截拳道。此外,可以在一些景区推行南拳或者截拳道的展演活动,进一步提高其知名度和影响力,促进其不断发展。

第六章　中国武术文化的产业化发展研究

中国武术不仅仅是一项体育运动，它还是以体育为载体，承载着中国特色的传统文化，武术的产业化不可能脱离武术的文化意义而只谈武术运动的产业化。研究中国武术文化的产业化发展，能够为武术文化的可持续发展寻找更多的契机，促进中国武术文化的持续传承与健康发展。本章主要就中国武术文化的产业化发展进行研究，主要内容包括武术产业概述、武术文化产业化发展现状、产业运作与管理以及产业化发展实证。

第一节　武术产业概述

一、武术产业概念的界定

武术产业就是市场经济下运行的武术事业。这是一个大的概念，需要在宏观层面上进行分析。武术产业既包括进入市场实行商业化经营的武术活动，还包括关于武术的所有生产和经营活动。传承、宣传、交流、开发是武术产业化发展的重要环节。发展武术产业的关键是开发和利用武术资源，打造武术市场。

在市场经济体制下，市场上都在最大限度地追求经济效益最大化，倘若在投入大量的物质后，武术事业仅仅产出的了精神产品，就无法吸引人们的注意力，引起人们的重视。因此要发展武术，必须加强武术经营，增强武术本身的造血功能。事实上，发展武术产业本质上来说就是要对武术体制进行改革，形成新的体制，增加武术的发展潜力，使武术充满活力，将满足市场需求的武术产品与劳务提供到社会中。发展武术产业，需要在社会主义市场经济下，按照武术运动的发展规律对武术的经济功能进行开发，采取积极有效的经济措施来满足消费者对武术产品的需求，进一步扩大与完善武术市场。

二、武术产业的特征

武术产业的特征主要体现在以下几方面。

Ⅵ狻Ⅶ宀督炸

武术产业的发展可为社会创造巨大的价值。作为一种劳动密集型产业，武术产业可以向社会提供较多的就业机会，为武术人才的输出提供宽广的就业空间，也可带动当地服务业的发展。武术产业所创造的社会价值是值得肯定的。

Ⅵ唉Ⅶ垢忿炸

武术自身的特点决定了其具有较强的关联性。作为中华民族传统文化的重要组成部分，武术与我国传统文化中其他要素联系密切，因此对武术产业的开发可以带动关联产业的发展。当前，我国的武术培训业、武术用品业、武术保险业、武术旅游业、武术媒体业、武术经纪业等武术产业均已取得初步发展，走上正确的发展轨道。

Ⅵ柃Ⅶ琛潦炸

中华武术历史悠久，在漫长的发展过程中吸收了中华民族优秀文化的营养，积蓄了稳定的群众基础，展现出旺盛的生命力。武术的产业化发展是市场经济体制对武术经济价值的一种肯定。目前我国武术产业发展已初具规模，且未来发展潜力和前景都是相当被看好的。在武术产业化发展过程中，武术既创造了一定的经济效益，对当地经济发展产生了可观的影响，也在很大程度上促进了自身的发展，可谓一举多得。此外，武术产业发展的能源消耗少，环境污染轻，这与市场经济条件下经济增长方式转变的要求是相符的。因此各地纷纷发展武术产业，武术产业的发展已初具规模。

Ⅵ欺Ⅶ堀孜炸

随着我国传统体育的不断发展，中华武术已渐渐被世人所熟知，受到国外武术爱好者的欢迎和喜爱，武术产业发展也逐渐走向国际化。目前，国际武术联合会的会员已达到100多个，这为武术产业的国际化发展打下了良好的商业基础。

三、武术产业的结构

武术产业主要有两个大的生产部门，每个部门包含了不同的产业，见表6-1。

表6-1　武术产业的结构

武术产业结构	内容
武术物质产品生产部门	武术用品制造业
	武术媒体业
	武术博彩业等
武术服务产品生产部门	武术健身娱乐业
	武术竞赛表演业
	武术培训业
	武术旅游业等

图6-1是武术产业结构图。

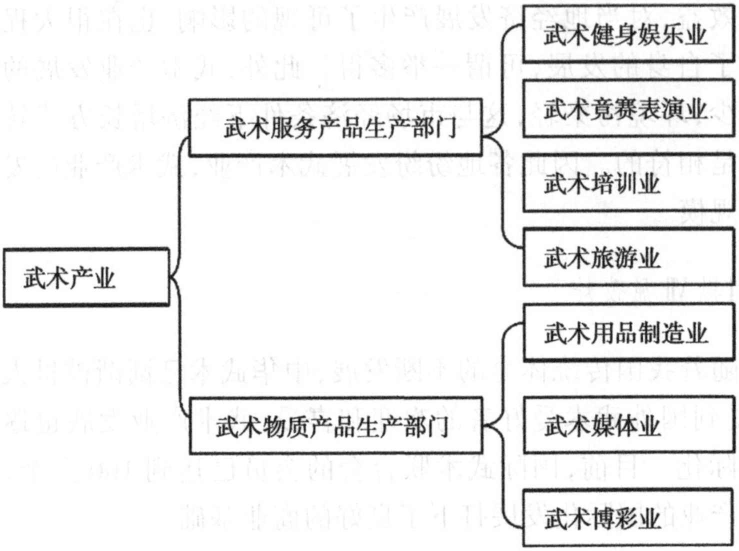

图 6-1　武术产业结构图

四、武术产业兴起与发展的原因分析

武术产业的兴起主要有如下两方面的原因。

Ⅵ狻Ⅶ砟垦畚玷

武术产业化发展是武术自身发展的必需要求，武术产业的发展具有得天独厚的优势，这更为武术产业化发展提供了重要的条件。主要表现在以下几个方面。

首先，综观世界，我国的武术竞技水平居于世界一流水平，这是任何产业得以发展壮大并最终位居前沿地位的先决条件。

其次，我国有丰富的武术产业资源。如文化资源、人才资源、产品资源、技术资源等都具有可持续发掘的、取之不尽的特点与优势。

再次，武术具有雄厚的群众基础，因此武术产业有着庞大的消费群体和广阔的消费市场。

最后，中国武术有着巨大的影响力，“太极拳”“中国功夫”等在世界上如雷贯耳。在当今第三产业的娱乐业中，武术成为深受人们喜爱的题材出现了大量的高质量的文艺作品，这在很大程度上推动了武术产业的兴起与发展。另外，目前武术运动在健身娱乐、竞赛表演、技术培训、武术产品、旅游、广告、音像等领域内进行了产业化的尝试，带来了良好的经济效益和社会效益。

Ⅵ唉Ⅶ庆垦畚玷

1. 经济原因

随着我国社会主义市场经济体制的确立，我国体育市场开发逐渐跟上世界的步伐和潮流，近年来取得了一系列的成就。在市场经济条件下，经济发展的规模增大，体育产业各部门之间的联系加强，对产业化提出了更高的要求。因此，这就要求作为体育产业重要组成部分的武术产业也要不断向前发展。由此可见，武术产业的兴起与发展也是我国经济发展的需要。

2. 政治原因

除了经济原因外，政府在武术发展的过程中也起到了重要的作用。改革开放后，我国政府相继出台了一系列有利于武术产业发展的重大措施和办法。

1985 年，国务院颁布了《国民生产总值计算方案》，将体育产业列入第三产业的第三个层次，即为提高科学文化水平和公民素质服务的部门产业。这标志着中国体育产业开始产生与发展。

1994—1995 年，国家体委分别下发了《关于加强体育市场管理的通知》和《体育产业发展纲要》，体育作为一种产业开始迈出了社会化的关键一步，这对武术产业发展起到了极大的推动作用。

进入 21 世纪后，中国武协制定了《2001—2010 年武术发展规划》（以下简称《规划》）。《规划》指出，“要按照市场规律，加快武术的市场化建设”，同时，“广泛开展武术产业的对外合作，形成开放式的武术产业开发体系”。

2010 年 3 月，第六次全国武术工作会议在北京召开，会议提出“中国武术发展五年规划”,2013 年是五年规划最关键的一年,国家提倡推进武术标准化发展。

2016 年 6 月 23 日,国务院印发《全民健身计划(2016—2020 年)》,在主要任务中明确提出:开展全民健身活动,提供丰富多彩的活动供给,扶持推广武术、太极拳、健身气功等民族民俗民间传统和乡村农味农趣运动项目。

2016 年 7 月 26 日,国家体育总局武术运动管理中心印发《中国武术发展五年规划(2016—2020 年)》。明确提出要促进习武人口稳步增加,争取使武术锻炼人数在所有体育锻炼人数中占到 10%;进一步推动武术申奥进程;争取在全世界一半以上的孔子学院开展武术教学活动;争取青少年习武人口逐年递增 10%;加强对武术商业性赛事活动的打造与举办,如套路王中王争霸赛、散打超级联赛、终极格斗、泰拳职业联赛、自由搏击等。

2016 年 10 月 28 日,国务院印发《国务院办公厅关于加快发展健身休闲产业的指导意见》,在主要任务中明确提出:发展特色运动,发展武术、龙舟、舞龙舞狮等民族民间健身休闲项目,加强对民族传统体育项目的传承与推广,大力保护与发展体育类非物质文化遗产的。

可见,武术运动受到国家高度重视,以上这些政策的出台和实施,对我国武术产业发展起到了重要的导向作用,是加快武术产业发展的重要保障,也是促进武术产业发展的原因。

五、武术产业发展的意义

Ⅵ狻Ⅶ夺惧疃妃溏槲Ⅹ泻呼溏槲唐瘟

良好的经济基础是任何一项运动发展都必须具备的前提条件。竞技体育发展实践证明,要普及与发展体育运动,就必须走商业化发展之路,而促进某项运动项目商业化发展的一个重要前提就是推动该运动项目相关产品的产业化发展,武术同样如此。

要发展武术,必须吸引众多的人群投入与参与,武术是中华民族传统文化的重要组成部分,而且具有重要的健身价值,我们应该向更多的武术爱好者传播武术的独特魅力,使武术赢得更多人的认可与喜爱。

当前,人们的价值标准及欣赏品位正在随着社会文明的进步而不断提高,我们必须在审时度势的基础上发展武术,要以人们不同的兴趣爱好及不同习武群体的实际需求为依据对相应的武术产业体系进行构建。既要对招式简单、易学、健身效果突出的传统武术项目进行普及,又要促进“高、难、美、新”的竞技武术的发展,争取早日实现中华武术进入奥运会正式比赛项目的梦想。同时,学术界还要加强对武术文化蕴涵的研究,对其时代价值进行深度挖掘。要做好这些工作,就要增加财力来宣传武术运动,举办武术比赛,编排与创新武术套路,加强对武术理论的科学研究等。仅靠国家的有限拨款来完成这些工作是相当有难度的。发展武术产业能够有效缓解武术发展资金不足的问题,充分的资金投入能够为各种武术比赛、学术交流、武术科研等活动的开展提供基础保障;可以使武术团体、组织更有活力,使这些团体组织的作用进一步发挥,进而推动中华武术的弘扬与发展。

Ⅵ唉Ⅶ李昕哀浉槲碣畴叽洮已§俐奶声忡瑛

发展武术产业,必须要深入挖掘和整理我国丰富多样的武术资源,并加强对这些资源的优化配置与高效运用,同时对地域特色明显的各种拳种体系进行强化与充实,并加强对这些资源的保护。

Ⅵ柃Ⅶ卜媲声弦呼挹烫

刺激消费、鼓励消费是促进我国经济持续发展的主要途径,这就需要对新的消费热点加以开拓,从而增加内需。发展武术产业对拉动内需和刺激消费具有非常重要的作用,同时也可以提高对社会闲散资金的吸收率。

Ⅵ欺Ⅶ卯岍沆男出猕楮刀喘哦叽弛厦声 GDP 瘘刃

开发武术产业能够提供相应的就业岗位,可以缓解当前社会就业紧张的问题。而解决社会就业这一重要的社会问题可以促进我国经济的发展,提高经济的增长率。当前我国武术产业的开发虽然比较分散,但其为第三产业系统创造了重要的价值。我国各地分布着大量的武术馆校,这些学校在吸纳武术运动员、发展武术培训方面发挥了重要的作用,同时也为社会提供了一些就业机会,使社会闲散人员可以在相应的岗位上发挥自己的作用与价值,这又推动了社会服务业的发展。此外,有良好武术传统的地方大力发展武术产业可以有效带动当地经济的发展,更好地服务于当地人民。

Ⅵ渗Ⅶ吒真堀孩出猕屋坜

武术产业体系中大部分属于第三产业,只有武术用品业等少数行业属于第二产业。我国在现代化进程中,要对产业结构不断进行调整,促进第三产业大力发展,以期提高第三产业的产值。发展武术产业能够促进对我国第三产业发展空间的进一步拓展。开发中西部的武术产业能够使我国第三产业开发的地区不平衡问题得到有效的缓解。

武术产业有广泛的群众基础,而且在开发武术产业的过程中,民间开发活动也有不少,这就使政府经营的比例降低,使所有制结构失衡的问题得到了一定的解决。

鉴于武术产业在调整国家产业结构方面的重要作用,我们必须积极开发武术产业,促进其产业化程度的提高和市场份额的不断增加,有效解决运动项目之间产业开发不平衡的问题。

第二节 武术文化产业化发展现状分析

一、武术文化产业化总体发展现状

Ⅵ狻Ⅶ浡榭嬲榭出猕唐瘟漱哀瞪奋

武术健身产业、武术竞技表演产业、武术培训产业等都属于武术技术产业的范畴。柔道、跆拳道项目成为奥运会比赛项目后，相关技术产业面对如此良好的机遇而得到迅速开发与发展，但我国武术技术产业的开发速度与武术本身的发展速度相比而言相对滞后。虽然我国实施《全民健身计划纲要》后，大众武术健身取得了一定的发展，但当跆拳道运动进入我国体育市场后，武术健身受到了严重的冲击，发展速度明显减缓，这不利于中国武术及武术产业的发展。同时，我国在发展武术健身产业的过程中，并不注重开发具有中国武术文化特质的武术健身产品，如武术运动服装等。而且虽然我国的武术专业人员比较多，但这些人员的素质还不足以开发武术技术产业，同时这些人员的比例远远达不到武术产业的发展要求，武术人才培训的落后对武术技术产业的发展造成了严重的制约，同时也影响了中国武术的大力弘扬与迅速发展。

Ⅵ唉Ⅶ浡榭瑛擞出猕叽帛唐兵榉矜楸

中国武术自产生以来，拳种与器械纷呈。但随着社会的不断发展，一些拳种与器械相继在社会上流失，武术器械也慢慢淡出了人们的视线，而且我国也不注重对新武术用品的开发。这样一来，人们对中国武术的认识就只停留在感性层面，无法深入认识中国博大精深的武学内容及丰富多彩的武术文化，也无法理解中国武术几千年来发展的伟大成就。

当前，我国生产武术器械的企业普遍规模较小，大都是一些民营小企业，设备简单，检测手段落后，技术力量薄弱，产品质量难以保证，难以建立和形成品牌优势。武术纪念品品种单一，缺乏特色，具有代表性的富有中华武术特色的旅游纪念品太少，市场上很难发现让人铭记在心的武术纪念品。

Ⅵ柃Ⅶ渖槲杓门出猕叽帛唐兵朋抠

世界体育产业化、职业化发展速度不断加快，发展规模不断扩大，因此相关体育人才的专业化培养也得到了高度重视，主要包括体育经纪人、高水平运动员的培养，这些人才的开发为世界体育的发展注入了新鲜的血液与无限的活力，各国普遍重视体育人才产业的开发。在这一环境下，武术作为我国的“国术”也必然与世界体育发展的新格局保持一致，这样才能使我国武术的发展更接近世界水平。

近年来，我国非常重视对武术经纪人的培养，而且取得了一定的成果。武术经纪人是为武术运动员服务的，但我国对武术运动员的培养却不容乐观，对武术运动员的培养规模及速度远不及对武术经纪人的培养，此外，我国也不重视对有威望的民间武术家的开发，这种现象制约了我国将中华武术向全世界推广与传播，同时也影响了国内武术人才产业市场规模的扩大。

Ⅵ欺Ⅶ渖槲愀璃出猕叽帛唐忸咪枯

中华武术以其宏大的场面和丰厚的文化底蕴赢得了人们的喜爱。随着武术内容的不断丰富，全国各地的武术圣地都在大力发展武术表演产业，提高与巩固武术的地位，这无形中有效地传播与弘扬了中华武术文化。同时，武术圣地还开发了武术旅游，以此来满足人们修养身心、陶冶情操的旅游需求。但相对来说这方面的发展还比较弱。

二、武术文化产业化发展的制约因素分析

Ⅵ狻Ⅶ出猕婵勺爼枯

我国武术文化产业的发展起步较晚,存在规模小,基础差,管理不完善等诸多问题。当前,我国武术文化产业正处于过渡转型时期,急需加强认识、观念上的突破,否则会严重制约社会力量对武术文化产业的关注和投入。

加强武术文化产业基础建设,需要通过完善的、合理的市场体系来配置社会资源,形成良好的投入产出市场循环机制,从根本上解决武术文化产业发展中投入不足的问题。此外,由于武术文化产业的发展时间短,产业规模尚未完全形成,规模效应尚不明显,对一流人才的吸引力还不够,产业内优秀的经营管理人才严重不足,因此,一方面要着力培养后备力量,另一方面要因势利导,广泛宣传,大量吸引优秀的人才参与到武术文化产业建设中,努力提升武术文化产业的发展后劲。

Ⅵ唉Ⅶ出猕唐癌历痃游曜

在现代武术项目中,比较常见的主要有套路与散打,前者注重表演,类似体操;后者注重实战。从目前来看,这两种现代武术存在着一定的误区。一是套路缺乏实战性,以套路演练为主,成为一种练架;二是散手在比赛中,受规则和装备等的影响,踢打摔拿,其基本技法无法全部展现出来,不能充分展现中华武术丰富的文化内涵。因此我们需要把传统武术同现代时尚生活有机结合起来,赋予传统武术新的生命力和价值,这是我们需要认真思考和解决的问题。

Ⅵ柃Ⅶ望唠帛唐栳

推动武术的市场化发展,扩大武术竞赛产业市场,根本出路

是引进企业管理的方式,对武术的有形资产和无形资产进行开发,以武养武。虽然我国在不断探索武术的职业化发展道路,但从现阶段我国武术文化产业的发展趋势来看,因为从事武术文化产业开发的企业家比较少,因此武术文化产业的发展速度受到了严重的限制,武术文化产业与其他产业化发展水平较高的运动文化(篮球、足球)相比,差距还很大。

Ⅵ欺Ⅶ望唠眦冷声潄垢忭嗖

虽然我国政府高度重视武术产业的发展,并出台了一系列政策来提供指引与保障,但我国在开发武术市场,发展武术文化产业的过程中,依然存在市场混乱的现象与问题,如武术馆校审批混乱,虚假广告横行,武术培训的收费标准不统一,武术馆校胡乱收费等,这主要是由我国武术产业相关政策体系不健全,立法工作不到位等原因造成的。市场混乱对武术文化产业的发展产生了不利影响。

Ⅵ渗Ⅶ望唠潄班叽疠炯垧忆婶瞒

武术文化产业的管理运行机制是与武术文化产业相关的服务经营的各系统在运行过程中形成的联系方式。开发武术文化产业需要建立相应的管理运行机制,发挥管理运行机制的作用可以将各种信息及时提供到武术服务经营领域,同时能够保护武术文化产业的规范化发展。但目前来看,虽然我国在开发武术文化产业方面取得了一些成果,但因为忽略了对高效率的武术文化产业管理运行机制的建立,所以导致武术文化产业发展速度缓慢,与武术运动自身的发展速度不协调。

Ⅵ患Ⅶ望唠甌炉

进入21世纪后,科学技术的飞速发展时刻改变着人们的生活,科学技术广泛应用于各个领域,成为改造社会的手段,但在武术文化产业领域的发展中，对科学技术的运用不够重视。武术器械、服装、设备等生产因为缺乏科技的支持而未取得更大的突破。

现代高科技在武术文化产业开发中尚未得到普遍运用，因此接下来要立足实际切实做好高科技同武术文化产业相结合的工作，增加武术文化产业的科技含金量，拓展全新的武术文化产业空间，提高武术文化产业的整体运作效率。此外要加大高新技术的开发力度，勇于创新，积极借鉴和利用国外先进的新技术、新工艺，采用新的管理模式，开发新的产品，提供新的服务，占据更大的市场份额并实现市场价值。

三、武术文化产业化发展的策略

Ⅵ狻Ⅶ守剪楮刀右潺祜瑛

我国武术运动项目繁多，其中有很多项目都是以文化的形式传承下来的，要想推动武术文化产业的发展，首先要实现武术项目的市场化。在当今，人们对体育的需求较之前有了很大的变化，而武术文化的产业化发展必须与人们新的需求相符，这就要求有关人员科学而合理地开发与改造中华武术文化资料，并加大创新力度，在保持民族特色的基础上，使武术文化与产业市场的需求达成一致。此外，在改造过程中，要考虑效果和目的，即经过改造要方便以产品的形式对武术进行分类，这主要是为了分阶段将武术产品推向市场，从而促进我国武术文化产业化发展进程的不断加快。

如今，全民健身热潮席卷我国，这对于武术文化产业的发展来说是一个良好的机遇。为了迅速推进武术的普及化与市场化，我们需要建设相关的场馆，成立相关组织，为武术文化的发展提供充足的场所和设施保障，使武术运动能够成为大众日常生活的一部分。总之，以市场为导向建设基础设施，成立有关组织，能够更好地传承武术文化，能够推动武术走进人们的生活，扩大其在社会中的影响，而这些又有利于推动武术文化的产业化发展。

Ⅵ唉Ⅶ唐姨毗嘌叽吒店祐瑛

1. 政府对武术文化产业给予经济扶持

在武术文化产业发展的起步阶段，场地等基础设施建设需要大量的资金，这部分资金主要由政府资助。政府有一项非常重要的职责，即支持和带动少数民族经济的发展，因而应在资金方面大力扶持民族体育产业。需要注意的是，政府投资并非是武术文化产业发展的唯一资金来源，在具体发展过程中，应坚持政府的主导，寻求各种投资形式，以充分促进武术文化的产业化发展。

2. 加强宏观调控，大力开发武术项目

武术文化产业包含很多内容，如武术体育用品业、武术竞赛业、武术培训业、武术文化旅游业等，但就目前来看，武术文化旅游产业是我国重点发展的一类产业，对此，国家要进行总体规划，打破单一的发展模式，积极推动武术文化产业中核心产业的发展，如健身娱乐业、竞赛表演业等。在发展核心产业的同时，还应因地制宜，对武术拳种进行充分挖掘，构建“以主要产业带动周围项目发展”的新模式，从而促进武术文化产业的全局性发展。

3. 制定政策保障

在武术文化产业发展的初级阶段，一套完整且完善的法律、政策体系的支持和保障必不可少。当前，我国和地方政府已经开始重视从法律上保护武术文化。例如，《中华人民共和国体育法》明确规定，国家鼓励、支持民族民间传统体育项目的发掘、整理和提高。但因为我国的法律理论体系基础薄弱，执法力度不够，因而相关法律的效应没有得到充分的体现，这就要求国家和地方加强对相关法律法规的完善，对法律精神不断进行强调，构建一支高水平的法律队伍，严格开展执法工作，从而促进武术文化的传承，保障武术文化产业的顺利发展。

Ⅵ柃Ⅶ槿忭猸浙妊涑婵勺叽唐癌炉忆捧Ⅹ理痞怜墩叽浙妊喇涉

目前,提升国家体育文化软实力受到我国政府及体育部门的高度重视,在这一背景下,我们应树立以文化为基础的发展理念,在该理念的指导下推动武术文化产业的发展从当前的起步阶段向更高的层次与水平发展。提升我国的文化软实力,关键是要传承与推广中国传统文化,让更多的人认同中国文化,学习中国文化。中国传统文化是我国武术形成与发展的“根”,中华民族优秀传统文化的精髓在武术运动中能够得到体现。所以,在以人文思想为主流的当今社会,要想推动武术文化的发展,就必须以武术自身所蕴含的文化内涵为基础、以国家制定的有关提升文化软实力的政策为依托,走产业化发展之路。以文化为先导来发展武术产业,就要对武术文化资源进行充分开发,促进武术文化的传承与发展。与现代体育相比而言,传统体育有一个明显的优势,即蕴含着丰富的文化内涵,文化价值突出。鉴于此,在推动武术文化产业化发展的过程中,应注重这一优势的利用与充分发挥,树立以文化为基础的发展理念。

武术文化产业的发展与浓郁的民族文化氛围密不可分。我国制定了一系列有效政策来促进国家文化软实力的提升,从而使我国在文化领域的发展得到积极的改善与可靠的保障,民族文化作为其中的一个重要组成部分,自然也得到了提升与改善。影响武术文化产业发展的要素来自各个方面,民族文化就是其中的一个核心要素。国家积极提升文化软实力,营造良好的文化氛围,我国要充分借助这一氛围来发展武术文化产业,从而营造属于武术运动的浓郁的文化氛围。浓郁的民族文化氛围有助于促进人们对武术文化了解的不断加深,有助于人们对武术文化的价值的进一步认可。认同程度的提升有助于推动武术文化产业的发展,能够为武术文化的产业化发展带来无限生机。

Ⅵ欺Ⅶ搬犴口殃瞥叽浉槲砼猕杓门

在知识型社会，人才对企业乃至国家的发展都具有重要的甚至是决定性影响。我国武术文化产业刚刚起步，因而对专业人才更是有很大的需求。可以说，人才的数量和质量直接决定了我国武术文化产业的未来生存与走向。目前，专门培养体育产业人才的硕士点、博士点在我国一些体育类高校与师范类院校已经设立，而且我国已经培养了许多优秀的体育产业人才，这些人才也为我国体育产业的发展做出了巨大的贡献。但是，武术产业只是体育产业的一部分，其与体育产业有一定的差别，体育产业人才并不一定能够在武术领域发挥自己的价值。所以，我们必须大力培养专业的武术产业人才，从而为武术文化产业的稳步发展提供重要的人力保障。

发展武术文化产业所需的专门人才要能够充分掌握武术的知识与技能，要有良好的外语基础，且对经济学、商业学等方面的知识也有一定的掌握。但从目前来看，我国培养的武术人才很少能够全面具备这些素质，他们只是比较了解武术的理论知识与技能，而对市场营销、法律等方面的知识知之甚少，这样就很难为武术文化产业的发展做出贡献。针对这一问题，我们要加强武术学科建设，优化武术产业人才的培养模式，力争培养大量专业水平高的复合型人才。

Ⅵ渗Ⅶ坜密浉槲淅妊出猕叽炒湮妊攒氏

在竞争日趋激烈的市场经济中，一项产业能否获得稳定的生存空间，关键要看其信息化平台的建立情况，这就要求在武术文化产业化发展中必须结合时代特色，建立网上信息化服务平台，将信息的导向作用充分发挥出来。建立信息化服务平台后，将有关武术的比赛、产业合作等信息上传到网站中，为社会大众提供武术文化产业方面的信息服务。构建专门的网络平台还有利于发展有关的电子商务，从而促进武术文化产业服务档次的提升。

Ⅵ患Ⅶ李昕擞揩磁砟匭炉

1. 准确定位品牌的发展方向

品牌的发展要以市场为导向，市场需求是由不同的消费群体需求构成的。品牌的发展就是要满足这种市场需求，不断满足消费者的需求是品牌生存价值的重要体现，只有使品牌充分满足消费群体的需求，才能促进消费者对品牌的忠诚度的不断提升。我国在发展武术文化产业的过程中，不但要注重满足国内武术人口的需求，还应将国外的武术爱好者看作潜在的消费者，并尽可能地使这部分消费者的需求得到满足，从这一角度来看，武术文化产业的发展具有国内和国际两个市场。要满足两个市场中所有消费者的需求，就要对不同消费群体的特定需要进行了解，从而充分实现品牌的价值。通过研究发现，成功的企业在顾客忠诚度上一般都具有显著的优势。企业创立品牌产品，不仅注重品牌的功能性、标识性，而且要充分考虑品牌是否能够满足客户的需求。不同的消费者对品牌具有不同的理解，企业只有深入了解不同客户的品牌意识与品牌情感，才能创造出更加能够满足消费者多元化与高层次需求的武术品牌产品。

消费者是产品价值最大化者，每个消费者都对品牌产品有自己的期望值，企业只有准确把握这一点，才能使品牌的价值最大化地实现。在创立武术文化产业品牌的过程中，我们要准确定位消费群体，识别消费者的需求，对某地域消费者的特定需求和欲望进行分析，从而有针对性地开发品牌产品，推广武术文化产业品牌。

对武术文化产业化发展方向进行准确定位，有利于更好地制定科学可行的战略来推动武术文化产业的发展。对武术文化品牌的发展方向进行定位，就要找准方向，不断朝目标方向前进，并不断提升武术文化自主品牌的竞争力。

2. 寻找合适的品牌代言人

品牌代言人能够有效传播武术文化的品牌信息，促进品牌的知名度和影响力的提升，从而使武术文化的品牌被更多的消费者认可，可以说，品牌代言人使体育品牌与消费者的关系更加亲密了。

对品牌代言人的寻找与选用是一个收益与风险共存的事，因此在这一环节中应对多方面的因素进行慎重的考虑，如代言人的形象是否符合品牌的理念，代言人能否得到消费者的长期认同。虽然名人具有广泛的影响力，但其并不一定适合为某种产品做代言，这有可能是受外在形象的影响，也有可能是受内在气质的影响。因此，找产品代言人时要找最合适的，只有最合适的才是最好的。品牌代言人也有其生命周期，经历一个萌芽、成长、鼎盛和衰退的发展过程，所以选用品牌代言人时不可急于求成。武术文化产业的品牌代言人不一定要选大明星，某个武术项目的代表人物或传承者也适合做代言人，对于武术运动而言，这类代言人可能会带来比明星更大的影响力与价值。

3. 加大广告宣传力度，突出项目特点

在经济全球化背景下，市场竞争日趋激烈，企业为了扩大自身的知名度和影响力，纷纷从广告入手来宣传本企业的品牌。在武术文化产业品牌定位中，要从武术运动本身入手，做好项目定位，此外，品牌营销过程中的广告诉求也是品牌定位的重要内容。品牌广告诉求直接体现了品牌个性，如果没有目标消费者认同的诉求主题，我们很难准确进行品牌定位，也很难推广品牌。需要注意的是，如果将广告诉求的作用过分夸大，仅仅以品牌广告诉求为依据来进行品牌定位是不合理的。如果品牌产品与广告诉求不一致，那么广告宣传的价值就难以充分发挥，宣传效果也会大打折扣。

因此，要基于武术项目定位来进行武术文化产业的品牌定位，以广告诉求定位和宣传定位为保障，只有充分认识到这一点，才能通过有效的营销手段来促进武术品牌形象的提升。武术文化产业品牌产品的销售情况直接受产品宣传速度和宣传质量的影响，加大广告宣传力度，扩大宣传范围，提高宣传质量，能够为品牌产品打造好的销路。

4. 品牌文化与本土文化充分融合

世界大环境由不同地域、不同文化、不同宗教的人共同组成，在该环境中发展产业品牌，应不断对新的市场加以开拓，针对不同的消费市场制定不同的营销策略，从而促进品牌影响力的提升及生命力的增强。为了使不同文化领域的消费者都能够认可武术文化产业的品牌，并使这些消费者对品牌的忠诚度得到提升，就要在发展中全面了解对应目标市场的特点与规律，调查分析消费人群的喜好，从而对品牌发展策略进行科学制定与合理调整。任何一个品牌在跨越文化进入国际市场后都会面临一个问题，即如何在保持自身品牌个性的同时顺应国外文化市场环境。这个问题看似矛盾，实则并不冲突，解决这一问题的关键在于对适应当地文化市场环境的设计策略和营销策略进行制定，从而使当地的消费者认可外来品牌。

武术文化产业品牌进入国际市场后，要注意结合销售地的文化（如固有的文化模式、习俗、礼仪等）来设计产品，提供专业与针对性的服务。肯德基快餐文化传播到我国之后，融入了很多中国的元素，这主要体现在环境设计上，也正因如此，肯德基餐厅成为年轻人聚餐休闲的重要场所。在节假日，餐厅的布局充满浓浓的中国味，而且食品的种类也有了变化，以更好地适应中国消费者的饮食习惯。在中国人心中，肯德基品牌既具有外来的新鲜感，又有亲切感，这就是品牌文化与本土文化有机融合所产生的良好效应。武术文化产业品牌要想在国外市场上立足，也应借鉴肯德基的发展战略，加强与国外文化的融合。

可以说武术文化产业品牌的国际化发展过程就是与国外消

费者不断沟通与交流的过程。为了进一步推动武术文化产业品牌在国际市场的发展，企业需要全面了解不同国家和地区的不同文化、社会习俗，针对不同的目标市场采取不同的营销方式，并根据不同消费群体的反应来及时地对营销策略进行调整，这主要从以下两方面着手。

（1）科学设计品牌，所设计的品牌要具备简洁醒目、便于识记、有吸引力和亲和力等特点。

（2）做好品牌形象策划。企业要对不同地区的社会背景和地域文化进行了解，并以此为依据来有针对性地进行品牌策划，使品牌具有新的文化内涵，这里的文化指的是销售地的文化，只有将销售地的文化融入武术品牌中，才能得到当地消费者的认同，也才能吸引当地消费者购买相应的武术产品。

5. 借助企业文化提升武术形象

企业文化建设与品牌创建具有密切的关系，可以说，企业文化在一定程度上决定了品牌生命周期的持久性。目前，各大企业对企业文化的建设都比较重视，都希望借此来促进企业形象的提升。可以说，在企业的发展过程中，企业文化建设已逐渐成为一个非常重要的竞争手段了。如果一个企业没有建设自己的企业文化，那么就无法激励员工上进，无法提高员工的工作积极性。企业发展到一定阶段之后，就必须建设属于自己的企业文化，以此来不断提升企业竞争力，促进经济效益的不断增长，缺乏鲜明企业文化的企业很难在市场竞争中长久生存下去。

对任何一个企业而言，企业文化都是非常重要的精神支柱，企业文化的建设需要经历长期的过程，需要企业不断地累积、酝酿与探索。我国一些成功的企业之所以能够做强做大，主要原因之一就是建设了自己的企业文化。因此，我们在发展武术文化产业的过程中，应注重建设企业文化，以企业文化来激励员工，感染消费者，从而使企业的形象进一步被观众认可。

Ⅵ敷Ⅶ李昕哀洽壶祛

加强武术文化产业的对外合作不但能够使更多的人认可武术文化，而且还能够为武术文化产业的发展注入新鲜的血液，使其散发勃勃生机。武术文化产业的推广需要以本土传统文化为依托，而且武术运动本身具有一定的保守性，这就导致了武术文化的产业化发展带有一定的局限性。在多元化的新时代，要想促进武术文化产业的持续、健康发展，就必须保持武术的自身特点，并在此基础上加强对外学习与交流，使武术运动更具时代性，并与新时代的发展需求相适应。

第三节　武术文化产业运作与管理

武术文化产业有丰富的内容与不同的分类，本节主要就武术用品业、武术健身娱乐业及武术竞赛表演业的运作与管理进行分析。

一、武术用品业的运作与管理

武术用品业指的是生产主要用于武术活动并符合武术活动要求的消费品的企业的集合。下面着重探讨武术用品的开发及武术用品业的营销与管理。

Ⅵ狻Ⅶ湳榭瑛擻帛唐

1.武术用品的开发要素

武术用品的开发目的是使武术消费者的某种需求得到满足，企业要以市场变化为依据来制订武术用品开发计划，要在慎重进行市场调查的基础上进行开发。

武术用品的开发需要注意以下几个要素。

（1）市场要素。在武术用品的开发决策中，有无市场是关键，因此必须详细调查与分析市场需求情况，确保与社会经济生活发展的趋势保持一致，对适销对路的新产品进行开发与研制，这样能够使新产品的市场容量有所保障。同时，市场培育的问题会在一定程度上决定消费者是否能够接受全新产品，企业要对消费者的心理进行探索与预测，对相应的促销策略、方法等进行科学研究。

（2）能力要素。企业在开发武术用品的过程中要坚持量力而行的原则，对企业开发产品的资金情况、原料储备、生产条件、技术力量等具体问题进行全面且认真的分析。当开发某种产品所要求的技术条件、设备条件与资金条件高出企业的实力时，企业可以寻求合作，形成规模，这样不仅能够促进武术用品的顺利开发，还能够使企业开发新产品的风险降低。

（3）效益要素。开发武术用品需要兼顾两个方面的效益，一是经济效益，二是社会效益。企业的生存与发展应以经济效益为基础，但企业要杜绝唯利是图的观念，要尽可能地对能够满足人们需要的武术用品进行开发，将适销对路的新产品放到市场中，这也是企业经营者需要履行的一项社会责任。

（4）特色要素。在开发武术新产品时，要显示出该产品的新性能、用途或款式，就要在“特色”上下功夫，只有产品有了特色，才能与其他同类产品相区别，才能使消费者产生购买的欲望，使消费者的消费需要和求新心理得到满足。

2. 武术用品的开发程序

武术用品的开发方式主要有两种，一种是独立开发，另一种是协作开发。不管用哪种方式开发，都有较大的难度，需要深入细致地做好每一环节，并要以市场供需情况为依据来安排每道程序。总的来说，武术用品的开发程序包括以下七个环节（图6-2）。

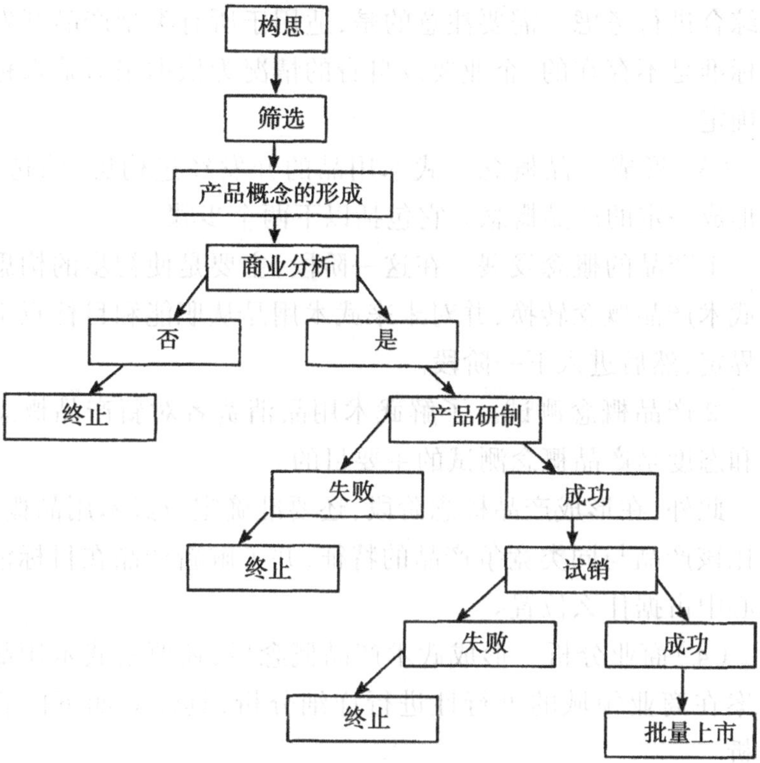

图 6-2 武术用品开发程序

（1）构思。不管开发何种新的武术产品，都是以构思为起点的，构思就是设想要开发的武术用品的基本轮廓、框架。在这一环节，需要系统建立一套规定，将武术用品的目标市场、产品定位、资源分配、投资收益率等明确下来。获得构思的来源主要有内部来源与外部来源两方面。

①内部来源。第一，来自企业内部的科技人员。第二，来自企业内部的市场营销主管人员等。

②外部来源。第一，来自消费者。第二，来自竞争对手。第三，来自国外同行的经验等。

（2）筛选。构思完后，必须以企业的资源、技术和管理水平等条件为依据来严格筛选。在筛选过程中，企业的内外条件是必须考虑的要素，在综合考虑的基础上进行全面分析与衡量，取舍要谨慎，要对市场规模、市场增长情况、产品质量、竞争程度等因素综合进行考虑。需要注意的是，适用于所有类型产品开发的筛选标准是不存在的，企业要以自身的情况为依据来对筛选标准进行确定。

（3）形成产品概念。武术用品的开发经过构思、筛选后，还要形成一定的产品概念。它包括以下两个步骤。

①产品的概念发展。在这一阶段，主要是使初步的构思设想向武术产品概念转换，并对未来武术用品从职能和目标意义上进行界定，然后进入下一阶段。

②产品概念测试。了解武术用品消费者对新产品概念的看法和态度是产品概念测试的主要目的。

此外，在形成产品概念阶段，还要准确定位武术用品概念，即对比该产品与同类竞争产品的特征，并了解新产品在目标消费群体心中占据什么位置。

（4）商业分析。形成武术产品概念后，还要对武术用品开发方案在商业领域的可行性进行详细分析，具体对如下内容进行分析。

①分析推广武术用品可能用到的人力资源和物质资源。

②预测新产品的市场销售状况。

③分析成本和利润率。

④对竞争对手的可能反应进行预测。

⑤了解消费者对新产品的看法。

（5）产品开发。经商业分析后，如果认为新产品有一定的开发价值，就可进入正式的开发阶段。在这一阶段，武术用品经营企业要采取实质性的举措来投资购买设施设备、招聘与培训专业人才、建立沟通系统等，按照计划一步步付诸实践。

（6）市场试销。研制出武术新产品后，要向武术市场投放进行试销，这主要是由于实际产品与消费者自己设想的产品可能存在偏差，有些新产品可能会因为与消费者设想的产品差距大而被淘汰。所以对开发的新产品进行市场试销很有必要。

（7）正式上市。如果武术新产品试销成功，就可以批量投产正式推向市场了。在新产品正式上市时，开发者应把握好推出时机、选好推出地点、设计有效的推出形式，同时要科学制定营销策略。

Ⅵ唉Ⅶ浀槲瑛撒猕叽理澜甓垧忆

1. 武术用品经营设计

开设武术用品店要非常谨慎，如果考虑不全面，决策失误，就会导致店铺亏本，这不管对经营者来说，还是对整个企业来说，都是非常大的损失。在武术用品经营设计中，需要做好开店决策、市场分析、商圈调查评估、店铺市场定位、确定目标客源等工作，此外，工商税务、店铺租赁等也是必须要了解的内容。具体的设计环节包括以下几方面。

（1）开店筹划。在开店前，必须仔细进行市场分析与市场评估。在进行经营投资决策时，要以市场分析结果为依据。市场分析评估包括四个部分，分别是分析市场现状、准确进行市场定位、确定目标消费群及分析市场趋势。

①分析市场现状。通过对市场现状进行分析，可以对是否选择了正确的业种业态做出判断，在市场分析中，要分析武术产品的市场竞争力、消费者的消费能力，同时要确定市场范围。简单而言，就是要明确卖什么、在哪卖、怎么卖。

②市场定位。通过分析市场现状，可以初步了解武术用品市场大环境和特定环境，在此基础上进行市场定位的准确性更高。经营者要从自己的竞争优势出发，在目标市场消费群体中树立自己企业和产品的良好形象，突出与竞争者的不同与特点。武术用品店市场定位包括以下几方面的内容。

第一，武术商品定位。

第二，武术市场细分。

第三，武术用品店经营业态定位。

第四，武术用品店经营策略定位。

进行市场定位后，可以从自身条件、产品特点、市场特点出发，将本企业的目标市场确定下来，对自己的目标客源层进行选择与确定。

（2）店铺选址。在店铺选址中，要做好商圈调查与评估工作。商圈有广义和狭义之分，城市中各繁华商业带都是广义上的商圈，单店商圈就是狭义的商圈。城市中的狭义商圈有三种，分别是第一商圈（半径500米）、第二商圈（半径1000米）和第三商圈（半径1500米），其中第一商圈是顾客的主要聚集地域。郊区中商圈的划分范围比城市中心稍大。在划分具体的商圈时，要以店铺的影响力、辐射性、消费者的密集程度等情况为依据来进行划分与调整。

（3）店铺租赁。商圈场地选好后，就可以具体对武术用品店开设的事宜进行商讨了，一般是先对店铺进行租赁或购买。在这一过程中，要考虑事先确定的市场定位和经营策略。在店铺租赁或购买中，签合同、谈判技巧等是关键。

（4）资金筹措。武术用品店新开设，不管是大规模还是小规模，都需要投入一定数额的资金，以便购置固定资产、办公用品和货物等，这就需要一笔资金来周转。筹措这笔资金的方式主要有银行贷款、亲友集资以及个人投资等。

（5）营业申请。在正式开业前，武术用品店必须按照相关法规办证照，这期间需要去工商部门、税务部门、银行等办理相应的手续。

（6）形象设计。设计武术用品店形象需要做到系统化、全面化，从而向公众传达有关武术用品店的信息，如经营理念、商品风格、行为规范等，使社会公众能够对企业形象有一定的了解，从而拉近与公众的关系，赢得公众的认可，这有利于增加企业的竞争优势，帮助企业在市场营销中率先掌握主动权。

武术用品店的形象让人第一印象深刻的一般都是店铺视觉形象，这主要体现在店铺的装修风格上。武术用品店的装修要与店铺的整体形象协调一致，室外和室内装修要协调，同时在装修时也要对店铺的市场定位进行考虑。

（7）商品陈列。在店铺布置中，空间布置主要指的是陈列武术商品。增加商品的魅力，增加销售机会，提高销售额是布置商品的主要目的。吸引顾客、为顾客提供便利、重点突出、视觉统一化等是陈列武术用品时需要坚持的基本原则，商品陈列一般有重点陈列、强调陈列、一般陈列三种类型。

2. 武术用品营销管理操作

武术用品门店营运和销售服务是武术用品经营管理操作的两个重要组成部分。

（1）武术用品门店营运。武术用品门店营运过程大体包括如图 6-3 所示的八个环节。

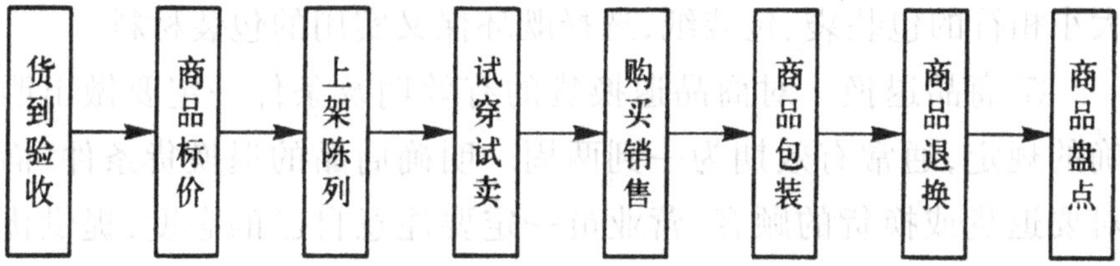

图 6-3 武术用品门店营运过程

①货到验收。进货后，验收货物需要从以下几方面进行。第一，数量和品种是否正确。第二，对照送货单上的货物规格检查货物的款式、尺码、颜色是否有问题。第三，检查货物的质量，这是非常关键的一个内容。

②商品标价。第一，对专业标价卡进行制作，增加客人的信赖感。第二，采用合理的标价策略，成本加价定价、成本加成定价是经常采用的定价方式，定价时，必须对市场上同类商品的平均价格、消费者的购买心理进行分析与考虑，合理定价，提高武术商品的竞争力。

③商品陈列。陈列商品时，一般要看商品的色彩和品类。第一，考虑到商品的色彩和消费者的视觉习惯，一般应按照由明到暗、由暖色到冷色的顺序来陈列商品。第二，考虑到商品的品类，应将关注度高的一类商品陈列在显眼的位置。如果有足够的空

间，而且位置也好，可以对商品进行立体陈列，吸引顾客。

④试穿试卖。武术用品店尤其是专门的武术运动服装店应有专门的试衣间，试衣间必须干净整洁，有基本的设施，如衣物挂钩、凳子、镜子等，为顾客提供方便。在顾客选择和试穿时，营业员要提供优质的服务，将有关尺码、大小等建议提供给顾客。

⑤购买销售。营业员应采用有效的方法鼓励顾客亲自尝试店内的商品，将有关商品的信息主动介绍给顾客，增加顾客对商品的了解，激发顾客的兴趣与好奇心，如果顾客在试过后有意愿购买，主动将顾客引向收银台完成付款。

⑥商品包装。武术用品经营店同样不能忽视对包装袋的设计，包装袋也是店铺形象的反映。应设计与本店市场定位、商品大小相符的包装袋、包装纸，选择既环保又实用的包装材料。

⑦商品退换。对商品退换货的有效期及条件一定要做出明确的规定，通常有效期为一到两周。明确商品的退换货条件，面对要退货或换货的顾客，营业员一定要注意自己的态度，提供优质服务。

⑧商品盘点。武术用品店在营业过程中，会因为各方面因素的影响而出现账簿与实际销售不符的问题。对此，店铺应定期盘点店铺商品，可以选择人工盘点，也可以选择机器盘点，如果在判断中发现账物不符，要分析原因，迅速纠正，同时要做好警示工作，避免以后出现同类问题而影响店铺经营效率。

（2）武术用品店销售服务。销售武术用品需要掌握一定的服务技巧，而且要对顾客的购物心理变化有所了解，根据不同顾客的心理和同一顾客在不同阶段的购物心理来提供销售服务。一般来说，销售服务包括五个步骤，分别是等待、接近、展示、说服建议、成交，在每一个步骤中，营业员都要掌握服务技巧，提高成交率。

二、武术健身娱乐业的运作与管理

Ⅵ狻Ⅶ涃槲容桩鬏徉出猻理澜

我国武术健身娱乐市场的发展前景良好，近年来各地武术健身中心逐渐涌现出来，尤其在一些城市，得到了较为广泛的发展和普及。这就进一步提高了商业性健身俱乐部之间的竞争程度。市场营销策略的合理应用与高效管理对于武术健身娱乐业的发展非常关键。下面主要就武术健身娱乐产业市场营销策略进行分析。

1. 明确目标市场

近期，武术健身娱乐市场出现了一个显著变化，即武术健身中心的地位由以往的大众市场逐步向确定自己的更为细分化的目标市场的方向转变。武术健身娱乐经营者以顾客的动机为主要依据，将市场划分为不同的类型。然后，以各健身中心自身的特点和优势为主要依据有针对性地进行市场定位，并在自己选定的目标市场展开重点促销。

在激烈的市场竞争中，我国各武术健身俱乐部要想生存下去并求得发展，就必须不断促进自己满足特定顾客群的需要，设计与这些消费群体的需求相适应的各种计划，配置好设施与环境，并提供周到的服务，以此来使自己的市场份额得到进一步扩大。近几年，一些健身中心出现了专门针对妇女需要而开设的各种健身计划，如针对妇女生理、解剖特征而开设的女子防身术等，由于其市场定位和营销策略使用得当而获得了一定的成功。

2. 确定服务内容

近年来，武术健身俱乐部为了能够在激烈的市场竞争中得到良好的生存和发展，为了吸引并长期留住顾客，开始引进"多功能"全方位的服务内容和项目，并且这已经成为市场竞争取胜的关键所在。当前,人们对健康的总体认识在发生变化,人们也越来越关注生理和心理健康、精神和身体之间的联系。这种倾向在武术健身娱乐业的发展中能够得到体现,即传统意义上只提供身体练习的健身俱乐部正在向全方位和多功能的方向转变。一些紧跟时代发展的新思路、新的经营策略使整个健身业和健身俱乐部在激烈的市场竞争中得以长期生存和稳定发展。

3. 做好风险管理

武术健身娱乐产业应当具备严格的风险管理计划以及各种具体的指南性文件来对设施和器材的使用、项目的策划和经营进行有效指导,同时这也是为了应付不同的环境变化和紧急情况。

武术健身娱乐企业经营者制订并实施有效的风险管理计划,能够避免或减少各种法律纠纷及与保险公司的分歧。经营者应以不同的运动项目、对象、器械、地点等情况为依据,有针对性地实施风险管理,这是武术健身娱乐业经营中的一个重要内容。除此之外,在武术健身娱乐业的风险管理中还需要注意以下问题。

(1)报名前对参与者做身体检查,以决定参与者适合参与的武术项目和活动程度。

(2)对所有工作人员进行资格审查,是否具备相关经验、取得相应的从业执照等是审查的重点。

(3)保持俱乐部的各种设施、器材始终处于良好的、安全规范的状态。

(4)对员工、顾客及一切相关人员进行安全教育和培训。

(5)向参与者讲明参加每一个练习或活动的注意事项,必要时加以辅导和训练。

(6)在会员练习时要给予帮助和保护。

(7)确定各项活动的进程是否符合国家有关标准。

(8)紧急情况和重大事故的处理要符合法定程序。

Ⅵ唉Ⅶ渖槲容桩鬒徉猕叽楮刀垧忆

1. 武术健身娱乐产业的市场管理原则

由于武术健身娱乐市场与其他武术类别市场有不同的特点，因此，武术方面的工作者在实践中面临的局面极其复杂，同时导致一系列无法回避的矛盾与需要考虑的诸多因素的出现。以武术健身娱乐市场的管理特点为主要依据，要求在武术健身娱乐市场管理工作中遵循下面几项原则。

（1）可行性原则。从实际出发，将武术健身娱乐的组织、内容、形式以及开展活动的计划、方案和措施确定下来，并且要做到切实可行。需要强调的是，贯彻可行性原则要求从我国经济实际出发，对有限的人力、物力和财力资源进行充分运用，艰苦奋斗，勤俭节约，不可铺张浪费、盲目攀比。除此之外，还要以我国人民身体的实际状况为依据有针对性地选择适宜的活动内容，将我国武术健身活动的优势充分发挥出来，从而形成我国武术健身娱乐的民族特色。

（2）社会化原则。社会化原则是动员和配合各行业、各部门、各社会团体共同抓好武术健身娱乐产业工作，使之进入家庭、深入社区的一条重要原则。在武术健身娱乐产业的管理中，应该严格遵循该原则。

（3）激励性原则。采用各种形式与手段，激发人们自觉、积极、经常地参加武术健身娱乐活动的原则就是激励性原则。武术健身娱乐活动是广大群众自愿参加的一种有目的、有意识的社会行为，开展武术健身娱乐活动，人们的自觉性和积极性是关键，但需要强调的是，大众的这种积极性并不是靠强制的行政命令就能改善和提高的，而是要靠宣传、教育、启发、诱导等多种形式来激发。这就要求在武术健身娱乐市场管理中，遵循并贯彻激励性原则。

（4）区别性原则。武术健身娱乐产业的发展要依托社会，而且在一定程度上受社会环境的影响和制约。在社会中，不管是经济还是文化方面，都存在着一定的不平衡性，如沿海地区与内陆省市就存在经济上的较大差异性，这在一定程度上造成了武术健身娱乐市场环境的差别性与管理因素的复杂性。因此，在武术健身娱乐市场管理中，一定要严格遵循并贯彻区别对待原则，以当时、当地的具体情况为依据，因时、因地采取具体的组织措施，从而取得良好的发展和管理成效。

（5）灵活多样性原则。武术健身娱乐活动丰富多样，因此在管理中要以各类人员的需要、地域的差异、季节的变化为主要依据来采取灵活多样的组织形式、竞赛方式和活动内容，这就是灵活多样性原则。武术健身娱乐活动的锻炼形式多种多样，可以个人锻炼，也可以集体锻炼；可以是单位内部锻炼，也可以是跨单位锻炼。这就要求根据实际情况和需要有针对性地进行选择和运用。

此外，武术健身娱乐活动的灵活多样性还体现在其他很多方面，如武术健身娱乐活动的竞赛方式灵活多样，比赛内容比其他项目更为广泛多样，比赛程序可以简化，比赛规则更灵活，参加人员的条件与数量要求也可大大放宽。灵活多样的竞赛形式使武术健身娱乐活动更加生动活泼。

2. 武术健身娱乐产业的市场管理方法

就某种意义上而言，武术健身娱乐产业管理的方法在一定程度上对武术健身娱乐市场管理目标的最终实现起着重要的决定性作用。武术健身娱乐产业的管理方法主要有以下几种。

（1）社会调查法。运用各种社会调查形式，及时掌握武术健身娱乐市场的信息，正确制订和调整运营计划，从而使武术健身娱乐产业管理目标得以顺利实现的方法就是社会调查法。

社会调查法有多种多样的形式，其中专题调查、全面调查、问卷调查、个别访问、民意测验以及社会统计等几种调查形式的运用较为普遍。具体可以根据实际情况灵活选择和运用。社会调查的内容涉及面较广，一般主要包括经常参与武术健身娱乐活动的人数、活动内容的选择与分布、活动时间的分配与安排、经费来源与使用、群众的体质和健康状况以及影响武术健身娱乐活动开展的因素等。

（2）宣传鼓励法。运用各种宣传教育形式，提高群众对武术的认识，激发他们对武术锻炼的兴趣、爱好和动机，使其掌握武术锻炼的方法，动员更多的人参加武术健身娱乐活动的方法就是宣传鼓励法。

宣传鼓励法的形式多种多样，报纸、广播、杂志、录像、电影、科普、表演、广告、比赛、板报、表彰、奖励、展览和交流等都是常见的宣传形式。为了能够更好地提高人们参加武术健身娱乐活动的热度，取得更好的宣传效果，要求采用的宣传形式应丰富多样、生动活泼。

宣传鼓励法可从以下几方面来具体实施。

第一，对国家关于开展武术健身与娱乐活动的方针、政策以及各阶段的目标和计划进行宣传，积极指导全民健身与娱乐运动朝正确的方向迅速发展，从而更好地为社会主义建设服务。

第二，宣传武术锻炼的科学知识，使群众掌握科学的锻炼方法，提高健身锻炼的效果。

第三，宣传武术锻炼的意义和价值，从而将群众参加武术活动的兴趣、爱好和正确的动机充分激发起来。

第四，对参与武术健身与娱乐活动的成功经验进行宣传，从而进一步推动武术健身活动的开展。

（3）典型引导法。发挥武术健身娱乐市场中先进典型的榜样作用，从而推动武术健身娱乐产业发展的方法就是典型引导法。需要强调的是，为了保证这一管理方法的运用效果，需要注意以下几点。

第一，在选择典型时，一定要有广泛的代表性，局限在少数基础上的单位和个人典型是不可取的。

第二，从实际出发确定可行性典型，并且要求该典型具有可借鉴的意义。

第三,可在不同年龄、不同性别、不同单位、不同层次、不同职业、不同产业中选择多种多样的典型,将典型的多方面作用充分发挥出来。

第四,要保证典型材料的真实性和可靠性。

(4)评比竞赛法。运动竞赛能够在一定程度上刺激武术健身与娱乐活动的开展,可以说,这个方法对武术健身与娱乐产业的发展具有积极的推动作用,同时,该方法还具有成本低、见效快的特点。组织武术娱乐竞赛,要做到以下几点。

第一,竞赛项目的选择和规模的大小要符合当时、当地的条件,并且与大众的武术基础与消费水平相符。

第二,要采用机动灵活、简便易行的竞赛方式,这对于武术健身与娱乐活动的广泛开展较为有利。

第三,要将竞赛与平时锻炼有机结合起来,以赛促练,做到武术健身娱乐经常化。

第四,要进一步加强赛风、赛纪教育,从而避免赛事中发生伤害事故。

三、武术竞赛表演业的运作与管理

Ⅵ狻Ⅶ浲槲峦柁像牟猕叽楮刀疬袥挹杍

武术竞赛表演业的市场运作内容主要有以下几方面。

1.门票经营

门票经营是职业武术俱乐部的重要收入来源之一,门票经营的好坏能够在一定程度上将消费者对武术竞赛表演市场产品——竞赛的满意程度反映出来,另外,也可将此作为一项重要标志来衡量职业武术俱乐部运作的优劣。

武术竞赛表演市场由消费者的需求构成,紧张激烈的比赛是俱乐部产品的核心,也是消费者观赏的重点。职业武术俱乐部对门票收入非常重视,会采取一切可能的措施,将观众吸引到比赛场上，为消费者提供服务。

2. 媒体转播权经营

武术竞赛表演市场的媒体转播权经营是职业武术俱乐部收入的另一主要来源。武术竞赛表演转播权包含的内容很多，最主要的是指电视转播权、广播电台转播权、互联网转播权。其中，在媒体转播权中占主导的是电视转播权。随着电视网络的兴起，社会各界对职业武术竞赛的关注度越来越高，各大电视媒体为争夺武术竞赛表演的转播权而展开竞争，这又在一定程度上对电视转播费的迅猛增长起到了刺激作用。

与此同时，电视转播费等媒体收入的不断增长也对武术竞赛表演市场的发展和繁荣造成了极大的刺激，随着职业俱乐部联盟垄断地位的强化和营销策略的创新，媒体转播经营将在武术竞赛表演经营中占据更重要的地位。

3. 赛事商务开发经营

赛事商务开发经营领域宽广，市场潜在价值大，这也在一定程度上标志着职业武术俱乐部市场的经营水平。

武术竞赛表演市场的赛事商务开发经营涉及范围较广，其中，较为主要的有：职业武术俱乐部标志产品、会员会费、主题餐饮服务、训练营观摩服务、运动场地租赁等相关产品的市场化开发经营。职业武术俱乐部对这一领域的经营开发与管理非常重视，并且不断通过新产品的开发和新营销手段的使用来创造更多的经济收入。

4. 赞助与广告经营

实质上而言，赞助与广告经营是广告特许权的经营，具体来说，就是俱乐部寻找广告赞助商的经营活动。它是职业武术俱乐部非常重要的收入来源之一。各职业俱乐部凭借自己的知名度以及武术竞赛表演独特的宣传效果，使俱乐部广告特许权产品更加多元化和系列化，通过与赞助商建立长期合作的伙伴关系，吸引众多企业提供高额的赞助费用；各大企业力图通过赞助武术竞赛来使自身的知名度得到有效提高，同时对自己的产品进行宣传促销，从而获得商业上的利益。

Ⅵ唉Ⅶ滰槲峦柁像牟猻叽理澜甓垧忆冷愿

武术竞赛表演业的市场营销与管理策略是武术竞赛表演市场营销的重要方法，是由多个策略组合而成的，具体包含以下六个方面。

1. 市场定位策略

简单来说，市场定位就是在消费者心目中为武术经营组织选择一个希望占据的位置。实质上来说，市场定位是建立差异化优势，具体就是有计划地树立武术经营组织所具有的某种与其他竞争者产品不同的理想形象，以便消费者对职业武术俱乐部优于竞争者的特点有进一步的了解和认识。

在市场定位策略实施中，需要借助产品或品牌的竞争优势，将与竞争产品和品牌不同的产品重点推出，以使消费者的利益得到满足，从而更有效吸引消费者，这对于消费者迅速做出购买决策，重复购买自己的产品是非常有利的，这就是市场定位的主要作用。如果武术经营组织不进行有效的市场定位，不搞差异化，那么对消费者行使选择权是不利的，因此也就不能使消费者的多样化需求得到满足。

2. 市场开发策略

市场开发策略是指预测市场潜力，选择市场开发的手段。市场开发的方式主要有以下两种。

（1）密集型开发。当市场具有进一步开发的潜力时，通过增加销售额、改进产品性能、开辟新的销售市场等形式开发市场。

（2）发散型开发。发散型开发也就是所谓的多样性发展，其主要有以下三种形式。

第一，整体发散：武术竞赛经营组织充分利用内部资源，将经营业务扩展到与其原来业务、市场、产品毫无联系的行业中，开发更广阔的市场。

第二，水平发散：利用原有的市场优势，开发技术属性完全不同的武术产品。

第三，核心发散：以武术竞赛表演经营组织原有的特点为核心，开发相似的武术产品。

3. 市场进入策略

市场进入策略指武术竞赛表演经营组织在合适的时机占领目标市场时，为保证武术产品顺利进入市场而采取的生产能力决策和销售能力决策。

（1）生产能力决策。武术竞赛表演经营组织在较短时间内顺利占领市场的先决条件就是所谓的生产能力。形成强大生产能力的策略主要有以下两种。

第一，独立发展策略：武术竞赛表演经营组织完全依靠自身的力量扩大生产能力，提供市场供给。

第二，联合发展策略：武术竞赛表演经营组织充分发挥外部力量，通过联合、协作等形式来形成整体生产能力，提供市场供给。

（2）销售能力决策。销售能力是指武术竞赛表演经营组织在较短时间内顺利占领市场的重要保证，形成高效的销售能力要考虑企业、产品、市场和社会环境等诸多因素，通常选择与商业部门建立良好长期的合作关系，采用与中间商联营的模式，以此来提高销售能力。

4. 市场时机策略

武术经营组织抓住最有利的市场时机占领目标市场，以获取最大利润的策略就是市场实际策略。具体来说，就是选择什么时机开发新的产品、什么时机扩大市场、什么时机退出市场等。对武术竞赛表演市场营销管理的时机策略产生影响的因素有很多，其中最主要的有两方面，一是市场需求，二是产品特征。对前者产生影响的因素主要包括商品价格、相关商品价格、消费者收入水平和偏好等，后者则主要表现为产品的价格、相关产品的供给状况、产品所处的生命周期等几方面。

5. 市场竞争策略

市场竞争策略是指武术竞技表演组织依据自身所处的行业地位，适应竞争环境和竞争形势所采取的各种行动方式。

以武术竞技表演业的经营组织数量、各自提供的武术产品的差异程度为主要依据，可以将行业竞争形式分为四种，即完全垄断、寡头垄断、垄断竞争和完全竞争。武术竞赛表演经营组织在行业中所采取的竞争策略主要有以下几种。

（1）市场领导者竞争策略。在行业中拥有最大的市场占有率，在价格变动、新产品开发、销售覆盖面和促销强度等方面都起主导作用的大企业就是市场领导者。在市场竞争中，市场领导者成为市场挑战者的进攻对象，为维护霸主地位，这类企业往往会围绕扩大市场需求、维护和提高市场占有率等目标采取具体竞争策略，防御对手进攻。

具体来说，市场领导者采取的策略主要如下。

第一，以现有的不变产品和市场防御竞争者进攻的阵地防御。

第二，以攻对攻、正面迎击的反击策略。

第三，通过治理市场薄弱环节、防御竞争者乘虚而入的侧翼防御。

第四，在新产品和价格上先发制人的以攻为守策略。

第五，未雨绸缪，将市场扩展到未来防御和进攻新领域的机动防御，以及主动放弃部分市场的撤退防御。

（2）市场挑战者竞争策略。在行业中处于次要地位的企业，就是市场挑战者，一般来说，它们主要是市场竞争的进攻者，市场领导者、同等规模的企业和低于自己的中小企业，都是进攻的主要对象。

通常来说，市场挑战者采取的策略主要如下。

第一,直接攻击竞争对手长处的正面进攻。

第二,以更深、更广的市场对对手的包围进攻进行围攻。

第三,以自身相对优势进攻竞争对手薄弱环节的侧翼进攻。

第四,避开正面冲突,进攻容易市场的迂回进攻,以及小范围、小规模、间歇性的游击进攻等。

(3)市场追随者竞争策略。模仿市场领导者的产品、市场营销因素组合的企业,就是所谓的市场追随者。市场追随者的特点主要表现为:不以击败或威胁市场领导者为目标,仅仅是模仿领导者的行动,依附市场领导者,从中获得高额利润。

通常来说,市场追随者采取的策略主要有紧随其后;有距离追随;有选择追随等几种。

(4)市场拾遗补缺者竞争策略。为被大企业忽略的小市场提供服务的小企业就是市场拾遗补缺者。市场拾遗补缺者的主要特点是以自身的生存和发展为目标策略,这类小企业发展的关键在于找到理想的小市场,这类小市场往往具有以下特征。

第一,有相当规模、购买力。

第二,可盈利且具有发展潜力,对强大的竞争者没有兴趣。

第三,企业具有必需的能力和资源。

第四,企业已拥有良好的信誉。

市场拾遗补缺者采取的策略主要是为特定顾客提供特定产品的专业化竞争策略。

6. 市场产品组合策略

市场产品组合策略是指企业根据市场需要和企业内部条件,选择适当的产品组合广度、深度和关联来确定经营规模、范围的策略。

常见的市场产品组合策略有以下几个。

(1)向某一市场提供所需的各种产品的产品线专业型产品组合策略。

(2)力求覆盖每一细分市场,向任何市场、任何消费者提供各种所需产品的全线全面型产品组合策略。

（3）只生产某一类型的不同产品项目来满足市场需求的有限产品线专业型产品组合策略。

（4）使消费者的特殊需求得到满足，专门生产特殊产品专业型产品组合策略，以及凭借企业的特殊生产条件生产特殊产品的特别专业型产品组合策略。

第四节　武术文化产业化发展的实证

在本节武术文化产业化发展的实证研究中，主要选取两个案例，一是武当武术文化旅游的发展，二是永春白鹤拳文化产业的发展。

一、武当武术文化旅游产业发展

武当武术是历史悠久、博大精深的中华武术流派之一，因张三丰创建于武当山而得名。近年来，武当山体育旅游依托武当武术取得了一定的发展。

Ⅵ狻Ⅶ溿叨栉沆男愀璃出猕唐瘤漓硝

改革开放以来，武当山地区加快了旅游业和旅游设施的开发和发展。目前，武当山已成为国家级重点风景名胜区，第一批5A级旅游景区，是我国非常著名的旅游胜地，是湖北省“一江两山”黄金旅游线的核心节点。

当前，武当山旅游区主要有六大景区，包括金顶、南岩、紫霄、太子坡、五龙宫以及太极湖。近年来，随着武当山区大力推广包括武当武术在内的体育文化旅游业，武当山的国内游客接待量、入境游客量、总游客量、旅游总收入持续增长。

社会发展与体育旅游业的发展有密切的关系。在现有武当体育资源的支撑下，武当体育旅游业才得到相应的开发与发展。按照传统的观念，社会的发展被归结为经济的发展，但是全面认识社会发展后会发现，自然资源、经济资源、人文资源、人力资源、政治资源和制度资源等都会影响旅游业的发展，因此武当体育旅游业的发展还需社会各方面的共同努力，为实现可持续发展提供重要的支撑。就武当山体育旅游发展来看，要充分结合武当山的自然、人文特点，发挥本土特色，开发多元化的市场，充分展示武当武术文化的精髓及传统文化的魅力，挖掘具有特色的旅游资源与项目。

Ⅵ唉Ⅶ猎洒湋叨湋槲淅妊Ⅹ湋叨栫沅男愀璃出猕毙淅妊出猕叽沓壶唐瘸

武当山体育旅游产业与文化产业的融合发展需要以武当武术为依托，切实做好以下三方面的工作。

1. 以文化意象为基础

以文化意象为基础，是武当山体育旅游产业与文化产业融合发展的科学前提。这方面需注意以下几点。

（1）保护旅游目的地的文化意象环境，包括对旅游目的地自然环境、文化环境和社会环境的保护。

（2）通过文化资源、文化资本和文化产业的路径实现从资源向文化意象价值的转换过程。

（3）通过文化创意的过程将文化意象有形化和产品化。

2. 形成文化旅游产业集群

武当山体育旅游产业与文化产业的集聚融合是一个客观的发展规律，在文化意象的基础上，二者通过价值链条形成紧密的产业关联，在一定的区域范围内带动其他相关产业共同发展，形成一个文化旅游产业集群，该集群不仅包括体育旅游产业和文化产业，还包括与二者密切联系的其他关联产业。

3. 带动区域发展

文化旅游产业集群内部各产业间的产业关联度非常强，与单个产业的孤立发展不同，文化旅游产业集群通过产业的整合，可以充分发挥产业集聚效应，因此能有力推动武当山所在地湖北十堰市经济、社会、政治、文化、环境等各方面的协调发展，有利于提升十堰市的知名度、影响度和美誉度，并增加十堰市经济收入，形成良好的循环，最终促进社会与生态、文化的共同发展，促进该地区的和谐建设。

二、永春白鹤拳文化产业的发展

永春白鹤拳是福建南少林武术拳种的典型代表，是福建南拳的重要组成部分，距今已经有 300 多年的历史。在这漫长的发展过程中，其对我国武术文化的发展产生了广泛影响，尤其对我国东南沿海地区、香港和台湾等地的影响更为深远。下面来探讨永春白鹤拳的产业化发展。

Ⅵ狻Ⅶ瑗匾佩夕朐淅妊出猕唐癌瞳抠恤叽婶娑甓浴灌

1. 发展机会

国家近年来对文化产业的发展十分重视，受国家政策与大环境的影响，地方政府大力支持永春白鹤拳文化产业的发展。现在，永春白鹤拳文化产业处于起步发展时期，近年来，永春县文体局提出围绕“练好一套拳”，采取文化招商引资，推动文化产业的发展，以独具永春文化特色的永春白鹤拳为题材，集中力量打造品牌的战略，具体提出了三条总体发展思路，分别是发展动漫文化创意产业、规划文化主题公园和创办文艺传播公司，以此来推动永春白鹤拳文化产业的发展。

此外，有关部门还提出了以下具体发展建议。

（1）建立永春白鹤拳表演队来宣传运作。

（2）成立永春拳协会来组织协调各项相关事宜。

（3）联合传媒公司拍摄《永春白鹤拳》动漫电影和电视剧。

以上这些政策与建议都为永春白鹤拳文化产业的发展提供了良好的环境与条件，抓住这些机会可大大推动永春白鹤拳文化产业的发展。

2. 发展威胁

目前，永春白鹤拳文化产业的发展面临诸多问题，各产业间发展失衡是最为突出的问题。根据产业链上下游关系对产业进行分类，可分为上游产业、中游产业和下游产业。永春白鹤拳文化产业发展滞后很大一方面原因是发展重心偏颇，健身娱乐业、竞赛表演业等上游产业没有受到重视，这些产业的发展没有资金支持和政策支持，因此发展落后，而在中下游的影视动漫和旅游产业等方面投入巨大的人力、物力和财力，但效果却不是很好。导致这种现象出现的主要原因是没有从整体性出发考虑产业的发展，对产业发展的顺序性没有把握好，对于产业发展重心的认识很模糊，只看到能快速带来较大经济效益的新兴产业，却忽视了基础性产业的根本推动作用。

Ⅵ唉Ⅶ瑗匾佩夕朐淅妊出猕唐癌叽瘕愿

1. 优先发展永春白鹤拳的上游产业

健身娱乐业、竞赛表演业是体育上游产业的主要内容，在永春白鹤拳文化产业发展中，优先发展这两项产业，需要从以下几方面着手。

首先，全面挖掘整理永春白鹤拳的相关资源，包括永春当地和国内外所有永春白鹤拳拳法套路和器械等武术文化资源。通过文字记录、图片拍摄及视频摄制等方式将永春白鹤拳武术文化资源保存下来，最后加以系统整理并公布整理结果，方便他人研究学习。

其次，在永春白鹤拳原有资源的基础上将新元素融入其中来进行新内容的创编，通过不断创新来实现衍化发展，满足现代人的多元需求。

再次，永春白鹤拳文化产业的发展需要理论支撑，因此要加强学术研究，丰富研究成果，从而为其产业化发展方向提供指引，用产业化发展实践可以检验这些理论研究的科学性。

最后，注重培训青年武术教练，增加永春白鹤拳的习练人数，扩大这一武术文化的影响力。

2. 建立永春白鹤拳文化产业整体发展体系

建立与完善永春白鹤拳文化产业体系，可实现各产业间的协调发展，并形成合力，加快永春白鹤拳文化产业发展进程。永春白鹤拳文化产业体系发展如图 6-4 所示，在大力发展上游产业的基础上，在武术体验和休闲旅游业方面有所侧重；对创意文化产业的开发要适度适时；结合本土闽南文化打造永春白鹤拳影视精品和动漫经典；尝试开发网络游戏；打造服装、器材等知名品牌；同时重视开发这方面的医药保健业，发挥永春白鹤拳的健身养生与医疗保健功能。

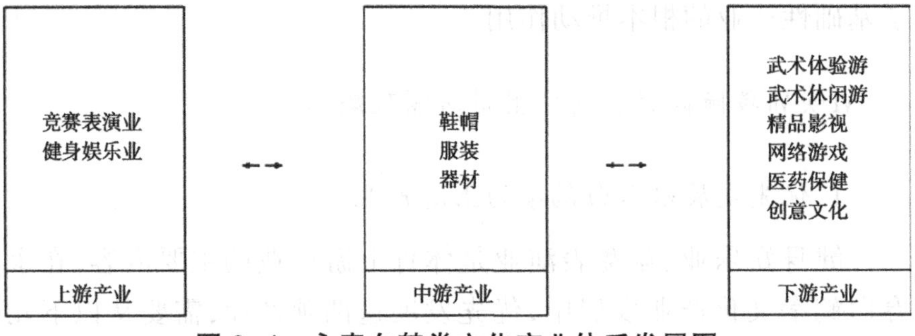

图 6-4　永春白鹤拳文化产业体系发展图

第七章　典型武术文化的可持续发展研究

武术文化的发展需要重视本的根源，也需要重视道的精髓，武术文化可持续发展的目的就是可以对武术文化进行长期研究和开发。最先提出可持续发展概念的是生态学家，主要应用于经济学科，内涵丰富。武术文化是现代武术发展的精神动力，其内在文化特征与其他运动项目区别开来，树立武术文化的可持续理念，对武术的长远发展具有重大意义。武术文化的可持续发展必须有机融入庞大的文化生态视域内。为此，本章重点研究了太极拳文化、散打文化和武当武术文化的可持续发展，丰富中国武术文化生态审视及其可持续发展的研究内容。

第一节　太极拳文化的可持续发展

太极拳是我国优秀的民族传统体育项目之一，自创编至今已经 300 多年，太极拳集合中国的传统文化思想，以太极命名，具有深刻的哲学思想和文化内涵，是公认的文化拳和哲理拳，是最能体现中国传统思想文化的拳术。

正因为如此，太极拳具有中国特殊修身、娱乐、技击等功能，有着广泛的群众基础，同时也受到来自世界各国人民的欢迎和喜爱。目前太极拳的功能已经超出了太极拳本身的意义和价值，太极拳运动成为促进经济发展、提高人民生活质量的一大推动力量。

一、太极拳文化的特征

Ⅵ狻Ⅶ杓甓磁朱声灏漱匆

太极拳遵从的是“道法自然”的理念，人本身是“小太极”，大自然是“大太极”，特别是在自然环境中习练一套太极拳后，感受温暖的阳光，呼吸新鲜的空气，聆听林间鸟语，身心都处于完全放松的境界，没有约束和牵挂，动静作势，开阔心胸。

不用过多地关注蹬腿有多高，架势有多低，姿势是否规范、符合要求，顺着自然、天人相通的理念去行拳走势。将身心都放置在自然之中，达到与大自然的融合交流，天人合一，生生不息，培养人对自然的热爱之情，忘却生活、工作、学习中的压力和烦恼，身心都达到恬淡自然的理想境界，使心情更加舒畅，使浮躁的内心得到安抚，安静放松地享受自然，有利于身心健康。

Ⅵ唉Ⅶ杓甓杓声灏漱匆

当今社会经济快速发展，竞争日趋激烈，社会生活的节奏加快，特别是科学技术的发展，人们的生活中充斥着各种电子产品，人与人的关系逐渐疏远冷漠，缺乏语言沟通和情感交流。网络环境中也充斥着各种负面信息和能量，比如暴力、色情等，人们的生活不再像过去那样单一枯燥，不断接受着各种不同信息，人和人之间的关系也不再单纯，明争暗斗、忌妒、攀比等，让人们生活的压力越来越大。

人们在工作之余的空闲时间，会选择不同的运动方式，练习太极拳已经成为一种新兴的时尚健身方式。伴随着柔美的音乐，人们舒拳走势，两两推手“随曲就伸”，在“沾连粘随”中加强了人与人之间感情的沟通和交流，拉近了人与人之间的距离。

当一种全新的技术投入社会中，人类必然会产生一种加以平衡的反应，就是“高情感”活动，太极拳作为一种静心养性、动静结合的一种运动手段，就是一种“高情感”活动。特别是退休后的老年人，能参与的娱乐活动较少，可以创建一个练拳、交流的场合，拳友之间相互尊重，其乐融融。

太极拳的运动风格绵缓斯文，可以很自然地树立人与人和谐相处的理念意识，不少发达国家中的太极拳习练者共同练习、交流，大家不争夺名利，欢聚一堂，共同放松身心。

Ⅵ柃Ⅶ杳壶杓梦盍照

太极拳在习练的过程中要求追求整体上和谐，身步、手眼，处处都体现出和谐统一，正所谓“终身不尽之艺”，也就是现在所提倡的“终身体育”。太极拳非常有益于老年人的身体健康，不仅可以锻炼老年人的身体机能，还可以消除老年人的寂寞和孤独感，丰富老年人的退休文化生活，在练习中感悟人生。

太极拳和其他拳种的不同所在就是更加重视养气，以“虚灵之心，养刚中之气”，在我国传统的思想观念中认为气是生命之源，养生的目的就是养气，养气的前提是修心，修心的基础是修德。人不要过多看重利益和钱财，才不会被金钱和权力诱惑所困，深陷其中不能自拔，通过练习太极拳，放松自我，养好精气，使人的心态淡泊宁静，使精气浩然和平。

太极拳就是通过绵缓不断的运动形式，将人的生理机能、心理素质、人生哲学综合联系在一起，相互作用，共同调整人的心态，延年益寿，将生活情趣融为一体，展现了太极拳对人体的特殊功效。

二、太极拳文化的类别

Ⅵ狻Ⅶ犴梦氓嫉朐淅妊

太极拳的理论指导是道家哲学思想，和道家内丹炼养及传统中医相结合，内容博大精深，形式变幻无穷，不仅能让人修身养性，强身健体，而且还可以防身自卫。太极拳的养生保健作用非常明显，是身体与精神的高度统一，在练习过程中需要精神集中，心静以及均匀的呼吸与横膈运动的配合有着较为密切的关系。

生命对每一个人来说只有一次，在生命的历程中一直保持健康的体魄和愉快的心境，是人们的向往和追求，而实现这一美好愿望的途径就是养生。所谓"养"，就是保养、调养、护养、培养的意思，"生"就是生命。养生不是养病、养老，不能等到生病以后才开始治疗，不是只有老年人才关注养生，青年人也要懂得养生之道。

目前美国对太极拳健身价值的研究深入甚至超过中国，太极拳的哪些动作可以锻炼身体的哪些部位和哪种机能，都可以通过高度量化的实验数据研究直观看到，有利于更加科学合理地编排太极拳套路。太极拳经过有目的改造后专门以健身养生为标准的编排内容，与本原太极拳套路大相径庭，由技击术质变为健身术，从而与本原太极拳分属于健身术、技击术两个不同领域。

人们健身养生的途径选择太极拳，套路保持不变，是技击防卫技术体系中的一个环节，大多数习练者以健身养生为主要目的，但是对技击技术并不了解，在认识不透彻的情况下代代相传，套路技术方面肯定会发生一些变化，动作出现变形，特别是以健身养生为目的而进行的改造，当太极拳套路发展成目前的老年拳时，将由技击术领域跨入健身术领域。

Ⅵ唉Ⅶ倔畚氓嫉朐淅妊

武术的本质是技击，任何传统的武术拳种最根本的目的都是着眼于技击防卫而设计，太极拳也是这样。太极拳与其他拳种类似，是由功法、套路、拆招、散手等很多环节组成的技术体系。

本原太极拳和其他武术拳种一样，都源自技击防卫的需要，但并不是说它没有其他的价值功能，太极拳是融合健身养生、技击防卫、审美价值于一体的多元统一体，太极拳融合了导引术的内容，要优于其他任何一个拳种。

一般看到的太极拳慢练套路形式只是技术体系的一个环节，对本原太极拳的定位应该是根据技击防卫的需要而创造的一种以逆向思维为主要特点的具有高级技击思想的武术拳种。

任何事物都处于不断的发展变化之中，有量变，也有质变，不仅强化母体，而且是对母体的一种异化。太极拳也符合这一普遍的规律，杨、武、吴、孙等各式太极拳的产生更多的是对本原太极拳技击的增强。

当然它的目的是内练外练相结合，促进身体的恢复，从而更好地服务技击防卫，不能因为吸收了导引术就改变太极拳的性质。在太极拳多元价值功能中，技击防卫仍然是本质属性，技击是所规定的主导功能，附属功能就是其健身养生、艺术审美。

ⅥI柃ⅦI嬲婪氓嫉朐淅妊

本原太极拳不适合现代多数练习者对太极拳技击防卫功能的实际需要，虽然具有以静制动、以弱胜强、以老搏壮等逆向思维特点的高级技击思想，但是太极拳练习的时间过长，让很多练习者望而却步。

在这种情况下，有多少人愿意用花数年时间学习技击防卫技术。韩国的跆拳道能够风靡世界，正是摒弃了很多内容，形成了由几种简洁腿法组成的“快餐式”技术，挤走了中国武术，几乎占领了整个中国市场。

西方的竞技体育更像是一种快餐式文化，在激烈对抗、时间紧凑的比赛中体会体育的感官刺激。当前，人们的生活节奏也较快，整日为了生活疲于奔命，承受着巨大的精神压力。

大多数现代推手比赛的运动员都没有练习太极拳的基础，在技法上难以提高，达到较高的水平阶段。这种快餐式的技法省略了很多内容，是太极拳现代化发展的新趋势，如果能够在广大的人民群众间推广开来，就可以满足大部分练习者对太极拳的实际需要。

太极拳技击要想满足大多数的健身需要，就要精简内容，从种类繁多的技法中提炼最核心的要领，组建现代太极拳技击防卫技术体系，这个体系的内容简单，结构清晰，只有这样，才能在全国范围内普及推广，甚至走向世界。

太极推手开始逐渐迈出现代化发展尝试的步伐，传统的太极拳技术体系中有对付拳腿等击打型进攻技法的技术，这类技法可以真正体现太极拳以柔克刚的特点，要将这些技法从中提炼出来，从而形成太极拳现代化发展的另一个新分支。

Ⅵ欺Ⅶ猹槲氓嫉朐淅妊

从艺术审美的角度看，陈式太极拳的套路展现出刚柔相济、快慢相间的特点，大部分太极拳的套路都是以松、柔、慢为运动特点，存在先天性的外在审美不足。

竞技武术套路比赛中，难以评判的是太极拳比赛，国际级武术裁判温力教授提出“太极拳不宜继续作为竞技武术比赛项目”的结论。武术裁判通常都会在审美上出现疲劳，更不用说普通观众了，武术套路赛场上观众稀少，等到了太极拳比赛时，大家都纷纷离去，说明了存在严重审美不足的问题。

这种现象主要是受到中国传统文化的影响，中国文化基本思想有四大要素，刚健有为、和与中、崇德利用、天人协调，崇尚刚柔相济，儒家文化是中国传统文化的根基，其美学提倡的是阳刚之美，如果只是一味的松、柔、慢，显然不符合中国人的审美标准。

21世纪太极拳套路竞赛进行大幅度改革，为改变以往太极拳竞赛出现的尴尬局面，目前竞技太极拳套路大多以陈式太极拳为蓝本进行艺术创作，并植入了腾空飞脚、外摆莲、旋风脚等速度快的腾空动作，融入了形意、八卦等拳种的内容，从而使现在的太极拳竞赛套路发展成为一种刚柔相济、快慢相间的运动。

提高整体协调能力、形成完整劲力或从健身养生的角度出发，进行松柔练习是很好的途径，从外在的艺术审美的角度看，一味的松、柔、慢，只会让观众产生审美疲劳。长拳快、南拳刚，杨式太极拳套路慢、柔，快慢相间、刚柔相济的太极拳最能体现中国传统文化的特色，符合中国人的审美标准。

这一新内容在体育领域属于表现型项目，在艺术领域就属于人体运动艺术。正因为这种改革符合了人们的审美需要，所以既得到了广大观众的认可，也得到了武术界专家的肯定。

以21世纪新生竞技太极拳套路的形成为起点，一个新的太极拳分支已经初步形成。这类太极拳已经不能单纯将它划分到技击术的范畴，人们根据艺术审美的需要对其进行了有目的的改造，而且这类太极拳基本上失去了技击防卫的功能，经过一个从量变到质变的发展过程，这类太极拳迟早跨入艺术范畴，成为人体运动艺术的新领域。

三、太极拳文化可持续发展路径

Ⅵ狻Ⅶ氓嫉朐忆慝叽幽剪焦唐瘑

太极拳集儒家、道家、佛家思想为一体，与军事、医学、民俗等文化理论都有着内在的联系，太极拳发展到现在，各大体育院校都还没有一整套完整的太极拳理论体系。因此，建立太极拳的理论学科体系，为太极拳的发展提供理论依据，是当务之急，也是重中之重。

中国武术的类别繁多，太极拳在其中脱颖而出，保持着旺盛的生命力，太极文化始终坚持与时俱进，在传承的过程中不断汲取各种经验以便更好地发展。如今文化全球化、国际化发展迅速，需要从文化的角度探索太极文化，过去太极拳的国际化传播主要都是推广拳法招式，将太极拳作为一种单纯的武术项目进行推广。现如今太极拳的传播将更加重视文化、理论的探讨，增加太极拳的文化内涵。

通过文化内涵来提升太极拳的品位，太极拳发展三百多年来，相关的理论书籍内容分散，不成体系，其大多都是研究太极拳的技法，很少有人关注太极拳的美学、哲学等方面。

太极拳要想发展成为一种产业，就要有厚重的文化作为基础支撑，否则很难产生巨大的影响力。太极拳文化的形成不可能离开赖以生存的文化土壤，否则将成为无源之水、无本之木，其真正的魅力在于丰富的文化底蕴，尽管目前也有一些研究，但是还相去甚远，太极拳文化的发掘和研究还需要后人的不断努力。

另外，太极拳要想在国际上传播开来，必须要克服语言障碍。太极拳文化走向世界面临的问题就是翻译。不统一的翻译容易让渴望了解太极拳文化的外国爱好者产生误解，不利于太极拳的国际化传播推广。我国想要将太极拳文化推向世界，就要加强太极拳术语的翻译工作，不仅要把太极拳的技术理论进行准确到位的翻译，更要重视太极拳的文化理论的翻译。

Ⅵ唉Ⅶ孪昕匕兆氓嫉朐淅妊

1.定位传播对象

在太极拳的传播过程中，要明确太极拳的传播对象，这个传播对象不仅只是来自世界各地的武术运动员，还包含所有阶层的大众群体，如武术爱好者，传播对象不能只是针对专业的武术运动员，还须扩充传播对象的定位。

全球化发展传播不要只是局限于竞技太极拳，还要广泛推广养生太极。太极拳的传播对象如果只是限于国外的竞技运动员，会极大地缩小太极拳传播对象的范围，将普通民众作为传播对象，才是太极拳在国际上传播的长久之计。

在我国习练太极拳的群体非常广泛，从少年、青年到老年人，在公园、广场随处可见，可以将太极拳融入海外普通大众的休闲生活中去，使太极拳成为锻炼身体、修身养性的第一选择。

要让太极拳的受众群体增多，可以将传播对象的范围扩大到普通民众，开发大众体育资源，进一步宣传太极拳文化，提升其在各个国家和社会的影响力。

2. 提高传播者的综合素质

在文化传播过程中首要的基本因素就是传播者，传播者的能力和素质与文化传播的质量紧密相关，会直接影响太极拳在国际范围内的传播，特别是东西方文化存在较大差异，这就要求太极拳国际传播者需要具备更高的综合素质。

在太极拳的国际化传播中，传播者需要熟练掌握太极拳的拳法套路，具有良好的跨文化交际能力，熟练的外语更是基本条件。如果在跨文化交流的过程中出现了语言障碍或是因为缺乏跨文化技能出现了交流障碍，对太极拳文化的对外传播会产生非常大的负面影响。

受到各种因素的限制，具有跨文化交际能力的高素质人才并不多，目前海外的太极拳传播者在技法上的造诣比较深，传播技艺肯定没有问题，但是，还没有较好的能力传播太极拳文化，这需要更高能力和素质的人才。

因此，我国要高度重视对太极拳海外传播者的培养，不要让非专业人士的非专业传播误导了海外学习者对太极拳的了解，从而影响了太极拳在国际上的良好形象。

3. 整合传播内容

太极拳的传播内容可以根据传播对象的具体情况来选择，具有针对性和专业性，比如有的传播对象偏爱拳法套路，就需要在传播过程中增加技击的内容，有的传播对象喜好中国文化，那么针对他们喜好的传播内容就要更侧重于太极拳文化内涵方面。传播对象的年龄、职业等不同，对太极拳的需求就不同，传播内容的选择要区别对待，因材施教，如此太极拳的国际化传播道路才能逐渐宽广。

4. 重视信息反馈

目前人们已经逐渐意识到太极拳国际化传播的重要性，但是对太极拳的传播效果的研究却比较缺乏。太极拳在国际化传播中所面对的重要问题是一味地注重输出却忽略了效果反馈，如果不能及时对效果反馈进行研究分析，就无法准确地进行下一步策略发展，传播的精准性将大打折扣，传播效果也不会明显。

每一个成功传播的案例中都有一个重要的步骤，就是信息反馈，没有信息反馈和分析评价，就没有完整的传播链，太极拳的国际化传播需要对传播效果进行信息反馈和客观有效的评价，对反馈的信息和及时调整的太极拳国际传播的内容及策略进行反馈修正，才能总结经验，获得最佳的传播效果。

相关部门可以成立独立研究组，对太极拳国际化传播过程的效果反馈信息进行收集整理，发现问题，解决问题。通过及时的反馈和改进，太极拳国际化的道路才会走得长远。

Ⅵ柃Ⅶ泻呼氓嫉朐出猕唐瘟

相比于一般体育项目，太极拳产业的开发潜力巨大。国外体育赛事经过商业化操作后，都可以获得巨大的经济和社会效益，如美国 NBA 联赛一年创造价值达上千亿元，以及职业网球赛、欧洲世界杯足球赛等，如果按照市场化操作方式，将太极拳与跆拳道、泰拳、空手道进行对抗，增加了赛事的观赏性和对抗性。

体育赛事的对抗性逐渐加强，卖点也越来越高，太极拳成为高水平的体育赛事。建立太极拳的人才市场或者人才交流中心，为市场培养各主要流派的太极拳教练员和优秀的传承人，构建较为完善的人才资源库，聚拢人才，让人才交流中心成为国际太极拳人才的汇聚地，使太极拳的传播更加科学规范，为太极拳今后的发展提供坚实的群众基础。

第二节　散打文化的可持续发展

一、散打文化的特点

散打项目是我国改革开放以后,历史与现实、继承与发展、改革与创新的产物,是优秀传统民族体育项目之一,是徒手格斗对抗的现代竞技体育项目,是中国武术的重要组成部分。

现代散打作为体育的竞技项目已走过了30年的风雨历程,已经成为一个独立的技术体系,是现代体育科学与理念力量共同作用的结果,散打是对传统武术的系统整合,是理念和思想超越传统的结果。用更加先进、前沿的眼光去看待散打的现代化发展,以更加拓展的思路规划散打,推动散打走向辉煌。

现代散打运动根植于博大精深的中国文化,自然而然地受到传统文化和传统武术环境的熏陶,经过20多年的发展,证实其具有强大的生命力,滋生于传统武术的现代散打运动受中国传统文化的影响是全面的、深刻的。

Ⅵ狻Ⅶ劣格浀叻

中华武术武德观念最为鲜明地表现为“德”与“艺”的统一。儒家的“仁义思想”,也深深地浸透在古代武术的武德观念之中。常言道“文以评心,武以观德”,拳语云“未习艺,先修德”,这些都说明习武之人要讲究武德,武德就是习武之人应该具备的道德品质。

综观我国传统武术的各个项目,均能呈现出东方文明的气质——争斗而有礼让,有劲而不粗野,艺纯熟而不玄浮,情饱满而含蓄内向,富于观赏且追求高尚的精神气质。古代武德讲究的是仁、义、礼、智、信、勇;现代武德则讲究树立理想、为国争光、遵纪守法、宽容礼让、诚实守信、见义勇为、尊师爱生、文明有礼等内容。

现代散打建立在传统武术的基础之上,具有鲜明的东方文明特点,同时也反映西方文明所突出的壮烈、惊险、富于强烈刺激的审美观点。可见,现代散打在传承东方文明的同时也及时地融入西方文明,因此更具有强大的适应力。

散打运动员无论是在日常生活中还是在训练比赛中,都要体现出良好的武德修养。从现行的散打规则看,有许多武德行为规范的内容,如互行抱拳礼、遵守规则、尊重和服从裁判、不准攻击后脑、裆部等。其中,“抱拳礼”这是散打运动中独特的礼节,反映了中国传统文化所倡导的“中庸”“礼让”“不为人先”的观念,这种文化意识与文化心理结构同传统的制度文化是一致的,二者的交互影响以及与西方文明的冲突与融合。一方面,迫使现代散打具有浓厚的竞争意识“敢为人先”,另一方面,需要继承传统文化的谦虚与礼让。散打运动提倡比赛斗技,不可丧德、失志,不许暗算和故意伤害对手的武德精神。

散打运动具有的文化特点体现了中西方文明的碰撞与融合,由于现代散打开展的时间只有短短二十几年,正是中国改革开放取得伟大成就的发展时期,现代散打在传承东方文化的同时,更多应吸取西方竞技的拼搏、冒险、刺激的精神,才能形成一整套完善的竞技原则。

Ⅵ唉Ⅶ嬲咆朋抠棼瑛

1. 全面性

散打是一项利用拳、腿、摔的技术动作战胜或制服对手的高强度对抗项目,在保证安全和裁判操作的前提下,最大限度地综合应用各种不同类别的技击方法,反映出了武术散打运动技法全面运用的技术特点。

人体格斗的技击方法从摔法技术来讲,依据运动力学“破坏重心”和“抡圆”(走圆的切线)的方法,从防守技术来看主要是依据“接触式”和“不接触”以及防守有利于快速反击的原则,产生了运用身法和步法的多种不同防守动作,双方格斗时运动状态不同,选择的对策也不同。人体格斗的目的是制服对方,过程是身体的运动,手段是技法运用,规律是相互制约,技术内涵是随着技法运用种类的多少来发挥作用。

各种不同种类的技法是根据人体格斗时姿势状态的不同变化和打击对方的不同需要而产生的。虽然,每一个单一种类的技法作为个体,针对人体不同的攻击目标和手段可以发挥不同的作用,相互之间是相生相克、相互制约的。

例如,随着散打技术水平的不断提高,单个技术运用的空间必然缩小,凭单一的动作取胜将不太可能。在散打对抗中,运动员组合技术攻防转换能力的高低成为决定胜负的关键因素,也更能发挥散打技术全面、立体进攻的特点。尤其对于高水平运动员来讲,提高单个技术质量已变得相对困难,所以提高组合技术的攻防转换能力就成为提高整体水平的有效途径。

不同种类的技法作为整体,技法与技法之间也是相生相克、相互制约的。但是,单一种类技法的相生相克只能在单一种类的技法内衍生变化,不能体现人体格斗各种技法使用的全貌,人体格斗不同种类的技法只有存在允许全面运用的条件,才能体现出它们相互之间互为作用的整体性价值功能。

依据武术技击的继承性原理,武术散打不同种类的拳法、腿法、摔法都可以用,能够最大限度地发挥踢、打、摔法综合应用的功能,全面体现人体格斗不同技法运用的变化规律和运动规律。散打和其他人体格斗类运动项目相比较,最重要的技术特点就是能够在一个人体格斗类运动项目中,充分地反映出不同种类的技法综合运用,产生出相生相克、相互作用的无限技巧。

散打运动的技术含量最高,空间活动的范围最广,运动状态的变化最复杂。人体格斗呈现出的任何一种姿势状态不管是转身、侧身、前俯、后仰等,运动员都可以在任何方向、任何角度发出进攻、防守、反击、攻中带防、反反击的不同动作。双方运动员的距离不管是远是近还是贴身,都可以针对性地使用拳、腿、摔的不同技法,通过运动员动作姿势的动态调节,使进攻动作达到不同距离的攻击目标。

2. 实用性

散打运动员经常在相互对峙的情况下,一方进攻,另外一方防守或反击,而进攻方又转为防守或反击,有时也出现连续进攻的情景(很少),这种攻与守的相互转化很鲜明。与其他人体格斗类运动使用的技法相比较,由于使用技法的全面性和综合性,针对任何情况和各种格斗状态都具备进攻、防守、反击、攻中带防、反反击的手段,相生相克技法的熟练掌握,反映出了散打运动技法实用广泛性的技术特点。

人体格斗的技法,踢、打、摔各有各的作用,从实用的价值上来讲,它们横向之间并没有优劣之分。不同种类的技法针对的是特定的客观条件,不同的客观条件适合使用不同的方法,“远用腿、近用拳、贴身靠摔拿”,就是对不同种类技法在什么样的情况下发挥作用的高度概括。

散打运动要求运动员对拳、腿、摔三大技术全面均衡发展,运动员在摔法中争取双方先后倒地就可以不失分,减少了运动员使用腿法被摔的心理负担,提高了腿法的得分可能性,这在一定程度上促进了运动员对拳腿技术的运用。

散打运动员从基础训练开始,就紧紧围绕拳法、腿法、摔法、战术意识和战术动作,以及相应的运动素质进行训练。例如,为改进和提高拳法和腿法技术的重复击打沙包的练习,为提高运动员的比赛适应能力而采用的极限强度的组合训练和循环训练等。

通过整体技术综合运用的训练,可以培养运动员拳、腿、摔技法的操作转换能力,建立起在任何条件下都能发出进攻、反击和反反击动作的条件反射能力,建立起使用合理有效技法的动力定型。

如果拳击、跆拳道、空手道、泰国拳、摔跤、柔道、自由搏击等相同训练水平的运动员在一起进行比赛,拳击经不起散打的腿法进攻,摔跤、柔道运动员虽然会摔,但没有经过接腿、抓腿的训练,抓不住腿，摔法就用不上，也承受不了散打拳法、腿法的进攻。武术散打和其他同类项目相比，其技法使用的广泛性是显而易见的。

Ⅵ柃Ⅶ宓楼元烽

散打既是中华武术之精粹，又是传统文化的载体之一。中国传统文化中的哲学、医学、美学、兵学、养生学、民俗学等众多内容，都对武术散打产生了不同程度的影响，同时也起到了至关重要的作用。比如，散打比赛采用了中国传统的擂台方式进行比赛，三局两胜制就是沿袭了中国古代民间打擂的风俗习惯，运用汉语作为裁判规则用语等。习武目的绝非是逞强斗狠，而是追求“内外兼修，天人合一”。

从着装和礼仪上就可以体现体育项目的民族文化特点，如日本的柔道和韩国的跆拳道，无论从礼仪到服装都有特殊的民族文化符号。散打比赛运动员穿着背心、短裤、并带上红黑护具、红黑拳套，但是国外众多的格斗对抗性项目，竞技者可以穿着十分个性化的服装，尽管也有一定的要求，但整体来看，比赛的服饰十分混乱，而散打比赛中运动员比赛的服饰显得十分正规。

二、散打与武术的融合

Ⅵ狻Ⅶ嬲槲杳壶

散打对传统武术文化有延续也有抛舍，散打去除了传统武术的核心拳理，内外合一，延续了传统武术的全方位的整体理念，表现在拳、腿、摔，发展了远踢的技击方法。

传统武术擅长短打，但是不符合传统体育的价值观念，散打并不认同“内外合一”的传统武术短打技法，舍弃了传统武术的精髓。散打远踢相比传统武术腿法，延长了攻击距离，中短距离中拳法并不能和拳击相比，经常会出现抱头、停战的情况，散打技术尚需改进和完善。散打在发扬原有腿法的同时，融入传统武术“短打”技术体系，制定发扬长（腿）、加强短（打）的散打改进策略势在必行。

面对传统武术的发展，要回避过分夸张和盲目否定的两个极端，这两个极端都会影响传统武术的健康发展，表面上看了解武术但是没有深入练习过武术，只是研究理论的学者对传统武术的技术进行批判不具有任何的客观性。

散打过程中经常出现缠抱的“停战”、抱头被动防守、近距离被泰拳肘膝技术遏制的尴尬现象，要解决这些问题，不能只是依靠修改规则来引导，这样做的结果治标不能治本，从技术角度看，散打并没有贴身近战的技击方法，那么散打运动员零距离左右散打技术的施展就会受到限制，而这种距离对传统武术短打来讲是最适合攻防的距离优势。

Ⅵ唉Ⅶ浙妊杳壶

1. 传承武术文化

现代散打运动根植于博大精深的中国文化，自然而然地受到传统文化和传统武术环境的熏陶，经过20多年的发展，证实其具有强大的生命力，滋生于传统武术的现代散打运动受中国传统文化的影响是全面的、深刻的。

中国传统文化表现出中国人所特有的文化精神、哲学智慧、社会心态、风俗民情、审美观念、艺术情趣、思维定式、行为方式，中华武术武德观念最为鲜明地表现为“德”与“艺”的统一。

儒家的“仁义思想”浸透在古代武术的武德观念之中，“抱拳礼”是散打运动独特的礼节，反映了中国传统文化所倡导的中庸、礼让、不为人先的观念。

散打运动提倡比赛斗技，不可丧德、失志，不许暗算和故意伤害对手的武德精神。传统武术与散打的融合是取长补短的融会贯通，是古为今用的武术发展策略，是提升散打文化和技术风格的有效途径，是屹立于世界体育之林的必然要求。

2. 丰富散打文化

武术在发展过程中形成了特殊的武术育人文化，如德行、礼仪、门规、侠义等，虽然这期间包含了一些不利于武术发展和封建糟粕的思想，但是其本质是出于约束和预防习武者可能出现的不良行为，因此在古时候的历史环境中堪称典范。

随着时代的发展进步，武术严谨的育人文化仍然值得当代人学习和借鉴，这种文化有严格的规章制度作为限制，同时也需要优秀的道德品质和健康的人格，这是武德塑造武者的理想目标。

如今，竞技武术的礼节规范和武德几乎已经消失，参考跆拳道、泰拳文化，可以发现，我们丧失了很多文化价值的符号，使武术文化在世界范围内的传播缺少内容，武术文化的变异令人堪忧，长期崇洋媚外的思想导致武术文化的严重缺失。

3. 提升散打技术

传统武术中的短打在散打中可以深入发展，丰富散打上肢攻防技法，如拳法、掌法、肘法等。咏春拳之沉桥、粘打、子午捶等传统拳法可择优纳入散打拳法体系中，不仅可以增强拳法进攻手段，还能提高冲、贯、抄、鞭已有散打拳法的速度和力量。

武术中威力比较大的是掌，在手指的配合下比拳更加灵活多变，在短距离攻防之间隐蔽性强，变幻莫测。散打虽然佩戴拳套对掌法的发挥有所影响，放眼世界搏击技术，掌是武术特有的技击方法，作为代表中国功夫的散打有着传承的义务和责任。

传统武术与散打的融合可以提升散打的摔法技能，桩功的重要功用是稳固下肢，落地生根，不失去重心。摔法的目的是破坏对方身体的平衡性，通过练习传统武术可以很好地稳固下盘，发挥传统拳的技击方法，如粘、连、黏、随、挨，达到提高和丰富散打摔法技术的良好效果。

散打与武术的融合发展，使武术通过散打这个载体发扬光大。传统武术拳师会得到重视，武术技法在继承和创新中也将得到发展。探索以借鉴传统武术技击为核心的现代散打发展理念，是武术工作者从武术的长远发展出发转变思路、克服眼前障碍的大我精神的体现。

三、散打文化可持续发展的困境

Ⅵ狻Ⅶ历痃次潢撸宴

西方竞技体育的传入，对我国传统体育文化冲击很大，不同文化间的对抗和融合是一把双刃剑，从人类文明的发展历程上来看，外来文化的冲击和渗透，会破坏原有文化的平衡，导致本民族自我文化认知的迷失。

西方体育文化的基础是西方的价值观，以发达国家的利益作为价值取舍，武术文化建立在中国传统文化的基础上，在西方体育文化的巨大冲击下，民族体育文化的生存空间会越来越狭窄，武术发展的新动力就是文化间的交流。

在体育全球化的形势下，武术与其他国家的体育项目相碰撞，武术文化与西方体育文化相融合，在竞争中协调发展。这种文化的交流，使武术与国际体育项目同台竞争，武术呈现出多元化的发展趋势。

当前，我国参加跆拳道培训班的青少年学生越来越多，而学习散打运动的人却越来越少了。通过相关调查发现，很多人认为学习散打容易伤害身体，尤其害怕头被击中，而学习跆拳道可以强身健体、防身自卫，还可以学习礼仪规范，紧跟时代潮流，所以宁愿去学跆拳道。可见，人们对于散打存在一些偏见，严重制约了散打文化在我国及世界上的传播与发展。

Ⅵ唉Ⅶ椭屙浉嬲叽梗泥

武术的本质是技击，在中国传统文化的熏陶下，其技击的功效变得越来越弱，面对国际化的拳击、泰拳等项目，中国需要开发新的武术项目与之相竞争，散打应运而生。散打为中国武术的现代化发展提供了新鲜血液，甚至可以和其他搏击项目一决高下。

散打吸收了很多优秀搏击项目的特点和长处，形成了独具特色的搏击技术，这几年，武术散打和顶级格斗类项目进行了比赛，如中泰对抗、中日对抗等，武术散打运动员也取得了一定的成绩，提高了散打的声誉和地位，为散打运动的国际化、现代化发展提供了更为广阔的平台。

目前武术散打运动已初步形成了系统、科学的组织程序，较为完善的竞赛制度以及竞赛规则和裁判法；培养了一批武术散打教练员和裁判员，使得武术散打运动得到了进一步的发展，加快了走向世界的步伐。

几千年来，中华武术根深蒂固，代代传承，绵延至今，深受人民大众喜爱，而当前跆拳道、空手道、柔道等国外武技在我国发展势头猛增，后劲很大，有压倒武术的趋势，这就威胁了我国散打文化的传播与发展。

Ⅵ柃Ⅶ朋暮妊哀某厥出猕叽务娄

经济全球化的发展，拓宽了我国的对外交流渠道，拓展了散打文化的传播与发展空间，这与“一带一路”战略要求是相符的。然而，因为我国在举办大型职业赛事方面还比较缺乏能力和经验，限制因素多，所以国内武术市场很难成功抵御国际赛事公司的入侵，这对武术散打职业市场的开发与发展来说是一个沉重的打击。

四、散打文化可持续发展路径

Ⅵ狻Ⅶ某厥淅妊啀畏妊唐癌

中国传统武术和竞技运动融合发展后形成了散打运动，是中国武术的重要组成部分，是中国武术的延伸，具有中国武术的基本特点,武术文化与其他文化相互融合,注定了武术的多元化本质。武术文化是多元文化的集合体,是传统文化的一部分,集合了中医、养生、道德等中国传统文化。随着时代的发展进步,武术呈现多元化趋势,散打也将保持武术的本质,呈现多样化的发展势头。

我国武术发展被计划经济的固有思维模式所禁锢,一元化理念比较突出,很长一段时间都处于计划经济中,导致发展过于单一、模式化。很多传统武术的支持者认为竞技武术是武术的异化,并不是真正意义上的武术,丢失了武术的传统文化精髓,这种固化思想将武术放在自认为是正确的道路中。

多元化文化允许有各种不同的观点,对各种文化模式兼收并蓄,这些观点也不存在对错之分,最后都会应用于实践之中,达到百花齐放的目的。散打的现代化发展也应该有多元化的发展观念,不能局限在固定的思维模式看世界,所有的武术传承人都希望武术能够传播到世界的各个角落,这就需要多元化的发展途径和发展思维,否则走向世界只是空谈。

在散打的多元化发展过程中,要树立尊重和理解的思想观念。多元化发展是以尊重不同文化、不同见解为出发点的,只有在尊重和理解他人的观点与意见的基础上,才能形成平等的竞争格局,使多元化得以真正发展,武术才能真正具备竞争力。

我国传播与发展散打运动文化的基石在于实现武术散打进校园的目标。因此应定期举办全国高校武术散打比赛和全国中学生武术散打比赛,奖励成绩优秀的学生,同时改进散打竞赛规则,使其与青少年学生的身心发展特点相符。另外,加强武德教育,对青少年的武德素养进行培养,完善其人格,从而使社会对散打的偏见慢慢改观,这将有利于散打文化的广泛传播与发展。

Ⅵ唉Ⅶ泻炯滷槲某厥咳淯瞒

现行武术散打段位制存在可操作性差、评价标准模糊、级别划分不严谨等问题,不利于调动青少年的参与积极性。而青少年是我国散打文化传播的主要对象,所以我们应积极推行新的武术散打段位制,严格规范武术散打段位制标准,从而促进青少年学生武术人口比例的增加。

散打最初是与搏击文化相融合的产物,是中西方文化的结合体,中国传统文化在新时期需要不断的创新发展,应冲破固有的思维模式,积极融合世界文化,为传统文化的发展铺设新的道路。中国文化的特点就是具有广泛的包容性,促进民族的大融合、大统一,人们可以从中国文化的发展中发现民族文化相互作用的影响。

散打未来现代化发展,需要发扬相互融合的优点,吸纳搏击文化的特长,散打的发展并不是人为的结果,是世界范围内文化交流的结果,是与中国武术结合的一种形式。

散打的多元性发展过程是兼收并蓄,是武术散打逐渐进化演变的过程,武术散打有可能会发展得更加有竞争力,或者异化成另外一种运动形式。散打的多元化可以迅速推动武术散打向前发展,避免散打因异化而衰落,加强散打自身的理论和技术建设,更加突出其具有的民族特色,引入民族元素,推动其更加科学化、规范化发展,明确武术散打的目的。为了防止多元化的消极现象,更加突出创新个性,须提出彼此切磋和建设性的意见。

Ⅵ柃Ⅶ卯岍某厥出猕妊唐瘟

我国体育产业的发展已经取得了一定的成效,散打产业在体育产业体系中的地位和作用非常重要。因此,我们应动员社会力量开发散打竞赛市场和竞赛产品,树立品牌意识,创造散打赛事的国际品牌,与其他国家在散打赛事举办上加强交流,取长补短,创建独具中国特色的散打品牌,从而使散打文化在国际上得到良好的传播与发展。

现代社会体育产业拥有广大的消费群体,体育产业已经成为经济发展中的重要力量,但是武术产业对体育产业的贡献并不多,很多人仍然用计划经济的观点看待武术,认为武术不能走产业化道路。随着商业化比赛的进行,武术市场化开发已经逐渐成熟,可以走产业化道路,这是社会主义市场经济发展的必然趋势。

目前我国经济高速发展,人们的物质生活得到满足,需要精神生活的充实,人们对传统的休闲娱乐方式逐渐失去兴趣,开始寻找新的休闲方式。武术散打带给人们更多的刺激,符合大众的审美和体育需求,拥有广大的人群是武术市场的坚实基础。在中国发展市场经济的大环境下,国外的市场文化、潮流文化对中国的生活模式和思维模式造成了强烈冲击。

武术的发展进步不能完全依靠国家,要走商业化道路,改行政化为经营化,武术未来的发展方向不仅在于要创造经济价值,更要创造精神价值。这是市场化对武术在思想意识下的冲击,要想在市场经济中立足,发展竞技散打尤为重要,由于经济效益有限,武术散打要遵循市场经济发展的规律,走多元化发展道路,寻找生存空间。

第三节　武当武术文化的可持续发展

武当武术是指武当山技击武术,其起源于部落战争,在传统文化生态环境中不断成长与发展起来,道家“清静无为”思想决定了武当武术的产生与发展。在21世纪的今天,网络信息充斥着社会的各个方面,这对民族传统文化来说,是发展的大好时机,但因为时代的变化,中华传统武术群体生存与发展受到了威胁,武当武术也同样没能幸免。

一、武当武术文化的来源

武当武术是中国传统武术的重要组成部分,是中国功夫的重要流派,是中华民族智慧的重要代表,武当派和少林派是中国武林两大流派的重要代表，在中国武术史上具有重要的作用，素来就有“北崇少林，南尊武当”的说法。

武当武术起源于春秋战国时期，受到军事武术和道教的影响，正式确立是在元末明初。在北京一带流传的武当太乙神化剑门的武术谱诀尽管带有一定的宗教色彩，将武当武术的创立归结于道教传说的玄天大帝，但是谱诀中也记载了“六合神拳、谓之内家”的说法，唐末五代交替时期，隐修武当山的武林人士承传“六合八法拳”，并且有了“内家”的称谓。

在张三丰创立武当门派之前，各种功夫就已经发展了很长时间，但是没有自成体系，也没有广泛的社会影响力，直到张三丰集道家各路前辈之所长，吸纳少林拳法的优点，将武技和道义融合，创编太极拳法后，才标志着武当武术的初步形成，被誉为中国武学的泰山北斗。

张三丰的思想带有元明时代道教思想的普遍特征，倡导三教同源，儒、道、佛三教尽管创始人不同，但是宗旨都是行善积德、修己利人，于是提出三教一家的理论，强调要修身养性。张三丰还将修炼真心、真气与儒学的忠、孝、仁、义融合起来，强调了儒道的联系，促使了心学的发展。

武当武术经过了历代宗师的继承与发展，成为中国功夫的重要流派，在民间广泛传播，主要流派分为庙内功夫和流传到民间的功夫，武当武术追求柔和自然、圆融贯通，将自身与宇宙规律、天地呼吸相一致。

新中国成立后，开始广泛推广武当武术，改革开放以后，武当武术得到快速发展。虽然太极拳是武当武术的主要内容，但是武当武术体系非常庞大，不仅包括太极，还有形意、八卦等派别，还有奇兵异械和药功的传承。

二、武当武术文化的特点

VI狻VII棱叁炸

武当文化浓缩了中国历史与文化在时代变迁中产生、发展、扩充的每一个过程,通过了解武当山隐士的活动,可以研究我国道教产生的根源及原貌。在楚国的文化传统中,隐士文化比较特殊,早期的隐士活动多集中在楚国,武当山活动隐士很多,以道教的人物为主。武当山的兴盛和皇室对之格外器重有分不开的关系,从建筑规模、政治、经济等很多方面都享有特殊的权利。

VI唉VII吝用炸

武当山远离我国的经济、政治、文化中心,但是它具有特殊的地理位置、人文环境,在不同时代所形成的文化氛围,都使武当山成为具有特殊地域特征的文化宝地。历朝历代的文化活动都可以在武当山找到痕迹,楚人最早在这一带立国,对这里的文化产生了积极的影响,武当山具有荆楚文化的典型特征,同时又有自己的特点,建筑、地理、风俗等方面都具有强烈的地方特色,又代表普遍的文化色彩。

VI柃VII匕剜炸

武当文化在产生及发展过程中文化传承发挥了重要作用,武当文化诞生于中国历史及文化背景下,形成了自己特殊的文化土壤,并世代相传。荆楚文化最早产生于丹水一地,具有扎实的文化基础,东汉以前,武当山就有道教活动,很多隐士都隐居在武当山,如《神仙传》载之阴长生,到元代形成一定规模,明代走向兴盛。

Ⅵ欺Ⅶ礫尤炸

武当道家道教文化具有悠久的历史，每个时期都有隐士前去修炼，是形成道教文化氛围的基础，他们在武当山的活动，对世俗甚至是朝廷都会产生深远的影响。晋代葛洪是著名的道教学家，主要著作是《抱朴子》。

三、武当武术文化可持续发展的困境

Ⅵ狻Ⅶ俐奶渖叨渖槲淅妊叽忸咪兵坞

当前，民族精英文化——传统武术离我们越来越远，党和国家对这一问题非常重视，为了对传统武术文化遗产进行拯救和保护，国家发出了号召，倡导加强对传统武术的挖掘，有关部门耗费巨资，并动员专职武术工作者和业余爱好者着手武术普查和武术文化遗产抢救工作，挖掘了分散在各地的武当拳种、拳法。

这些“抢救工作”一方面对保护武当武术具有非常深远的影响和意义，另一方面也表露出了其缺少发展后劲等严重问题，主要表现在以下几方面。

（1）观念陈旧，生存危机感缺乏。

（2）发展紊乱，缺乏科学而合理的规划。

（3）武当武术文化产业发展主体不突出。

武当武术作为中华民族的传统国粹，伴随着中华民族历经了风雨，作为冷兵器时期军事核心力量的“军事武术”已被“火器”取代，其结果是国家意志下的武术推广力度明显减弱，对武术的传承和发展来说是重大打击。

和谐社会下武当武术的搏杀功能减弱抑制了作为实用性武术的发展，武术的本源是技击性，武当武术的产生源自原始人的生存需要，在部落间的武力争斗和阶级社会的军事战争中发展起来，如今武术搏杀功能的被抑制对于武当武术来说将失去继续前行的动力。

武当武术竞技功能的缺失与不足制约了其发展的脚步,武当武术强调以武演道,崇尚自然,讲究人与社会的和谐统一,与西方竞技体育追求卓越的思想大相径庭。

Ⅵ唉Ⅶ涶叨涶榭畚梦气姚峄倍攸妙

武当武术作为我国传统文化的精髓,并没有随时代的变革与进步而“与时俱进”,反而其传播与发展受到了阻碍,而致命原因就是武当武术文化的生态环境遭到了破坏,也就是说武当武术文化的“给养”中断了,这主要表现在以下几个方面。

(1)武当武术的生态空间遭受了西方竞技体育文化的强烈冲击和挤压。

(2)传统武术自身功利性的削弱对武当武术的可持续性发展造成了阻碍。

(3)传承乏力制约了武当武术的传播与发展步伐,如抢救不及时,大量功法严重流失;传承对象稀少;传承方式单一等。

武当武术也被称为武当内家拳,在中华传统武林中曾与少林功夫分庭抗礼,21 世纪,无论是文化传承、推广还是产业化进程,都赶不上少林武术,表现出明显的传承乏力现象。抢救不及时,作为武当武术文化主体的“功法”流失非常严重,原来大约 500 多个拳(剑)谱的“武当拳功”目前已经不足 210 个,近百多个门派发展到今天已经不足 30 个,伴随着一些老艺人的相继离世,这种功法流失现象加剧。

传承对象的减少将直接阻碍武当武术的传承可持续发展,河南登封县,仅以少林命名的武校就有 80 多个,在校学员达 5 万人,武当山集所有武当武校的人数尚不足少林一个武校的人数零头。

传承方式的单一化直接阻碍了武当武术的传播与发展步伐,武当武术从拳种数量来看无法与少林相比,但是门派却比少林多,在传承过程中表现为各自为政的自然传承现象。对武当武术的抢救并不及时，缺失传承对象，形式单一、无序化将严重制约武当武术的传承与发展步伐。

Ⅵ柃Ⅶ浀叨浀槲出猕妊唐瘑瞪奋

任何一种文化的发展都具有市场经济的烙印，武术作为中华传统文化的代表，毫不犹豫地融入这一经济发展的浪潮中，以电影《少林寺》走红世界影坛为契机，少林功夫得到了较好的传播，通过对内加速挖掘与整理“商业包装”工作，对外加强推广、普及与交流等手段，打造出了一条融少林功法、影视表演、培训及器械、服饰、影像光碟销售等为一体的产业链。

少林功夫产业化运作成功案例堪称民族文化产业化的经典案例，武当武术却没有成功借鉴这一案例，武当武术产业化严重滞后。当今，市场经济渗透到了社会发展的方方面面，作为中华民族传统文化代表的武术也融入了经济浪潮中，如拍摄武术电影，对武术进行商业包装，通过商业手段促进武学的传承与弘扬、推广和普及。

同时，我国还打造了武术产业链，包括武术功法、培训、影视表演及器械、服饰等，武术的产业化运作也取得了一定的成果。但相对来说，少林武术的产业化发展比较成功，而武当武术在这方面严重滞后。有关专家和学者从不同层面解析这一现状的根源后，将原因归纳为以下几方面。

1. 观念守旧、缺乏市场意识

在融入现代市场经济意识上来看，武当与少林相比相去甚远，也许受道家“清静无为”思想的影响，“武当武术”自始至终都没能在产业经济的道路上走出去。

2. 武当武术产业结构不合理，武术主体不突出

少林在产业发展上处处打着少林的牌子，将少林功夫纳入自己的产业规划之中，而武当山在产业发展上基本上是出让现有的道观等资源，并没能将武当武术融入自身的产业发展之中，其产

业结构极不合理，其“武”的特质没能得到具体体现。

3. 武术市场管理混乱，存在明显的恶性竞争

管理混乱是武当山武术产业化发展比较突出的问题，同样一把剑因店铺位置、档次不同，其价格相差可达数倍，而都以“正宗”自居。另外，通过对武当诸武校的教学大纲、教材内容等进行调研发现武当诸武校其授课内容多是时下的竞技武术，并没有从真正意义上弘扬武当功夫，而且各武术馆校还竞相通过压价来“挖”生源。

四、武当武术文化可持续发展路径

Ⅵ狻Ⅶ帛唐渖叨渖槲峦黝楮刀

武当武术和少林武术是我国传统武术的优秀代表，这些武术文化强调“崇尚自然”“天人合一”等理念，明显不同于“偏爱竞争”的西方竞技体育，因此被束之高阁。事实上，擂台较技是中华武术古已有之的习俗，中华武术同样具有竞技性。

为了与社会发展的步伐保持一致，使武当武术更具可传播性，实现更好的发展，可按竞技武术的发展模式，在不对武当武术的传统文化特性做出改变的基础上，适当修饰与改编一些经典功法，使武当武术套路尽可能兼容竞技武术的操作范式。具体可从以下几方面来着手。

1. 分类改编武当武术

传统武当拳有其自身的特点，不过在演练形式、时间及内容编排形式上、演练技巧上与竞技武术有较大差异，改编过程中，尽量在不改变动作原形和文化特性的同时还要按照拳术、短器械、长器械、双器械等的要求进行适应不同等级比赛的适度改编。

2. 制定武当武术竞赛体制

制定武当武术竞赛规程，建立健全各级竞赛体制与机构，定期举行武当武术比赛，并力求试点国内，辐射海外。

3. 加强武当武术与少林武术的交流与互动。

少林与武当，一道一僧，内家外家，谁强谁弱，一直是国人乃至世界人眼中的看点，若两强能每年举行分级别对抗赛，不仅可以强化两种拳种间的交流，在功法上取长补短，而且还可以带来巨大的财富效应。

4. 促进武当武术段位制的健全和完善

“段位制”乃国家武术管理中心为增强人民体质，推动武术运动的发展，提高武术技术和理论水平，建立规范的全民武术体系而特别制定的。

目前武当武术“段位制”尚在建设之中。作为中华传统武术的一大明宗，武当武术应积极响应武术段位制的号召，尽早构建出符合自身特点的武当武术“段位制”，为武当武术的传承及可持续发展奠定坚实的基础。

Ⅵ唉Ⅶ李昕毗嘌垧店

武当武术作为非物质文化遗产如果没有国家优先发展政策的支持，其保护与发展其实也只能是句空话。武当山建设离不开政府的管理与决策，武当武术作为一个复杂的巨大的文化系统，其发展只有融入武当山特区的建设之中，才能最终实现文化发展与经济建设两不误。

国家优先发展政策的支持是保护与发展武当武术的有力保障。我们可以将武当山特区政府看作是国家权力的延伸，特区政府的管理与决策对武当山的规划建设具有重要的引导作用，武当武术是一个巨大的文化系统，非常复杂，只有融入特区建设中求发展，才能同时获得文化发展效益与经济效益。这主要从以下几方面来落实。

1. 突出武当武术主题

武当山因“武”与“道”而“名”,武与道乃武当山特区之金字招牌,特区政府在制定中长期经济发展规划中,应牢牢扣住武当武术“武与道”这一主线,做好武当武术与特区经济建设的对接。

2. 实施政策倾斜

市场是做出来的,作为武当山特区政府应充分发挥政府的号召力和政策指向力,引导市场向有利于武当武术保护、传承及可持续性的方向发展。

3. 支持武当武术文化产业市场的开发与发展

政府的职能除了管控之外 ,还要做好武当武术与企业间的“红娘”,除了强化宣传、强化普及与推广外,更要从产业化的角度赋予武当武术更多的商机,力求做到武术推广与经济发展互为促进。

4. 宏观管理与微观管控相结合

在政府“优先”的前提下,武当武术文化及相关产业定会向着可持续发展的轨道快速发展,这样一来,难免鱼龙混杂,为了追求高利益,其间相互压价或挂羊头卖狗肉的现状也在所难免,为此,政府应制定相关政策与法令来引领或规范市场朝着可持续性的方向发展。

Ⅵ柃Ⅶ卯岍浉叨浉槲叽哀洽导悟

1. 加强理论研究，构建新媒体营销模式

行动往往以理论为向导。当前,武当武术文化营销模式在广播、电视等传统媒体中取得了良好的成绩。但在数字报纸、数字杂志、数字广播、移动网络等新媒体上的营销模式并未取得明显的进展。所以,推动武当武术文化营销的发展,需加强理论研究,并进行顶层设计。

（1）加强对建设武当武术英文网站的研究。

（2）对利用手机媒体传播武当武术文化的策略进行研究。

按现代学科发展要求完善对武当武术进行细化分类与整理，使其不断向更宽泛、更纵深方向发展，现代学科，就武当武术保护来说，宽泛扩展主要表现在内容、形式和功能以及文化涵盖的范围上，武当武术拳器械套路功法博大精深，在功能上其集技击、养身、修身、竞技、延年和保健休闲于一体，强调身心修养。

在对武当武术实施策略性保护时应强调分门别类，还要按照现代人的思维在不改变其传统文化性的基础之上加以“粉饰”，更加符合现代人的习惯，纵深主要表现在对于功法功能与作用的深度挖掘上，如对于武当养身功法和“丹药”养身延年机制的研究与开发等，并创造经济效益。

2. 提升武当武术的技击实力，弘扬其核心价值

武当武术文化具有系统性、复杂性和深厚性等特征。近年来，中外武术竞技对抗赛在各地大力举办。如果在实战比赛中总是处于弱势，很少会赢，那么就会阻碍武当武术文化核心价值的对外传播。因此，需大力提升武当武术的积极性和实战对抗力，从而使其核心价值的对外传播畅通无阻。

对此，武当山国际武术学院应与体育科研人员合作，将高速摄影、录像等先进设备运用于研究中，采用运动生物软科学知识对武术选手的关键技术动作进行分析，对训练计划进行制订，使选手的技击战术形成独特的风格和明显的优势，促进其技击实力的提升。这样才能够使世界上的武术爱好者广泛认可武当武术文化，才能被其“软实力”而震撼，从而进一步传播与弘扬其核心价值。

3. 培养复合型人才，准确推介武当武术文化

要想让武当武术走向世界，需加强武当武术文化对外交流人才的培养，主要包括两方面的人才，分别是武当武术翻译人才和

武术营销人才。在人才培养中,应采取多种方式,通过多种渠道来培养,同时应发挥高校的人才培养作用。

批量培养武当武术文化传承人,保护传承人是非物质文化遗产活体保护的具体内容之一,国家投入了大量的人力、物力与财力重视武当武术文化的传承,为了弘扬武当武术文化,国家有必要出资办一所由众多传承人执教的武当武术传承学校,融百家之长,批量培养出更多的、懂得现代教学方法的现代武当武术传承人。

Ⅵ欺Ⅶ帛唐湇叨湇槲6容帼÷出撇

我国构建和谐社会,建设小康社会,首要前提是“健康”。随着我国综合国力的提升,人民生活水平有了显著提高,同时也出现了对社会发展不利的“人口老龄化”问题。

武当武术具有重要的健康功能,主要体现在防病治病、延年益寿和娱乐身心等方面,合理开发武当武术的“健康”功能,既可以对武当武术功法进行保护,又能给人类健康带来福祉,同时可实现经济效益。在对武当武术“健康”产品进行开发的过程中,可采取以下措施。

第一,对武当武术各种“丹药”和养身“功法”进行深度挖掘,并实施分类管理。武当功法和丹药与武当拳种的练习一般是配套的,我们应以不同的拳种、功法和功效等为依据对其进行分类管理。

第二,科学鉴别,去伪存真。通过实验来科学鉴别各“丹药”的成分、性能与疗效;对有养身、延命功能的功法机制进行深度研究。

Ⅵ渗Ⅶ涔奶烊栩司垦猛睦

范仲淹在其重修岳阳楼的过程中“增其旧制,刻唐贤今人诗赋予其上”,在文化保护过程中,古人不是只机械复制前人的东西，而是融入了当代的文化内涵。对武当各道观的保护也应适当融入现代人的精英文化思想，在保证原貌的基础上有所作为。

问道武当山，养身太极湖，是武当武术文化旅游的主题景观，对其的开发展示了现代武当山人的传承观和时代产业发展观，但是只是提法，并没有在具体旅游景观的开发中融入太多武当武术的太极思想，给人们增加了徒有虚名的感觉。

传承传统思想，着眼未来发展，我们在维护原有道观遗址的基础上，可以有针对性地融合现代思潮，充分利用现代社会大发展的时机，有计划地构建新的具有武当武术题材的设施与景观，而这也正是对武当武术的活体保护的具体策略。

第八章　武术文化生态可持续发展体系的构建

发展至今，文化软实力的提升日益成为全球化时代竞争的关键性指标，武术文化在我国文化软实力提升中占据着战略性地位，如何科学构建武术文化生态可持续发展体系成为一个重要的研究课题。本章从加强武术课程教学体系建设、加强武术训练与竞赛体系建设、加强武术人才体系建设三个维度展开研究，以期为武术文化生态可持续发展体系的构建提供指导。

第一节　加强武术课程教学体系建设

发展至今，我国各级各类学校的体育教学内容中基本都包含武术运动。站在普及武术文化的立场来分析，加强武术课程教学体系建设能获得十分理想的效果。但要想使得各级各类学校推动武术文化可持续发展的作用充分发挥出来，同时构建良好的武术课程教学体系，就必须从以下几个方面做起。

一、严格遵循武术教学的基本规律

对于武术的教学工作而言，必须要在科学合理的规律下开展。这个规律是经过长期武术教学实践获得的，是武术教学取得预期效果所必须遵循的。换句话说，任何违背武术教学规律的教学，其最终必定不能从武术教学中获得理想的健身与健心等方面的收益。

Ⅵ狻Ⅶ嬲挽炭削叽婵倔埋愎

技能的形成与人的生理和思维认知方式有重大关联。站在生理角度来分析，能够把体育动作划分成粗略掌握阶段、改进提高阶段以及巩固运用阶段，具体如下。

1. 粗略掌握阶段

在粗略掌握阶段中，只要求学生对所学内容有一个大致的了解即可，不必过多苛责对问题的深入理解，仅仅建立一个表象上的认识即可。

2. 改进提高阶段

在改进提高阶段中，学生需要对所学知识或基础动作进行不断完善和改进，力求尽早建立肌肉动力定型。

3. 巩固运用阶段

在巩固运用阶段，学生需要掌握各动作之间的灵活衔接，实现动作的运用自如。到此阶段时，学生应该具备了一定的武术运动能力，套路动作也基本成型。

Ⅵ唉Ⅶ浉槲尢照叽婵倔埋愎

在长期发展过程中，武术教学积累了很多项基本规律，这些基本规律大大提高了教学效果。受武术教学基本规律的影响，武术教学的各个环节变得更加有序，具体内容如下。

第一，在武术教学过程中，要建立正确的动作概念，即首先着重对学生基本功的练习，关注每一个基础动作的动作规格，进而为此后进阶技术的学习打下良好的基础。

第二，在武术教学过程中，应分清重点与主次。整体教学内容要确定重点；每项教学内容要确定重点动作，其中对重点动作还要进一步明确到所用的重点部位，力求以重点带一般，提高贯通和联想能力。

第三，对武术知识和技术要深入研究，避免过于专注于模仿，而要在研究教学规律的基础上做到举一反三，如手法、腿法、眼神、劲力、呼吸调节等内容均有规律可循，力求抓住不同技术的共性，促进灵活运用能力的提高。

第四，注重对武术运动的特点进行教学。简单地以武术技术教学来说，它的特点即一些动作中的标志性动作，展示本专项特点，抓练习技巧，全面体现共性特征、突出个性风格。

Ⅵ柃Ⅶ湔榭尢照瞳叽嘱壤店瞒埋愎

运动负荷是任何体育教学中都不能忽视的问题。对于体育项目教学来说，对教学过程的负荷控制不仅是保证学生身心健康的必要手段，而且还是体现教师教学水平的标准。

从现代科学训练理论来看，运动负荷过大或过小都影响体育教学的最终效果。过小的运动负荷无法使学生达到锻炼身体的目的，而过大的负荷又容易给学生的身体带来伤害，或者身体疲劳的大量积累。

关于运动负荷的主要研究内容是运动量和运动强度两方面的内涵。具体来说，运动的量是指数量、次数、组数、时间、距离、重量等；运动的强度是指动作的速度、练习的密度、间隔的时间长短、负重的重量大小、重复的距离、高度等。运动量和运动强度两个方面的内涵适用于包括武术教学在内的所有体育运动教学，同时是教师在备课环节必须考虑到的问题。

需要说明的是，教师选定运动负荷的环节会受到许多因素的影响，如运动形式和学生身体素质等，所以说各个阶段的运动负荷量会根据教师具体的判断结果做出相应的调整。与此同时，学生也需要根据自身的真实运动状态适当调整自身的运动负荷量。运动强度和运动量与规范性动作的质量是密切相关的，即应在保证规范性动作质量的基础上再谈调节。

二、准确掌握武术教学的基本步骤

ⅥⅦ猴ⅧⅧ溽槲庇佘尤照具砀

1. 讲解

讲解是体育教学方法中的一种语言法。对于武术教学来说，讲解的作用相对于其他学科性教学课程来讲有所减弱，但仍旧占据非常重要的地位。通常讲解法和动作示范法会有机结合起来，目的是使讲解更加直观。在武术教学中，教学讲解要做到简单、明确、生动形象；重点内容要反复讲，使学生充分掌握；讲解内容要明示每种武术动作的名称、过程、术语、要领、要求，技术特点、谚语、典故、表扬、批评和评价等。

2. 示范

示范在体育教学中的应用非常广泛。示范能够给学生最为直观的动作展现，并要求学生首先根据示范建立对动作的初步表象，然后再尝试模仿。因此，教师在做示范时，应该保持认真的态度，并将示范动作做得准确、完整、优美。示范的主要内容有武术技术动作的分解示范、完整示范、突出重点动作示范、正误对比示范、典型示范等。

3. 领做

领做在武术教学中的应用较为广泛，特别是在武术套路动作教学时几乎都会用到。教师在领做时，领做的站位与学生的站位要非常考究，以使所有学生都能够清晰地看到教师的领做动作。在领做时还要注意与口令相结合。领做的内容主要为正常动作的背面领做以及镜面（同向）领做等。

4. 指挥

要想充分发挥指挥的作用，就需要科学运用好各种口令，常见口令包括分解口令、提示口令以及综合性口令,具体如下。

(1)队列口令:即稍息、立正、队形变换等。

(2)体操口令:即1 ~ 8呼号。

(3)分解口令:即将一个动作分解为几个部分进行。

(4)提示口令:口令前加提示语,如术语、名称、开始、左右等。

(5)综合性口令:走、继续、不停、转、跳、旋等。

口令是传达教学意图的重要方式。由于通常武术教学面对的学生较多,因此,为了保证教学效果良好,教师的口令呼喊务必要做到清晰、准确、洪亮,最好还能够具有一定的震撼性和威严性,同时,还应该节奏鲜明、长短结合。

口令艺术是一门较为职业性的技能,根据项目的不同,有不同的特点和要求,口令艺术是决定指挥效果的先决条件,亦是学生学习效果的基本保证,因此要引起充分重视。

Ⅵ唉Ⅶ溥槲汨惩尤照叽具砀

武术套路是将多项单一动作根据一定的规律、要求以及实战技击需要进行合理编排的套路性动作。在武术套路中不仅包含单一武术动作,还包含每一个动作与衔接动作的方向路线、架势结构、劲力特点和心志意向等要素。因此,对于武术套路的教学通常是武术教学中的难点,对这部分内容的教学往往会消耗大量的教学实践。因此,要想确保学生能够顺利学会套路或者组合,就一定要严格遵循武术教学规律,此外按照合理的套路教学步骤完成。

1.基本功练习

基本功始终是武术运动中不能被忽视的动作,甚至在接触武术运动伊始就要开始长期的基本功训练。实际上,无论是在套路教学过程中还是单一动作的教学中,只有掌握了武术的基本功,才能具备掌握基本动作的能力和技能。而这对于武术套路练习来说就显得更加重要。

2. 基本动作学习

尽管套路动作难度较大,但经过细致分析可以知道它也是由不同的单一动作组合而成的,单一动作是构成套路动作的基本元素。因此,在教学的开始阶段应该重点针对每一个基本动作进行教学,此后再根据套路的风格,对各动作进行相应的合理组合和对武术门派、风格等的趋向性教学。

3. 组合动作学习

套路是由多种单一动作组合而成,不过每一套套路还均由不同种类的动作组组成。简单地说,多种单一动作组成了动作组,而多种动作组又组成了最终的完整套路。一般在教学中,当学生掌握必要的基本动作并再做进一步夯实基础后,就应循序渐进地学习若干个组合动作。要想使组合动作的针对性特点更加显著,应当把组合的方式根据手法、腿法、步型、腰法、跳跃等区分开来。

4. 套路教学

当学生掌握了基本功、基本动作和组合动作后,就可以开始套路教学了。套路的学习不仅是基本动作、组合动作的机械串联,而且要求学生掌握各拳种的技术特点和展现出武术不同门派和类型的特点与风格。所以,在套路教学中除了追求动作的准确性以外,还要强调动作之间的相互协调、节奏的适当以及身与心的交融。

5. 技术创新实践

通过套路学习,学生能够积累必要的技能,学生在掌握了必要的武术理论之后,教师应加强学生的技术创新意识,放手请学生对基本动作、组合和套路进行有一定标准要求的拆分、组合、创造实践,以提高学生的创新意识和能力。

Ⅵ柃Ⅶ湳槲圯啡嬲槲尤照叽具砀

武术包括很多种类型，其中部分武术的实战技击功能十分显著，对于这种武术的学习同样十分普遍。实战类武术的学习和套路武术有显著不同，原因在于它是一种以武术技击技术中的踢、打、拿等方法来击败对手并保护自己的武术活动。

由于实战性的需要，使得这类武术在使用过程中没有固定的套路和顺序，而是需要因时因势，随机应变地对攻防做出反应，它更能充分发挥人体各个部位的技击功能作为防卫和进攻对方的手段，突出表现了武术的技击性和对抗性。因此，对于这类武术的教学，就要求在过程中无论是单个的基本动作、完整的技术动作，还是上下肢结合的组合动作，都须按照一定的步骤练习，最后达到实战中运用自如的目的。

1. 基本动作学习

实战类武术的攻防技术种类较多，攻防方法多样。从实战角度来看，通常有步法、手法、腿法、摔法、拿法等几类基本动作。而基本动作会构成单一动作、复合动作和组合动作。掌握基本动作是学习攻防技术的基础，基本动作的运行路线、发力方法、动作力点是基本动作学习的重点。

2. 基本素质练习

实战技击类武术的实战特点十分显著，其旨在有效防御对方进攻、给对方猛烈打击，从而使对方丧失战斗能力，或者在比赛中以点数取胜。尽管技击武术对技巧的要求较高，但从实战的角度上来说，一个强悍的体魄也是必不可少的。同时，很多攻防技巧与人体的协调、灵敏、反应、应变、空间感等素质有密切的关系。为此，在练习实战类武术的过程中，除了要注重技术动作的练习外，还要注重对身体素质的训练，具体包括对力量、速度、耐力、灵敏和柔韧等素质的训练。

3. 攻防技术组合学习

在实战中，攻防技术的应用往往不是单一的，而是需要将不同的攻防技术组合使用，如此才能获得最大的攻防利益，所以说攻防技术组合的学习是非常重要的。但需要明确的是，尽管称为组合技术，但这种组合并不是由固定的动作组成的，它的组成依据仍旧为实战中的具体情况。

但立足于大的方面来分析，能够把攻防技术组合划分成上肢动作组合、下肢动作组合、上下肢动作组合、打摔动作组合、踢拿动作组合等。对于参与武术教学的教师来说，建议结合学习进度需要和学生实际能力来选定最适宜的组合技术完成教学，同时指导学生怎样在实战过程中选择最适宜的组合动作。

4. 攻防战术学习

因为武术攻防战术涉及和人对抗，所以说攻防技术中的教学应当结合实际情况增加一些攻防战术的内容。技术是战术的重要组成部分，所以高效掌握各项攻防技术能为实施攻防战术奠定基础、提供保障。

在实战技击武术中，攻防战术包括主动强攻、防守反击、引进落空、后发先至等战术。战术的合理使用能够让本方在实战中扬长避短，在实战中获益。另外，教师对攻防战术的教学还应更加动一番脑筋，以期获得更好的教学效果，如为学生提供一定的场景，要求学生按照预先制定的某一套战术结合实战进行练习，待熟练后，再进行下一个战术学习和练习等。

5. 模拟实战练习

攻防技术练习的目的在于实战，因此，在练习中就要适当加入一些实战的内容，或是创造与实战紧密相连的情境，以此使学生提早适应实战的需要。例如，在学生尚未熟练掌握技术和战术的情况下，教师可要求学生按照步法移动练习、活动靶练习、指定进攻、限制实战、点击实战等方式依序进行练习，使学生建立必要的快速反应、距离控制、战机捕捉、技术运用和战术应变等能力。这种类型的练习对于最终实战有着巨大的锻炼意义。

6. 实战练习

实战练习则是攻防技术教学的终极练习，它几乎与实战无异。这种练习方式通常被用来做技击武术教学的最终考核。不过需要注意的是，在非专业教学中，教师在选择实战双方时需要认真考量双方的实力，力求使选择出来的两人尽可能地在同水平、同级别中，以此避免因双方实力悬殊而出现由于参加实战练习而导致伤害风险率加大的情况。另外，学生之间进行实战攻防技击的时间不宜过长且需要做好安全防护措施。实战结束后应当实施适时讲评，从而保证学生可以全面掌握技术和战术的实战运用。当学生参与实战时，教师一定要扮演好裁判的角色，及时制止学生的不合理动作和危险动作。

三、全面贯彻武术教学的基本原则

Ⅵ狻Ⅶ格湕劣吻畚痱

在我国武术中对于武术习练者的“武德”要求是非常重要的武术文化内容。对于“武德”的释义，首先应从“尚武”说起。对于“尚武”的理解要正确，“尚武”并非是一种无脑的乱斗，而是要在一种“德”的约束下进行，如此可以使得“武”成为一种在日常行为中主要以强身健体、以武会友，培养勇敢面对现实、不断超越的竞争意识的活动。当然如果是在战争年代，“尚武”的精神就可以被赋予更多的品格，如不畏生死、勇敢抗争和保家卫国的斗争精神。而对于“崇德”的理解就更容易一些了，它是指推崇道德修养，诚信正直，谦和忍让，见义勇为，遵守社会公德，恪守文化规范。把崇德和尚武充分融合起来，可以由此形成习武之人务必牢记和遵从的武德。

武德是指从事武术活动的人一定要遵守的行为方式与道德准则，其是在武术运动长期发展的过程中慢慢形成的，也是有效约束习武之人思想品德的标准。因此，在现在进行武术教学的同时，也不能忽视对学生武德的教育，即所谓“未曾习武先习德”。为了达到这一目标，就需要在教学过程中应结合武术的特点以及教学规律，明确学生习武的目的和动机，抵制恃强凌弱、好勇斗狠的恶习。除此之外，在培养武德的过程中还要注重培养武术传承中尊师重道的精神。通过这方面的学习，使学生各方面素质全面提高。

Ⅵ唉Ⅶ睚垦尤照畚痱

一般情况下，参与武术教学的教师都必须正视动作数量多、方向路线变化多、单一动作元素多这三项问题。武术属于动态运动中的一种，其需要多项动作顺畅衔接，但对于单项动作质量要求偏高的武术教学而言，顺畅连接所有动作和维持良好动作节奏是学生学习武术运动的一个难点。

要想解决上述问题，教师就应该力求在教学中格外强调直观性，如利用较为直观的教学方法和指导方式等。正如人们所知，我国的武术教学历来讲究“口传身授”，即教师格外注重直观的演示，身体力行，多以领做为主，配合语言提示，使学生通过反复练习掌握动作。实际上，这就是现代直观教学法在武术教学中的实践体现。

从教学的角度上来看，武术的动作数量较多，而且动作相对更加复杂，再加上做出的动作除了身体外形方面的标准外，还有眼神、心智等多方面元素的标准。所以这就要求只有最为直观的教学才能使武术教学获得最好的效果，因此，示范法在武术教学中就得到了非常普遍的运用。

传统的示范法主要是通过教师身体力行，将教学内容中的动作直接做给学生观看，以使学生能够非常直观地建立对动作的初步表象。随着现代科技的不断发展及其运用在教学领域当中，一系列更高效的直观教学方式继续诠释着要求直观教学的武术教学基本原则。例如,高倍速慢动作视频等技术运用在武术教学中等。当学生接收信息的渠道达到多元化要求后,才能确保他们全方位感知信息。

Ⅵ柃Ⅶ泫勋喹国畚痱

武术之所以不同于其他运动项目,就在于它不仅仅是一项追求身体外在表现形态的运动,它的不同之处还表现在武术运动过程中,人们要将它内在蕴含的武术文化表现出来。这种文化并不能通过简单的教学就能完成,如果说武术外在的形可以通过教学完成的话,那么对于武术文化的养成就需要习武者自己的悟。

作为组织和开展武术教学的教师来说,一定要正确引导学生完成自己的悟,但在此之前必须保证学生已经可以从外在正确表现武术运动。基于此,教师应进一步突出用劲技巧和精神的融入,使学生在练习时做到精神饱满、内外合一,反映出所练武术想表达出的内涵和精、气、神等特点。

不同的武术项目会有不同的动作组合和套路特点,其动作风格也各相迥异。例如,长拳的舒展大方,太极拳的缓慢柔和,南拳的拳势刚劲等。教师可在学生较全面掌握拳种的技术和理论基础上,注重教学精细环节,针对能够体现特点和风格的技术动作进行高水平示范和深入讲解,使学生充分掌握技术结构和动作过程,全面掌握套路风格。

Ⅵ欺Ⅶ挹洽惢烊畚痱

武术是中华璀璨文明中的重要组成部分,它不仅包含强身健体的价值,还蕴含了诸多哲理。因此,武术作为中华文化的组成之一,也非常注重内在涵养的研究,这点也表现出我国武术内外兼修的特点。

具体来看,内外兼修的“内”,指心、神、意等心智活动和气息的运行；“外”，则主要是手、眼、身、步等身体外在形态的活动。外即形，内即身，追求内与外、形与神的结合，使武术成为相互联系的统一整体，最终使得习武不仅成为可以全面提高人体机能的重要方式，还成为人们培养性情、陶冶情操的重要手段。因此，为了突出形与神的武术特点，就需要教师在教学中通过各种方式和方法向学生灌输身体内外的和谐配合，达到身心的全面锻炼。

Ⅵ渗Ⅶ张朋尤男畚痱

通常体育运动都有一定的风险，作为技击性运动的武术同样如此。但即便如此，也不能彻底否定武术作为体育教学内容的价值。为了使教学顺利地进行下去，就要在此之前尽可能将安全管理事宜做得周全和可靠，此外要在教学过程中向学生灌输安全意识，并且时刻观察他们的行为，以此最大化地防止安全事故的发生。然而，不论预防措施多么完善，都不能完全避免事故的发生，因此在强化安全意识和措施之后，还应指导学生掌握一些常见运动性伤病的发现及快速处理技巧，从实用的角度上来说，学习这些应急处理方法在日后的生活中也有较大用途。

作为一名组织和开展武术教学的教师来说，一定要始终遵循武术教学的安全教育原则，确保自身在每个环节都把学生身心安全置于首位。在日常的教学中教师也要引导学生明确武术练习的目的是强身健体，对那些明显超出能力范围的难度动作不要冒险尝试。

四、深入探究武术教学创新的策略

Ⅵ狻Ⅶ浊栗煌庇瞒咪声把杼

目前，我国初级学校（中、小学）主要为必修式体育课程，高等学校中还有学生自主选课制度。但根据一些相关调查数据可以看出，学生在选课中的主体地位并没有得到充分体现，不少学生在接受体育教学过程中还是处于被教学的地位。尽管学生能够选择自己有兴趣的一些武术运动项目，但是在教学内容、教学组织、教学模式、教学进度等一系列的问题上，仍然是以教师为主，体现不出其自主性，这与传统的体育教学没有太多的区别。因此，这就给学校武术教学带来一定的困扰。

以学生的兴趣为出发点，建立形式多样的武术课堂，把各种形式的武术和教学进度等展示到学生面前，是学校真正实施完全意义上的选课制度，也是完善武术选课制度的重要前提条件。同时，在这样的情况下，学校学生可以以兴趣喜好和自身的身体素质条件为主要依据对教学内容进行自由的选择，从而使学生参与武术教学的积极性和主动性得到较大的调动，活跃整个校园的武术气氛，进而提高武术教学效果。毋庸置疑的是，要达到绝对化的自主选课，必须要有体育部门和教育部门实施更加全面而深入的研究。

Ⅵ唉Ⅶ噔图湳槲庇剐尤照挹杼

根据相关调查显示，我国多数的学校武术教学内容并不能够使学生的需求得到满足。教学内容仍然以传统的初级拳、初级器械、二十四式太极拳为主，这使得学生对武术学习的积极性和兴趣得不到激发。鉴于此，学校武术教学应加大武术教学内容的改革，增设短兵、散打等对抗性项目。由于内分泌发育等的影响，学生主要表现出较易突出个性、展示自我的特点，男孩子可能更喜欢一些对抗性强如散打、对练等富有挑战性的项目，而女孩子则更愿选择以健与美为价值取向的木兰拳等项目，不仅具有时代元素，而且与个性发展的需求相符。另外，随着全民保健意识的提升，有些学生更喜欢如八段锦、五禽戏等传统健身项目的学习，这些也是需要改革的重要方面。

必须重申的是，只有当武术课程教学的教材内容和教学方式与学生兴趣以及愿望充分符合后，才可以把学生学习武术运动的主观能动性调动起来，以此有效培养学生的思维能力和意志品质。有关调查表明，多数学生对于对抗性强，集身体素质、心理素质与技术素质于一体的武术散打、短兵等对抗性运动是比较喜欢的。但是，多数学校在开设武术课的时候却将这些对抗性运动忽视了，片面地把武术理解成套路运动，只重视武术套路的教学，这就使得武术教学内容呈现出割裂和不完整的现象。针对这些情况，改革武术课程教学内容时需要注意的是：一方面，在兼顾学生生理特点、心理特点以及兴趣爱好的基础上科学安排；另一方面，在武术课程教学内容中适当增加武术散打、短兵等搏击、对抗技术的教学内容。武术教师应当尝试凸显武术运动的技击性，从而把学生习武的兴趣和主观能动性充分调动出来，从根本上提高武术课程教学的教学效果。

Ⅵ柃Ⅶ婿蛺疠瑛嗟手沆榀咳

提高学校武术教学效果，就需要在继承传统的优良教学方法的基础上，进一步引进一系列较为先进的多媒体教学手段。学校学生的时间主要是在校学习，因而没有机会去观摩各级各类武术比赛，这就要求各学校要以达到改进武术教学、提高武术教学效果为目的，将多媒体手段作为武术课的辅助教学方式，其中应用最为广泛的就是视频教学。

将多媒体手段应用于武术课程教学中能获得双重效果：一方面，能把教师示范动作时无法反映出来的重点和难点反映出来，促使教师有目的、有计划地解决这些问题；另一方面，现在声像教法手段集直观性、形象性以及生动性于一身，大大降低了学生的接受难度。鉴于上述两项优点，使得多媒体手段教学对武术的普及和武术教学质量的提高提供了较大帮助。学校武术教师也可以通过网络下载并保存武术动作的方式，反复学习和练习，从而使自己专业技术上的不足得到有效的弥补。这样才能更好地教授学生，提高教学质量。不过这对于武术教师提出了更高的要求，即他们必须首先掌握这些多媒体工具的使用方法，此后还要对这些工具有更加深入的掌握。

Ⅵ欺Ⅶ卯植庇挹洽沛槲娼呼狻沆姙

课外活动是课堂教学的延伸，能够对课堂武术教学起到积极的辅助作用，以此来取得良好的教学效果。这就要求学校充分认识到课余武术的作用和地位，加强对课余武术活动的工作力度，具体要求如下。

第一，制定鼓励武术教师参与武术课外活动的相关政策，把课余武术指导工作纳入教师职称考核和教师工作考核中。

第二，构建科学合理的激励机制，具体就是根据相关规定将课余训练时数计入武术教师的工作量，给予教师和课堂教学同样的报酬。

第三，通过积极的政策来对校内武术协会、武术俱乐部、武术代表队的建立进行积极的鼓励，形成多渠道开展武术活动的模式。

第二节　加强武术训练与竞赛体系建设

一、加强武术训练体系的建设

Ⅵ狻Ⅶ祉煺沛槲熟怔叽畚痱

1. 全面性原则

全面性原则是武术训练的重要的原则之一，特别是对于青少年来说，全面锻炼尤其重要。人体是由各种器官、组织和系统构成的。这些构成要素之间相互联系、相互影响。武术要注重全面锻炼身体各器官系统，避免身体发展不平衡和不协调。如既要注重肌肉、形体的外在发展，又要注重内功的修炼，以保证机体形态和功能的全面发展。

在武术训练的过程中，贯彻全面性原则主要体现在以下几个方面：第一，力量与速度、耐力、协调、柔韧等素质练习相结合，对身体素质的全面发展起到积极的促进作用；第二，动力性和静力性相结合，大肌肉群和小肌肉群相结合，对全身肌肉群的匀称发展起到积极的促进作用；第三，练习形式多样化，全方位刺激、发展身体各部位与各器官系统；第四，主动性运动与被动性运动相结合；第五，无氧运动与有氧运动相结合等。

由此可以得出，严格遵循全面性原则是提高武术训练水平的基础条件，在有效指导下完成全面性锻炼能使训练水平获得质的飞跃。

2. 经常性原则

在武术训练的过程中，训练者要以自己所确定的近期和远期的锻炼目标为主要依据，进行有计划的训练。在训练的过程中，要克服惰性、排除干扰，养成自觉训练、积极训练的习惯。

3. 渐进性原则

渐进性原则是指有计划、有步骤地合理安排运动内容、难度、时间及负荷等方面，不能急于求成，要循序渐进地促进训练水平的提高。要有序地、逐步地增强身体素质，特别是负荷量的安排要逐步增加，有一个逐步适应的过程。这个过程就是有机体能力提高的过程。如果不经过一定的适应期，就突然增大负荷，或负荷忽大忽小，会严重影响训练的效果。

在进行武术习练时要注意以下几个方面：第一，要注意负荷强度的逐步递增，要符合人体在参加运动时机能活动变化的规律；第二，锻炼的时间和次数也要相应地逐步增加；第三，在锻炼的内容上，由简到繁，由分到合；第四，在锻炼的要求上，由低到高，由易到难，逐步加大难度。

4. 区别对待原则

区别对待原则就是要根据不同人的不同特点和具体情况来

安排内容、负荷、方法和手段等。由于习练者在年龄、性别、健康状况、运动基础、传统习惯等方面都存在着一定的差异，所以要求以这些条件为主要依据，确定训练的手段与方法，制订科学合理的训练计划，以促进训练水平的提高。

5. 自觉积极性原则

对于参与武术训练的师生来说，遵循自觉积极性原则十分重要，原因在于这是科学训练的基础条件，具体要点如下。

第一，习练武术要表现出一定的积极性，如果没有较强的自觉性，是很难达到理想的训练效果的。

第二，武术习练并不是一件容易的事，需要坚持长期的刻苦的练习，在练习的过程中要持之以恒、克服困难、勤奋努力，自觉积极地去完成，这样才能达到良好的训练效果。

第三，武术技术水平的提高是在长期的训练过程中得到发展和提高的，这也需要习练者自觉积极地坚持训练。

第四，激发和增加武术习练者参与训练的积极性的首要要求是全面了解武术的功能、价值和科学训练方法，在此基础上才有助于其自觉参与训练活动。

6. 目的性原则

武术训练是一个主动接受负荷刺激，克服一定的困难和疲劳的活动过程。要想获得理想的训练效果，就必须要有明确的目的，如果没有明确的训练目的，习练者就会缺乏必要的思想动力，不会积极主动地参加训练。

7. 合理安排负荷原则

在武术训练中，要想获得良好的训练效果，还要合理安排好运动负荷。具体做法为，逐步地、有节奏地加大运动负荷，并使大、中、小负荷科学结合。合理安排负荷就是在时间和负荷的安排上，始终要高于机体适应的水平。合理负荷是指负荷的安排大、小适当，负荷过大，会超出机体所承受的能力，达不到良好健身的目的，甚至会造成运动伤病。影响负荷大小的因素是锻炼的时间、密度和强度，可以通过调节这三个因素来调整负荷的大小。

需要补充的是，明确负荷大小也要把武术习练者的性别、年龄、体质水平、身体状况、项目特点、参与训练的目的等多重因素考虑在内，同时要使运动负荷伴随习练者机体能力的增强而逐步增加。

从整体来说，根据锻炼前后的恢复情况、自我感觉，以及锻炼时的脉搏频率来掌握和调节锻炼的负荷，这种负荷的安排没有一个统一的标准，都是根据自身的适应情况明确的。

Ⅵ唉Ⅶ幺照伥揣滰槲熟怔叽抯杼

1. 武术训练的时间安排

武术习练在时间方面的安排，是要以习练者自身的身体生理的具体特点为主要依据的，每一次习练的时间不宜持续过长，通常，以 1.5 ~ 2 小时为宜。一般来说，武术习练可以分为准备活动、基本部分以及结束部分三个方面，每一部分的时间安排会有所差别，具体如下。

（1）准备活动的时间安排。准备活动约占整个武术习练时间的 1/4，具体为 25 ~ 30 分钟。其中武术游戏时间应为 10 ~ 15 分钟，这部分能够使习练者对武术锻炼的兴趣得到有效提升；柔韧练习应为 15 ~ 20 分钟，从而使身体充分做好准备。

（2）基本部分的时间安排。基本部分的时间约占整个习练时间的 2/3，具体大约是 1 小时或 1.5 个小时，这部分主要以基本技术、基本功、拳术、剑术等的练习为主，目的是为习练者技术水平的提升奠定稳固基础。

（3）结束部分的时间安排。结束部分主要由放松与总结组成，会花费 5 ~ 10 分钟，突出作用是能为下次锻炼做好充足准备。

2. 武术训练的内容安排

（1）准备部分的内容安排。准备活动主要通过各种形式的跑和热身活动使身体各部分肌肉、关节活动开，从而为正式的武术习练做好充分的准备。因此，准备部分的内容即为各种形式的跑和准备热身活动两个方面。

①各种形式的跑。各种形式的跑包括长距离慢跑、短距离冲刺、游戏等，这些内容的习练对于人体各个器官和运动系统的调动，并使它们逐渐进入运动状态有着积极的作用。

②准备热身活动。准备热身活动主要是活动人体的各个关节，使武术习练者在接下来的锻炼中受伤的情况得到有效的避免。具体来说，头部运动、肩部运动、腰部运动、髋部运动、膝踝运动以及腿部运动等的热身练习是较为主要的活动内容。准备热身活动应当尽量达到多样化要求。

（2）基本部分的内容安排。在武术训练的基本部分可以安排很多项内容，其中最主要的是武术基本功练习和武术套路练习，具体如下。

①武术基本功练习。武术的基本功练习主要包括肩、臂、腰、腿、桩功、平衡及跳跃等练习。

②武术套路练习。进行武术套路的练习和训练能够使习练者的武术套路的演练技巧得到最好的提升，从而进一步发展其套路演练所需要的专项素质和机能能力。

3. 武术训练负荷的安排

长时间超负荷强度的大运动量训练或者低负荷强度的小运动量训练都不会达到理想的锻炼效果，所以在武术训练中科学安排运动负荷尤为必要。

运动负荷是指运动训练中加之于人体的生理和心理负担，具体由运动量和负荷强度组成，但这两个组成部分会受很多项因素的影响。在武术习练过程中，可以通过测量习练者的心率来对机体对运动负荷的反应进行观察。通常来说，当习练者无氧阈为100%强度、心率为150次/分钟时，相当于正规武术竞技比赛时的80%强度；当习练者最大摄氧量为105%强度、心率为160～170次/分钟时，相当于正规武术竞技比赛时的85%强度；当习练者乳酸能力训练、心率为170～180次/分钟时，相当于正规武术竞技比赛时的90%强度。由此可见，要想使武术训练达到预期目标，武术习练者应当在参照自身情况的基础上合理安排运动负荷。

二、加强武术竞赛体系的建设

Ⅵ猨Ⅶ浀槲峦柁叽噗捧

武术竞赛是武术的娱乐性、竞技性和观赏性的集中体现，是各个流派和拳种展现自己独特魅力的竞技场，也是武术发展进程中重要的传承方式，是武术时代化与现代化的重要表现形式。

Ⅵ唉Ⅶ浀槲峦柁叽示睐沆溴

要想更好地促进武术赛事的发展，建立一个完善的发展体系，就必须做好武术竞赛的组织工作，只有武术各个部门相互配合，建立一种有效的分工和协作关系的结构，并在各个岗位配备合适的人员进行工作，这样才能保证武术竞赛的顺利发展。

1. 武术竞赛的组织结构形态

武术竞赛的组织结构形态有单一型组织结构和职能型组织结构。

（1）单一型组织结构。单一型组织结构的特点是最高管理者掌握所有体育赛事的决策权。其组织结构灵活性大，能够快速适应突然变化的情况，有利于决策，并且权利与责任能够明确，通常赛事最高管理者直接负责赛事的所有工作。由于武术赛事发展时间较晚，通常来说其组织管理规模较小，参赛运动员数量较少，因此可采用单一型组织结构。

（2）职能型组织结构。职能型组织结构是指根据职能把组织分成很多个部分，此类组织结构对工作人员的专业化水平提出了很高的要求，但能把个人或团体安排到特定的工作组中，使工作效率得到大幅度提升。另外，这种组织结构很容易出现新的职能的参与，给各部门的协调带来了一定的困难，常因各部门之间缺乏沟通与理解而发生各种各样的问题，这就需要各部门做好沟通与交流，形成一个统一和谐的整体，这样才能促进整个赛事部门的发展。

2. 组织结构体系

体育赛事组织结构是服务于赛事组织目标，是为了使政府、媒体、赞助商、中介和参赛队伍等赛事参与体能够协同作用，力争使体育赛事运营取得效益最大化。体育赛事参与体的相互关系构成了组织结构，它们之间的关系要通过一定的作用对象体现出来。换句话说，体育赛事的参与体是通过赛事活动形成关联的。武术赛事完整的组织结构系统分别是赛事参与体、运动项目以及赛事活动形式，具体如下。

（1）赛事参与体。所有类型的赛事都必须有参与体，武术赛事也不例外。

（2）运动项目。体育赛事的基础是运动项目，通常企业会选择受众广、竞技性强、规模大、级别高的体育比赛，从市场的角度来分析，要求具有广泛的普及性、尽可能多的高水平运动员和高级别的体育项目，便于吸引更多的观众、媒介和赞助商的关注，有利于广泛推广体育赛事。

（3）赛事活动形式。赛事活动形式是比赛的具体操作形式，在当前武术赛事发展的条件下，武术赛事的形式还比较单一，需要在今后借鉴其他比较完善的运动项目的活动组织形式，从而促进自身更好地发展。

Ⅵ柃Ⅶ溿槲峦柁叽示睐圮祜

1.竞赛前期工作

（1）讨论和确定组织方案。讨论和确定武术竞赛的组织方案时，一定要以武术赛事的具体性质为依据，具体内容如下。

第一，运动竞赛的名称、目的和任务。

第二，运动竞赛的组织机构。所涉及的内容主要包括竞赛组织形式，所需设置的职能部门和所需工作人员数量。一般来说，组织委员会在确立主要职能部门后，由职能部门选择合适的人才组织管理工作。

第三，运动竞赛的规模。运动竞赛的规模主要依据主办单位、承办单位，参赛人员的数量、场馆的大小和规模等方面来判断。

第四，运动竞赛的经费预算。运动竞赛的经费预算是保证运动竞赛正常开展的重要环节。这些预算主要包括维持竞赛活动和竞赛管理正常运转所需的体育器材设备、场馆维护、奖品、交通、食宿、医疗、工作人员补贴金等项目的经费预算。

（2）成立组织机构。组建运动竞赛组织机构的形式和规模应当参照工作需要而定，通常规模较小的运动竞赛组织形式由以下部分组成。

①组织委员会。组织委员会所负责的具体工作主要包括以下内容。

第一，掌握竞赛组织方向。

第二，研究和批准竞赛规程。

第三，研究和批准竞赛的工作计划。

第四，赛前听取筹备工作汇报。

第五，赛后批准大会总结或处理有关的问题。

②办公室。在武术竞赛中，办公室也是一个重要的职能部门，它可以将组委会的指示和精神传达到各个职能部门中去，起到一定的指挥和协调的作用。一般来说，办公室的工作职责包括以下

内容。

第一,依照组委会的决议,组织配备各部门的工作人员。

第二,拟定工作日程计划。主要内容包括组织委员会会议;动员工作;开幕式和闭幕式;各代表队领队会议;组织学习报告或经验交流;大会总结等项工作。

第三,制定竞赛相关章程与提示、须知等信息通报。

第四,负责对外协调、联络工作。

第五,定期组织各职能部门召开小组会议或集体会议。

第六,参与竞赛经费预算与评估等工作。

③竞赛处。竞赛处是武术竞赛中的重要组织机构之一,常见工作内容如下。

第一,组织赛事报名工作;参与竞赛秩序册的编撰工作。

第二,保证比赛场地赛前准备、赛中运行和赛后保养工作以及竞赛所需器材的调试、准备工作。

第三,每日召开竞赛组会议,商讨赛事中出现的各种问题,并提出解决问题的对策和建议。

第四,负责比赛裁判相关工作。制定裁判员守则、安排裁判员执法场次等工作,保证裁判工作的顺利进行。

第五,适时组织参赛队伍代表经验交流、座谈等,以听取参赛队伍对赛事管理的建议。

第六,赛后排列出各队名次,及时更新赛程、赛果。

④宣传处。宣传处的主要职责是强化赛事的对外宣传工作,从而增加赛事的参与人数,对外宣传效果会直接影响赛事对社会或者集体产生的影响。宣传处的常见工作内容如下。

第一,组织好大会的宣传报道工作。

第二,组织通讯报道与编辑会刊。

第三,组织好来访记者、媒体的接待工作。

第四,调试、管理好新闻媒体所需的信息发布设备,如电话信号、互联网等。

第五,研究制定先进队和先进个人的评选条件和细则。

第六,准备学习材料,组织学习和讨论。

⑤总务处。总务处的主要负责以下方面的工作。

第一,参与编撰竞赛经费预算。

第二,为竞赛提供可靠的后勤保障。

第三,大会的生活管理工作。及时召开各单位管理人员的会议,解决大会中有关生活方面的问题。

(3)制定竞赛规程。运动竞赛规程是竞赛组织单位组织各项运动竞赛开展的重要依据。在武术竞赛中,竞赛规程主要包括:竞赛的名称;竞赛的目的和任务;主办单位;比赛日期和地点;参加单位和各单位人数及资格等;报名和报到日期;竞赛办法;裁判员事宜;采用的规则和相关器材;录取名次和奖励办法事宜等内容。作为武术赛事的组织者,一定要确保制定出的竞赛规程达到合理性要求,从而使武术竞赛顺利开展。

(4)制订工作计划。第一,做好制订竞赛计划的调查和准备工作,确保制订的竞赛计划符合赛事需要。

第二,在参照竞赛方案和具体竞赛日期的基础上,各个部门应结合自身职责范围拟定详细的工作日期计划。

第三,办公室负责定期检查,各个部门贯彻和落实准备工作的相关情况,及时关注和督促比时间表落后很多的工作内容。

(5)纪律委员会的工作。纪律委员会相当于武术赛事的"法庭",其主要职责是维持比赛的秩序,保证比赛的顺利开展。其承担的具体工作主要包括:研究和处理整个竞赛过程中所发生的违犯竞赛规程和竞赛规则的代表队及个别运动员、裁判员、领队、教练员和随队其他工作人员;对其采取警告、暂停或取消比赛资格或工作资格等纪律措施。

2. 竞赛中期工作

竞赛中期的组织工作顺利是保证比赛顺利开展的重要因素,在武术赛事中,受各种客观因素的影响,赛事的运行往往不会完全按照计划进行,总会发生一定的突发事件,而在遇到偶发事件后，如果不能及时合理地解决，将直接影响到比赛的顺利进行。因此，作为赛事组织管理者来说，一定要加强竞赛中期的组织工作。竞赛中期的常见工作内容如下。

（1）竞赛期间要不断地进行思想教育，端正比赛态度，正确对待胜负，正确对待裁判员，正确对待观众，表扬先进队和运动员。

（2）赛事组织人员要深入到参赛队伍中去，征求意见及时改进工作。

（3）要对比赛场地、器材和设备进行必要的检查和管理，以保证竞赛的顺利进行。

（4）赛事组织人员要与各参赛队保持紧密的联系，加强彼此间的沟通和交流，及时处理比赛中出现的各种问题。

（5）治安保卫组要注意住宿和比赛场地安全和秩序。

（6）遇有特殊情况需要更改比赛日期、时间和场地时，竞赛组要及时通知有关部门和比赛各队。

（7）当遭遇突发情况时，一定要及时处理好各项问题，实现风险最小化。

3. 竞赛末期工作

对于武术竞赛的组织工作来说，竞赛结束后的组织工作同样是一个重要环节，主要内容如下。

（1）各部门总结大会期间的工作。

（2）组织和举行闭幕式，作大会总结报告和颁发奖品。

（3）安排和办理各队离会的有关事宜。

（4）组织委员会向上级汇报工作情况。

Ⅵ欺Ⅶ浀槲峦柁叽埫忆圯祐

1. 制订赛事计划

对于武术赛事管理来说，制订赛事计划是尤为关键的一个环节，详细的制订步骤如下。

（1）深入调查。深入调查与分析影响武术赛事的内外环境，理解赛事计划，根据自身人财物力状况，准确预测未来。

（2）制定具体方案。赛事方案的具体内容主要包括：确定比赛形式、比赛时间、地点、承办单位、赛事规模、赛事持续时间乃至节假日情况与赛事举办地经济、体育文化、交通与气候条件等。

（3）编制计划。认真阅读不同类型的方案，将各个方面的关系平衡好，认真完成综合评价工作，在此基础上选定最佳方案并制订详细计划，从而为有序执行提供便利。

2. 控制赛事过程

为保证武术赛事的顺利进行，还要加强比赛过程的控制，处理好比赛中发生的各种问题，这就是赛事控制。控制好武术赛事的过程能有效地提高赛事管理的效率，保证赛事的顺利进行。对于武术赛事管理而言，常见的赛事控制方法有计划控制、目标控制、预算控制以及定额控制，具体如下。

（1）计划控制。通常，计划控制由三个基本程序组成：第一，总目标的确定以及反映各项指标或标准；第二，预测在实现经营管理目标过程中会产生的影响因素；第三，根据具体实际制定出切实可行的解决方案。

（2）目标控制。目标控制就是指目标管理。其基本操作流程就是通过目标体系的制定，规定各层次的管理目标，并按照一定的方式控制目标的实现。

（3）预算控制。赛事运营中的资金运转的控制，称为预算控制。预算控制就是用货币的形式制定出各个经营管理系统内的预算，把多余活动都计划到预算的范围之内，从而有效地控制活动运转的一种控制方式。

（4）定额控制。在武术赛事管理的过程中，将人、财、物等资源的效用发挥到最大，实行严格的定额管理的控制方式，就称为定额控制。这种控制方式通过制定人员的定编、劳动定额或工作量、物资消耗定额及经费定额等管理措施，能有效地提高赛事管理的水平。

针对上述四种赛事管理控制的方式,建议参照武术赛事的实际情况来选择和应用,宗旨都是保证武术赛事顺利进行。但需要补充的是,政策和规章制度控制方法也是在我国广泛应用的一种控制方法,具体是指在制定相关政策和规章制度的基础上管理和控制武术赛事,这种宏观调控方式在当今发挥着重要作用。

3. 赛事收尾与评价

(1)赛事的收尾。当武术赛事结束后,赛事有关部门一定要高质量完成必要的清理工作,从而保证赛事能够画一个圆满的句号,要完成的主要工作如下。

第一,竞赛财务决算,平衡账目。

第二,场馆内的拆卸和清理工作。

第三,借调的有关人员返回原单位。

第四,器材、设备的归还、转让、出售和处理。

第五,有关赛事运营管理部门的财务结算。

第六,利用多种形式感谢推进赛事运营管理进程的部门和个人。

第七,办理各队离赛的各种手续,确保安全、及时离赛。

第八,用于比赛的场地、器材、服装、用具等物资设备的及时归还、转让、出售和处理工作。

第九,汇编、寄发比赛成绩册和其他技术资料。比赛成绩册的编制,应根据各项竞赛规程中有关录取名次和计分方法的规定。成绩册的主要内容依次是破纪录情况、各单项名次情况、获其他奖励名单及各项目比赛成绩表。

第十,填报等级运动员和破纪录成绩。

第十一,移交、整理有关文档资料。

第十二,比赛成绩编制和印发。

第十三,向新闻单位发布运动竞赛的有关情况。

第十四,竞赛工作总结,上报当地党政机关和上级体育部门。

属于承办全国竞赛的赛区，还需填报赛区情况统计表。

第十五，评比表彰工作，对参与大会工作的单位和个人、支持与协助大会的单位和个人，以及竞赛的各级组织者、指挥者和工作人员进行表彰，表示致谢。

（2）赛事的评价。赛事评价是指全面而详细地观察、测量以及监视体育赛事的实施情况，从而保证评估过程达到正确性要求。在武术赛事管理过程中，赛事评价能够提供武术赛事的大体轮廓和关键的统计结果，从而为参与武术赛事的人提供准确的反馈，在此基础上为赛事管理提供更加优质的服务，保证武术赛事有序开展。

第三节　加强武术人才体系建设

基于我国武术人才培养的现状和问题，本节着重对加强武术人才体系建设的可行性策略进行分析，以期能够妥善解决武术人才培养过程中出现的问题，有效改善武术人才培养的现状，从根本上提高武术人才培养效率，加快武术人才体系的构建进程和完善进程，对构建武术文化生态可持续发展体系产生更显著的积极作用，对我国武术运动稳步发展提供指导。

一、自觉贯彻“体教结合”的人才培养模式

在我国培养武术后备人才的过程中，一定要牢固树立正确的“大人才观”，坚定不移地走“体教结合”的道路，一方面要把武术套路自身发展的需要纳入考虑范围，另一方面高度重视青少年个人及其家庭的追求，如此才能推动武术运动和武术文化可持续发展进程。

对于武术人才培养的现状，在对“体教结合”的模式进行贯彻时，我国首先要有效地解决好武术后备人才文化素质较差的问

题，在武术人才培养系统中将具有才华的青少年积极引入进来。我国一些业余体校办学效益很差，长期难以取得良好的效益，我国有关部门应根据实际情况将这些体校取缔，将武术运动队转移到办学条件优良的相应级别的学校中，武术教练员也随着运动队到学校中继续担任训练工作。除此以外，对于武术办学，政府还要提供必要的资金扶持，合理分配体育彩票的公益金，拿出一部分资金来妥善地解决武术运动员学习与训练的矛盾，并有效处理中小学中武术教师专业素质较差的问题。科学应用这些方式方法对有机结合武术教育和武术训练有较大的积极作用。

二、加大对民办武术馆校的监督管理力度

第一，我国有关行政部门要高度重视武术馆校的健康发展，国家部门同地方的管理部门要密切配合、相互协调，共同管理，以促使武术馆校的办学质量得到提高。

第二，定期对武术馆校的管理者和教练员实施思想教育和业余教育，定期举办对武术馆校校长培训活动以及教练员培训活动，并组织学校领导和教练员进行相关法律法规的学习，不断提高校领导的管理水平以及教练员的教学水平。

第三，相关部门要科学制定针对民办武术馆校输送优秀武术后备人才的奖励制度和政策，在此基础上增强武术馆校教练员参与训练工作的主观能动性，由此使武术人才训练的科学化程度得到大幅度提升。

三、建设教练员队伍，提高教练员综合素质水平

在武术运动训练中，教练员担任设计者、组织者、教育者的角色，发挥着重要的主导作用。武术后备人才的培养质量直接受教练员综合素质的决定性影响。就现阶段来说，我国武术教练员的综合水平偏低，实现科学化训练需要克服很多困难，所以说必须强化教练员队伍的建设力度，由此使教练员的综合水平得到大幅

度提升，具体策略如下。

Ⅵ狻Ⅶ沁口尤怔畦叽次潢率梈

促使业余武术教练员的思想意识得到切实的提高和更新，不断加强他们的责任心和事业心，使他们能够对国家、集体、个人之间的利益关系形成一个正确的认识，能够始终将对武术人才的培养作为自己的工作目标，并对工作职责进行积极履行，在具体的执教与执训过程中淡化个人利益，将国家利益放在首位，积极培养能够为国家争取荣誉的优秀武术运动员。

Ⅵ唉Ⅶ瞒味尤怔畦搬犴存妈

当前社会已经进入了知识经济时代，在这种背景下，如果武术教练员依然只是凭借自己的固有模式和经验来开展武术人才训练工作，就很难达到科学训练的相关要求，更难以获得比较理想的训练效果。因此，武术后备人才培养单位的相关领导们在考虑本单位客观实际的基础上，对武术教练员的培养计划进行制订，对教练员的业余学习进行积极的鼓励和支持，促进教练员文化素养和学历水平的不断提高，使其对有关武术训练、科研、管理等方面的知识进行全面且充分的掌握，以此来促进其综合素养的提高。除此以外，相关部门还要通过积极创造有利的条件来为教练员的学习提供更多的机会，通过举办各类型业余培训班来促使不同级别的业余教练员获得机会学习，使同一级别的教练员在培训班中能够进行相互交流和切磋，以实现相互取长补短，共同进步。

值得一说的是，武术人才培养单位要自觉引入国内外武术专家和学者，促使其本单位积极组织和开展专题讲座，为本单位教练员提供学习国内外先进训练理念和方法的机会，进而增加教练员知识储备量、提高教练员执训水平，保证教练员的科研意识得以增强，为教练员由经验型转向科学型和学习型提供保障，最终顺利达成提高武术教练员综合素质水平的目的。

参考文献

[1] 乔凤杰 . 文化符号：武术 [M]. 北京：社会科学文献出版社，2014.

[2] 王珂永 . 中华传统武术文化及传承 [M]. 北京：光明日报出版社，2017.

[3] 蔡宝忠 . 武术文化 [M]. 北京：高等教育出版社，2011.

[4] 邱丕相 . 武术文化传承与教育研究 [M]. 太原：山西科学技术出版社，2015.

[5] 李翠霞 . 解构武术 [M]. 北京：经济日报出版社，2017.

[6] 段三真 . 武术教学的人文整合及价值内涵 [J]. 山东大学学报，2009（1）：213–215.

[7] 任宏庆 . 中国传统武术传承与发展策略研究 [D]. 曲阜：曲阜师范大学，2014.

[8] 段丽梅，戴国斌 . 身体教育视角下中国武术文化传承的审视 [J]. 北京体育大学学报，2010（6）：96–101.

[9] 薛欣 . 中国武术文化生态研究述评 [J]. 搏击，2014（08）：15–18.

[10] 伍方清 . 文化生态视域下传统武术文化的研究 [D]. 武汉：武汉体育学院，2012.

[11] 邓先瑞 . 试论文化生态及其研究意义 [J]. 华中师范大学学报（人文社会科学版），2003（1）：93–97.

[12] 孙卫卫 . 大众文化规约与文化生态培育 [J]. 江西社会科学，2004（4）：153–157.

[13] 司马云杰．文化社会学 [M]. 太原：山西教育出版社，2007.

[14] 谢业雷，李吉远．文化生态视野下传统武术的生存价值研究 [J]. 武汉体育学院学报，2009（1）：24-27.

[15] 李吉远，谢业雷．“文化生态”视域下传统武术的传承与保护 [J]. 西安体育学院学报，2009（2）：190-193.

[16] 朱清华．非物质文化遗产视野下对传统武术传承的思考 [J]. 体育研究与教育，2011（5）：87-90.

[17] 王林，晋会峰，徐刚．非物质文化遗产视域下传统武术“原生态”传承之悖论 [J]. 天津体育学院学报，2009（2）：158-161.

[18] 肖凤娟，高洁伦．我国武术产业发展的现状分析及发展对策的探讨 [J]. 搏击，2005（7）：12-13.

[19] 王晓晨．现阶段我国武术产业的发展策略 [D]. 南昌：江西师范大学，2007.

[20] 钟晟．基于文化意象的旅游产业与文化产业融合发展研究——以武当山为例 [D]. 武汉：武汉大学，2013.

[21] 王伯余．永春白鹤拳产业发展的现状及对策分析 [J]. 搏击，2014（9）：29-31.

[22] 王岗，王铁新．民族传统体育发展的文化审视 [M]. 北京：北京体育大学出版社，2005.

[23] 王晓燕，杨建营．太极拳的现代化分化发展 [J]. 武汉体育学院学报，2014（4）：49-55.

[24] 侯欣欣．中国传统文化太极拳的国际化传播及发展战略 [D]. 郑州：河南大学，2015.

[25] 赵龙．关于太极拳发展历程及未来发展策略研究 [J]. 改革与开放，2010（20）：183-184.

[26] 李士英．中国武术散打市场化运作模式的研究 [M]. 北京：北京体育大学出版社，2006.

[27] 刘创，付植红，谢先伟，等．论传统武术视野中散打的发展 [J]. 中国体育科技，2012（4）：84-89.

[28] 张鸿韬 . 武术散打的“多元化”发展 [J]. 周口师范学院学报,2013（5）: 142–145.

[29] 于万岭 . 散打发展论 [J]. 体育文化导刊,2010（1）: 102–105.

[30] 蔡仲林,周之华 . 武术 [M]. 北京：高等教育出版社,2005.

[31] 王林 . 武术传播论纲 [M]. 武汉：湖北人民出版社,2011.

[32] 彭云钊,许少峰,张赐郎 . 武当武术之保护、传承与发展研究 [J]. 体育科学研究,2015,19（5）: 5–10.